HARVARD
LAW SCHOOL

哈佛大学
法学院

利　安◎著

1817　1917

HARVARD LAW SCHOOL

新华出版社

图书在版编目（CIP）数据

哈佛大学法学院：1817-1917 / 利安著.
-- 北京：新华出版社，2022.2
ISBN 978-7-5166-6190-1

Ⅰ.①哈… Ⅱ.①利… Ⅲ.①哈佛大学法学院－校史－1817-1917
Ⅳ.①G649.712.8

中国版本图书馆CIP数据核字（2022）第025796号

哈佛大学法学院：1817-1917

作　　者：利　安

责任编辑：李　宇　　　　　　　　　　封面设计：刘宝龙

出版发行：新华出版社
地　　址：北京石景山区京原路8号　　　邮　　编：100040
网　　址：http://www.xinhuapub.com
经　　销：新华书店、新华出版社天猫旗舰店、京东旗舰店及各大网店
购书热线：010－63077122　　　　　中国新闻书店购书热线：010－63072012

照　　排：六合方圆
印　　刷：河北鑫兆源印刷有限公司

成品尺寸：170mm×240mm
印　　张：17.5　　　　　　　　　　字　　数：220千字
版　　次：2022年5月第一版　　　　　印　　次：2022年5月第一次印刷

书　　号：ISBN 978-7-5166-6190-1
定　　价：60.00元

前　言

2014 年，怀着一个学子对母校教诲之恩的感情，我研究哈佛大学的初步成果以《哈佛：名校是怎样炼成的》出版发行，这本书着重介绍哈佛大学的总体情况。

随后，我继续研究并介绍哈佛的各个学院。

本书介绍了哈佛法学院的前一百年（1817—1917）。

2018 年 6 月，我坐在美国马萨诸塞州一家法律图书馆里，手里拿着放大镜，在密密麻麻的英文字里搜寻。这些 100 多年前的书，页面已经泛黄，有的纸页变成屑片，一不小心就会脱落。

由此想起 1978 年，北京大学法律系王铁崖教授在他家里，拿出厚厚的国际公法英文原著，抑扬顿挫地朗读有关章节。那也是一本发黄的旧书。我每周六放学回家前，到他家接受一个小时的英文辅导，他再三叮嘱，学习国际法，一定要读英文原著。

2020 年初，新型冠状病毒疫情全球大爆发，我索性"深藏不露"，闭门写作。静心反而提速，这也算意外收获吧！

当钻进一件事情的时候，置身于 200 多年前的历史环境，如同到地下挖掘宝藏，每每喜不胜收。钻进去也有拔不出来的时候，我尽可能客观地向读者呈现历史原貌。囿于自己法律专业和历史知识的匮乏，加之英语水平有限，书中错误和遗漏一定不少，还请读者见谅，并欢迎矫正。

作者

2021 年 7 月 18 日

目录

CONTENTS

第一章

哈佛法学院的诞生

一 利奇菲尔德法律学校

尽管哈佛大学是美国最早成立的大学（建于 1636 年），哈佛法学院并非美国首家成立的法学院。

1784 年之前，美国没有一家单独的法学院。当时美国律师行会的成员，由立志成为律师的人或在律师事务所的工作人员组成。一些律师事务所里善于讲课的律师周围经常聚集着学习者，这部分律师渐渐地承担更多的培训业务，并且逐步减少办理法律业务。与此同时，各个法院的法官办公室也开设教育课程，以此培养律师和法官。这种师傅带徒弟的培训方式来自英国，有些类似学徒追随木匠、铁匠学艺的习俗，师傅手把手地向徒弟传授手艺和技巧。众所周知，美国的法律体系最早移植于英国，法律培训也不例外。1758 年，35 岁的英国著名法学家威廉·布莱克斯通（William Blackstone）（1723—1780）就任牛津大学首位普通法教授，他开启了在英国第一个讲英国法的先河，他的著作《英国法释义》成为经典名作。在此之前，英国大学主要讲授罗马法和教会法，沿用中世纪的令状制度，实体权利隐匿于诉讼程序之中，实施起来缺乏统一的规范。布莱克斯通首次以实体权利为框架，把英国法形成体系地呈现出来，为了便于普及，面向普通民众，俗称"普通法"。自此，英国法与罗马法分道扬镳。罗马法在当时的英国盛行已久，社会各界抵制普通法的情形可想而知。1771 年，《英国法释义》在美国印刷发行，第一版预订出 1587 套。四卷本的《英国法释义》包含人的权利、物的权利、私权侵犯和公共侵害四个部分，深入浅出地呈现英国法的全貌，这部著作在当时美国受欢迎的程度超过英国本土，这大概出乎布莱克斯通的预料。印刷和发行数据显示两国购买数目相当，但那时美国人口远少于英国。

英国法的书为什么在美国比在英国还畅销？这首先由于两国历史上形成的宗主殖民地关系，美国独立前受英帝国的管辖，英国对北美殖民地的影响既覆盖广泛又深入骨髓。美国独立战争后，虽然摆脱英国的殖民统治，但由于尚未形成独立的法律体系，很自然地照搬英国的一套。美国独立后的 25 年里，没有出版过本土的法律著作，完全依赖英国的书籍和资料。此外，美国独立战争后，旧的法律框架被打散，国家经过战乱急需新的法律体系维护稳定，用以解决层出不穷的法律事务。尽管美国民众反英情绪高涨，在百废待兴法律凌乱不清时还是英国法最实用，也最适合美国国情。恰在此时，《英国法释义》流传到美国。此前美国沿袭英国的法律，没有成文法，缺乏系统性的法律。《英国法释义》是英国自己的第一部成文法，更不用说尚未形成成文法的美国了，这就大大促进了英国法在美国的传播。后来形成的美国法律绕过罗马法，直接接轨英国法，这并非偶然。当时，美国的审判制度面临旧的被打散、新的没有建立这样一种艰难探索阶段。就连美国的法院因为受英国国王指派的行政长官控制，司法诉讼只能借助宗教教义、道德观念、公序良俗和法律知识断案，独立前美国没有自己的司法审判体系。

1784 年（也有说 1782 年），来自美国康涅狄格州的塔平·瑞维（也译塔平·里夫）法官（Judge Tapping Reeve）在他的办公室开办在美国讲授普通法的第一所法律学校，命名为利奇菲尔德法律学校，也称利奇菲尔德法学院（Litchfield Law School），于是，原先在律师事务所业余培训、在法官办公室业余授课的不正规状态，便以一种潜移默化的方式变成美国第一家法律学校。

塔平·瑞维（1744—1823）是美国法官、律师、教育家。瑞维法官的学士与硕士学位均获得于新泽西大学（现普林斯顿大学）。大学求学期间，他担任附近一所文法学校的校长，教过普林斯顿大学校长的两个孩子，其中一人日后成为美国副总统，另一人成为他的妻子。1771 年他追随一名法官学习法律后成为律师，并搬到康涅狄格州的哈特福德。1772 年他迁到康州重要的贸易枢纽利奇菲尔德镇开办了自己的律师事务所，1773 年他在利奇菲尔德建造一座两层六居室的房子，这间房子就是日后成立的利奇菲尔德法律学校的雏形。瑞维法官首先把他的妻弟亚伦·伯尔（Aaron Burr）招为学生，让他住在二楼，一楼供他的律师事务所办公用，客厅有时充当模拟法庭。随着他代理案件的声誉，慕名而来的求学者络绎不绝，为此，他于 1784 年在毗邻处加盖一套房屋，专门用来给学生上课，并以利奇菲尔德法律学校命名。

从律师所师徒培训过渡到成立正式的法律学校并非巧合。之前在律师所实习的学生只能凭个人感觉和当时的条件，办公室里有什么书就读什么书，导师也只能只言片语随机讲解，并没有组成班级讲课。实习生各学各的，没有统一教材，也没有统一授课。利奇菲尔德法律学校开启法律学校组班讲课先例，老师把课程分成多个专题轮流反复讲解，要求学生记下讲课内容，以便于复习消化所学的法律知识。课程内容包括房地产权、人身权利、物权、合同、侵权行为、证据、诉状、刑事案件和公正。1798 年，瑞维当选康涅狄格州高等法院首席法官，并于当年雇用他以前的学生詹姆斯·古尔德（James Gould）（1770—1838）协助管理法律学校。瑞维于 1814 年被任命为康涅狄格州最高法院大法官，因为工作繁忙和身体原因，古尔德全面接管学校事务，瑞维法官一直与学校保持联系，直到 1820 年完全退出法律学校，3 年后瑞维去世。古尔德继续办学直至 1833 年利奇菲尔德法律学校停办。从 1784 年到 1833 年这 49 年时间里，利奇菲尔德法律学校一共培养出 1100 多名学生，学生中包括两名美国副总统，其中一人是他的妻弟亚伦·伯尔，另一人是约翰·C. 卡尔霍恩（John C. Calhoun）。学生中还有 101 名美国众议院议员，28 名参议院议员，6 名美国政府内阁部长，3 名美国联邦最高法院大法官，14 名州长，13 名州最高法院大法官。

利奇菲尔德法律学校培养出这么多杰出的人才，怎么会停办？事情还要回到瑞维法官办学的指导原则和教学方法。利奇菲尔德法律学校脱胎自师徒制的传帮带方法，办学目的为了培养律师，瑞维法官秉承布莱克斯通的教育理念，学校的课程按照《英国法释义》分类，在 1808 年开办的 27 次讲座里，有 13 讲与《英国法释义》的章节分类完全一致。授课者不鼓励学生阅读案例，认为对初学者难度太大。他们用讲座方式传授知识，把法律讲义逐字逐句讲给学生，要求学生完整地记录下来，通过课后阅读整理成个人学习札记，学生不需要融会贯通完全理解，只要记住就行，很多学生毕业后把当初的学习札记当作执业手册，这在法律图书资料匮乏时期非常实用，有点类似祖传秘方。这种学习方法有点填鸭式的味道，但能节省学习时间，死记硬背，立竿见影。这样的教学方法在英国法传输到美国的启蒙阶段，当大部分民众不甚了解法律规定的时候，谁记住法条谁就享有权威，就能执业办案。

利奇菲尔德法律学校没有考试，不授予学位，学制 14 个月，学生在任何时间均可以入学，结业时每位毕业生获得一张学习证明，确认在本校学习过法律，此证明可以满足该毕业生今后获取律师资格时对学徒期的要求，等同过去在律师事务所或法官办公室的学徒期，不过，上利奇菲尔德法律学校的费用却大大提高了。

事实上，美国的大学成立法学院之前也开法律课。宾夕法尼亚学院从 1790 年到 1792 年开了两年法律课，因为学生太少而停开。哥伦比亚学院于 1794 年开设法律课，到第二年学生从 43 人锐减到 2 人，课程只得停开。相同的情形也出现在哈佛、耶鲁、布朗等学院。原因之一在于大学的法律课以培养公共人才为主，主讲法与政治，并不以培养律师为主要目的。只有威廉玛丽学院等少数几个学院属于例外，因为威廉玛丽学院用《英国法释义》为教材，着眼于普通法教育，还尝试举办模拟法庭，满足了学生专注学习法律、立志成为律师的要求。威廉玛丽学院上过法律课的学生，毕业后不必再当学徒便可直接成为律师。利奇菲尔德法律学校的兴旺带动类似法律培训学校的出现，其中一些由利奇菲尔德法律学校的毕业生创办，到1833年同类办学机构已经扩展到其他八个州。利奇菲尔德法律学校在1810年至1823年间达到鼎盛阶段，1829年之后迅速走向衰落。

导致利奇菲尔德法律学校衰落的直接原因，来自本书的主角——哈佛法学院及其他大学法学院的诞生。1826年之后，与利奇菲尔德法律学校地理位置比较近的耶鲁大学成立的法学院吸引了大批生源，此前，耶鲁大学向利奇菲尔德法律学校输送四分之一的本科生。1829年哈佛法学院斯托里教授的入职和改变，又断了哈佛大学和马萨诸塞州投向利奇菲尔德法律学校的生源。竞争不过正规的大学，本校学生人数锐减，很自然地带来收不到学费的困境，这对于没有政府资助、缺少校友捐赠的小规模的私立学校的打击非常严重。哈佛大学在办学之初同样遇到资金匮乏难以为继的艰难时刻，多亏约翰·哈佛牧师遗赠779英镑和400册藏书才逃过一劫。此外，一所单独的法律学校，无论从教育规模、办学经验、师资力量和图书资源等方面都难以和正规的大学相抗衡，特别当这些大学从过去仅开设法律课，法律课程设置太过宽泛，无法提供律师的职业教育，从而流失了大批的立志成为律师的生源，这部分生源流向利奇菲尔德法律学校的教训中很快反应过来，把利奇菲尔德法律学校的模式移植到大学，成立自己的法学院，利奇菲尔德法律学校就更竞争不过这些大学了。面对周围大学纷纷成立法学院的冲击，利奇菲尔德法律学校坚持几年后，恰逢古尔德校长退休找不到接任人，于1833年关闭。

利奇菲尔德法律学校从创办到关闭前后49年，虽说寿命不长，但并不属于昙花一现一类。它在美国当时法律教育尚不成型，律师的社会地位不高，法律纠纷和需求急速增加的原始阶段，突破师徒手工作坊式的培养传统，把法律人才培训纳入法律专业培训轨道，把法律职业培训从地方零散状态提升到面向全国培养的高度，把法律培训入门标准提升到大学本科以上的水平，把教学内容集中到以私法为主，从而适应培养律师的职业需求，为大学法学院的教学方向和教育方法点亮了一盏灯，提供了一座桥，因而深深地留存在历史记录里。

关于美国第一家法律学校需要说明一点，美国威廉玛丽学院网站公布，该学院的法学院成立于 1779 年，时间早于利奇菲尔德法律学校。经过几十年争论，美国学界最后达成共识，威廉玛丽学院法学院是美国第一家大学附属法学院，利奇菲尔德法律学校是美国第一家单独的法学院。

二 设立罗亚尔冠名法学教授席位

1778 年 5 月 26 日，一位居住在英国伦敦附近来自美国马萨诸塞州的房地产富商小艾萨克·罗亚尔（Isaac Royall）（1719—1781）写下遗嘱，用其遗产"在哈佛学院（作者注：哈佛学院于 1780 年升格为哈佛大学）设立法学或者物理和解剖学教学基金，具体执行由哈佛学院董事会和监事会定夺"。三年后，罗亚尔先生去世。此后 30 多年哈佛校方一直没有启动遗嘱的执行程序，1815 年之前，罗亚尔留给哈佛大学遗产的本金和应计利息已达 7500 美金，哈佛校方于当年 8 月 15 日决定，把罗亚尔先生的遗赠用来设立以罗亚尔冠名的一位法学教授职务，随后挑选时任马萨诸塞州高等法院首席法官艾萨克·派克（Isaac Parker）（1768—1830）担任此职。

派克法官最初想当一名药剂师，14 岁在友人的慷慨资助下入学哈佛学院，毕业后学习法律成为律师，在缅因州开办律师事务所，缅因州在

1820 年"密苏里妥协方案"（Missouri Compromise）之前归马萨诸塞州管辖。他 28 岁当选地区议员，当过负责缅因州地区的美国法警，1806 年担任马萨诸塞州高等法院法官（时年 38 岁），1814 年至 1830 年担任马萨诸塞州高等法院首席法官。他还担任 20 年哈佛大学监事会监事。派克法官在政治上属于保守的联邦党人，宗教方面属于自由派独神论者（Liberal Unitarian）。派克的人缘很好，平时和蔼可亲，谦恭有礼，不装腔作势，友善随和，就平易近人来说，很难有人能与他相提并论。但他也相当懒惰，有人这样评价说："派克真是个脾气好的懒惰王，上学时如此，做律师时如此，当法官仍然如此。"他同时也被公认知识渊博，头脑清晰，决策果断，勇于革新。派克法官担任第一任罗亚尔冠名法学教授，他的任期至 1827 年结束。

　　哈佛大学监事会于 1642 年经马萨诸塞州议会批准成立，此前 6 年，学校实际上由马萨诸塞州议会代管，因为成立这所学院最初于 1636 年 9 月 8 日马萨诸塞州海湾殖民地议会讨论，中途休会，延期至 1638 年 10 月 28 日表决成立"新学院"，并拨款 400 英镑启动，其中 200 英镑迟至 1637 年入账。可以说起初算官办学校，后来经过改制变成百分之百的私立学院。经过聘请校长、落实资金、修建校舍等前期筹备工作，1638 年正式开学，第一届共 9 名学生。监事会比较松散，只负责监督学校的大政方针，不参与具体运营管理。1650 年，哈佛学院社团法人章程被马萨诸塞州地方当局签署批准，哈佛学院得以公司名义注册，并组成学院董事会，董事会由哈佛校长 1 人、财务司库 1 人和其他 5 名成员共 7 人组成，董事会负责任命和解除行政人员、教员、职工，颁布学校的规章制度，管理财务资金和学校的资产。董事会接受监事会的监督，监事会有权否决董事会决议。

　　其实，派克法官并非罗亚尔冠名法学教授的首选。董事会里的 4 名律师包括曾经担任过州长并于 1814 年当选议员的克里斯托夫·戈尔

（Christopher Gore）（1758—1824）和约翰·罗威尔（John Lowell）（1769—1840）都在候选人名单里。在 1815 年 8 月 18 日校董会议上，投票通过挑选罗威尔担任法学教授，时任校长柯克南致信罗威尔："考虑到成立法学院之前首先聘请一位法学讲师的必要，董事会认为您最合适担当此任。"事实也如此，罗威尔师从波士顿最著名的法律专家，他还担任美国联邦地区法院法官，此项任命由乔治·华盛顿于 1789 年下达。罗威尔婉言拒绝了哈佛校长的提议，他身体确实不好，并且于 1803 年因病退出法律实际工作。罗威尔是一位十分活跃的写手，经常用笔名发表文章。他拥护联邦党的事业，在 1814 年哈特福德会议上（Hartford Convention）积极鼓吹美国新英格兰地区脱离联邦政府，单独与英国讲和。罗威尔是包括麻省总医院和波士顿图书馆在内的一系列公共设施的主要捐赠人。身为受人尊敬的保守主义的法律人士，他积极倡导并游说哈佛大学监事会设立罗亚尔法学教席。

罗威尔推荐他在哈佛学院的同班同学艾塞克·派克法官，在 1815 年 9 月 4 日校董会议上，新一轮投票选定派克法官担任此职，罗威尔是 7 名与会者之一。校董指定罗亚尔法学教授的授课对象有"本科高年级学生、住校研究生和获得校方许可听课的学生"。1812 年，哈佛共有 16 名住校研究生，他们都已获得神学学士学位并准备读研究生，以便 3 年以后成为牧师。十分有趣的是，当年的硕士学位，包括牛津和剑桥大学，并不强制硕士生上课学习通过考试，他们只要住在学校，品行良好，听听课，做些学术研究，3 年即可被授予硕士学位，任何其他学院的学士学位获得者，只要入选住校研究生，都可以自称在哈佛拿到硕士学位。董事会授权戈尔和罗威尔制定罗亚尔法学教授的规章制度，1815 年 10 月 11 日，他们提交的建议得到校董批准。规则附录第 3 条列明这一教职继续沿袭向本科生讲授人文科学的传统，包括住校研究生和校外符合条件的申请者，这为今后招收支付学费学法律的学生的职业培训打开了大门。规章的最后一行写道：

"把法律融入人文科学讲述，将有利于满足学生求知与研究的需求，使他们更好地为自由体系的政府服务，最大限度地保护每个公民的权利。"10月12日，哈佛大学监事会批准对派克法官的任命，从此，哈佛有了第一位法学教授，即罗亚尔冠名教授。

根据美国法律史专家丹尼尔·科奎莱特（Daniel R. Coquillette）和美国教育史教授布鲁斯·金博尔（Bruce A. Kimball）的联合考证，小罗亚尔捐赠遗嘱的内容还包括复制出其家族徽章的一枚印章，就是这枚徽章，被印成书签广泛流传，日后惹出一场大事件。其实，当年还有两位更加理想的捐赠候选人，可以与小罗亚尔竞争。一位是美国律师和爱国者约赛·（小）昆西（Josiah Quincy Jr.）（1744—1775），独立战争之前，他担任波士顿"自由之子"首席发言人，在1770年10月的波士顿大屠杀受审案件中，他与后来成为美国总统的约翰·亚当斯（John Admas）一起担任被告托马斯·普雷斯顿上尉和参与屠杀士兵的法律顾问，并赢得无罪判决。他的父亲致信提醒他，担任屠杀者的辩护律师会导致把他与罪犯联系起来。他回复道，我严守律师的职责，屠杀和谋杀不是一个法律概念，应该让法律来决定结果。小昆西和亚当斯对英国殖民者没有任何好感，但是，他们也不愿意因为判决普雷斯顿和开枪的几名英军士兵死刑给英国造成口实。判决结果，普雷斯顿被判无罪，他手下的几名开枪士兵被判过失杀人，从道义上和司法审判公正方面给美国反英爱国力量增添分数。波士顿大屠杀对英国统治者和美国殖民地的被统治者的关系产生重大影响，进一步激起美国爱国者对不公平税收的厌恶，导致波士顿茶党的成立，以及第一届美国大陆代表大会的召开和美国独立战争的全面爆发。波士顿大屠杀之后，英军从波士顿撤出。1774年，小昆西在伦敦用化名资助过本杰明·富兰克林（Benjamin Franklin）。他还是第15任哈佛校长约塞·昆西三世的父亲。1774年2月，身体欠佳的小昆西给哈佛学院院长和董事会留下遗嘱，"捐出 2000 英镑设立哲学、法律或者修辞学教席"，遗嘱预设了一个捐钱的前提条件，即他的儿子在 21 岁之前死亡。事情发展正好与这个前提条件相违背，他的儿子 21 岁之前不但没有死亡，而且成为日后哈佛大学的校长，小昆西错失了给哈佛法学教授冠名的机会。

第二位名叫托马斯·波纳尔（Thomas Pownall）（1722—1805），他出生于英国，剑桥大学三一学院毕业，1753 年到美国，1757 年至 1760 年任马萨诸塞海湾殖民政府州长，在这期间，他拥护大英帝国的殖民政策，反对美国革命。1777 年 12 月，他在英国议会宣布："我现在告诉本院和政府，美国人永远不会再服从这个国家的政府。英国对美国的主权将永远被废除。"波纳尔政治立场的转变，很大程度来自他当马萨诸塞州州长时，他经常到乡下采风绘画，通过与普通美国人交谈，了解民情，这使他对殖民政策的危害有了深刻的认识。此外，他与约翰·亚当斯、詹姆斯·鲍登（James Bowdoin）、约翰·汉考克（John Hancock）和本杰明·富兰克林这些著名的美国爱国人士建立了终生友谊。1783 年，他致信哈佛大学的一位朋友，提出美国建国后需要培养更多的法律和公共政策人士，他表示愿意出资设立政策和法律科学教职席位，用以培养更多为自由后的美国效力的学生。他说到做到，授权鲍登先生和这位友人具体操作把他在美国拥有的 500 英亩土地捐献给哈佛学院。然而，他的第一封信交由他最亲密的朋友本杰明·富兰克林经由巴黎转赴美国，9 个月过后，对方仍然没有收到。于是，他又重新发出带有约翰·亚当斯和其儿子约翰·昆西·亚当斯见证的地契赠予信函，信函于 1784 年 2 月初到达哈佛校长约瑟夫·维拉德（Joseph Willard）手中，遗憾的是，这 500 英亩土地在美国革命期间已经以不交付小额税的名义出售了。很显然，这是一笔十分可疑的交易。战争阻断了正常信件的投送，波纳尔当时不在美国，动乱中波纳尔失去对这 500 英亩土地的掌控，尽管他极力请求后来就任马萨诸塞州州长的鲍登帮忙，他的那片土地还是被一个叫约瑟夫·克里斯托夫（Joseph Christopher）的人逃避税收，以极其低廉的价格据为己有，然后倒手以 300 美金卖给哈佛大学。根据哈佛校长约赛·昆西的描述，哈佛校方与克里斯托夫之间买卖交易十分棘手，克里斯托夫贪婪又难缠，哈佛好不容易才拿到土地产权，于 1829 年以 400 美金出售。在这一进一出的过程中，本来属于波纳尔的 500 英亩地不明不白地被克里斯托夫卷走，他本想用这片土地设立"政治法律"教职的计划也成为泡影。

如果不是小罗亚尔，而是小昆西或者波纳尔担任哈佛法学院冠名教席的首位捐赠人该多好啊！后两位都是美国开国领袖的亲密朋友。小昆西富于勇气、才华出众且忠诚正直，他比较早就反对奴隶制度，很早就提倡保护妇女权益。波纳尔虽然早期服务于英国皇室，他却具备先知先觉的本领，预言美国独立战争的正义和取胜的结局，为此，他不惜丢掉英国外交官的职业。即使担任英国任命的马萨诸塞州州长期间，他反对运用军事高压维护英国的治权。他设立政治与法律教席的热情来自对西塞罗民权意识的崇拜，并不像小罗亚尔从加勒比农奴庄园发财后再施舍给公众（作者注：马库斯·图利乌斯·西塞罗是罗马共和国晚期的哲学家和政治家，被认为是三权分立学说的古代先驱）。更难能可贵之处在于，小昆西和波纳尔在美国大革命的问题上，立场坚定，反英爱国。如果历史可以重写，如果他们两位中的一位实现捐赠法学教授的愿望，就会避免小罗亚尔给哈佛法学院带来的麻烦和污点。而且小昆西立遗嘱的时间（1775 年）早于小罗亚尔立遗嘱的时间（1778 年），波纳尔立遗嘱的时间（1783 年）早于哈佛大学批准实施罗亚尔法学教席的时间（1815 年）。同期其他大学设立法学教席的时间分别为：威廉玛丽学院（1779 年）、宾夕法尼亚大学（1790 年）、哥伦比亚大学（1793 年）、弗吉尼亚大学（1823 年）、利奇菲尔德法律学校（1784年）和特兰西瓦尼亚大学（Transylvania University）（1799年），如果小昆西或波纳尔设立法学教席的愿望实现，将使哈佛法学院设立教席的时间大大推前。然而，实际情况在小罗亚尔和波纳尔之间，罗亚尔的遗赠计划如愿以偿。

在哈佛大学设立第一位法学冠名教授并不意味着哈佛法学院同时成立。此前哈佛大学开设的法律课有些类似公共课，把法律和政治学等学科糅在一起讲，由于罗亚尔遗赠的资金有限，请不起很多教授讲授法律，只能用讲座的方式，向哈佛大学高年级学生和波士顿地区的律师开办讲座。加之派克法官服务的高等法院在马萨诸塞州的各个市镇甚至延伸到缅因州设有分院，他需要到各地巡回出庭，因此没有时间在哈佛全勤教课。

从罗亚尔立下遗嘱到哈佛大学决定设立罗亚尔冠名法学教席的37年时间里，美国其他大学相继设立各自的冠名教职。威廉玛丽学院于1779—1780学年授予乔治·韦斯（George Wythe）冠名教授。宾夕法尼亚大学（当时叫费城学院）于1790年授予詹姆斯·威尔逊法官（Judge James Wilson）冠名教授称号，威尔逊法官是美国独立宣言和美国宪法的签署人之一。哥伦比亚大学于1793年授予詹姆斯·肯特（James Kent）冠名教授。美国最早一批冠名教授主要给本科生开课。

三 哈佛法学院的成立

哈佛大学于1815年设立第一位法学冠名教授，于1817年成立法学院，法学院的成立有两位功臣。一位是时任校长约翰·科克兰（也译科克南）（John Kirkland），他曾经在德国的大学考察过，随后在哈佛大学引进了德国大学的选修制度。德国的大学分成若干个学院的组织结构给他一定的启发，当时哈佛大学已经成立了医学院（成立于1782年），神学院也在筹备之中（成立于 1816 年），于是，他想到法学院，至少当时在他头脑中有成立法学院的预想。1816 年 4 月 17 日，在哈佛楼举行庄重的罗亚尔法学教授冠名仪式上，科克兰校长用拉丁语演讲时首先赞扬法律行业里聚集着一大批合众国杰出的律师，他转而说道："长期以来广受期待在大学里拥有一所学习法律知识的学院，现在已经提上日程。"在这里，他用拉丁文清楚无误地表达出"法律学术学院"的意思。

另一位当数派克法官。派克法官在接受冠名教授致辞中表达得更为明确，他说："目前仅仅在大学开设短期课程，并不能满足法学教育的需要。在不远的将来，针对住校研究生开设成立一所法学培训学院，对法学教授的教学和本科毕业准备从事法律实践的学生可以起到相互推动的作用。住校研究生在法律辅导员的协助下，花费一到两年时间专注法律学习，毕业以后担任律师，这将极大地提升马萨诸塞州律师协会的水平。"他在讲话中直白无误地呼吁成立哈佛法学院。派克法官的说法代表着波士顿律师界的共同心声。波士顿当地报纸也广泛报道了派克法官被任命法学教授一事。事实上，派克法官一直向哈佛大学董事会游说成立职业法律学校。1817 年 4 月 14 日，他直接向董事会陈情："我校目前的教育模式显然存在缺陷，尽管拥有杰出的教员，但教出的学生与实践脱钩。现在是时候在剑桥镇成立一所学校，由知名律师直接指导，向学生全面传授法律知识，这将获益无穷。"他提议由董事会投票决定，成立一所归属于哈佛大学的法律学校。

派克法官所说的"教育模式"指的是什么？这就需要回溯到维纳教学模式上来。一位名叫查尔斯·维纳（Charles Viner）（1678—1756）的英国法律作家花费大半生精力，将当年已存的法律资料按照字母顺序编著成《普通法及衡平法汇编》，他于 1755 年 12 月 29 日留下遗嘱，在牛津大学设立维纳教授席位，意在将法律作为人文科学的一部分，向大学本科生讲授法律知识，培养懂得法律的绅士。据此，英国和其他国家的大学纷纷效仿，向成千上万不打算成为律师的大学生教授法律。牛津大学接受他遗赠的价值 1.2 万英镑的钱和他留下的书，成立维纳普通法法律教授职位和奖学金与助教金，并于 1758 年把第一位讲席教授头衔授予威廉·布莱克斯通爵士，布莱克斯通任此教席直到 1766 年。有评论家认为，布莱克斯通的著作《英国法释义》对英国及其殖民地影响十分巨大，但其影响主要体现在把普通法从广义上作为人文科学普及，而不是用于培养现实社会所需要的律师。维纳模式也很自然地传播到美国，并且影响着美国的大学教育。例如杰弗逊·托马斯在 1779 年极力鼓动在威廉玛丽学院设立 6 个讲席教职，其中 2 个涉及法律，其余是哲学和医学。与法律有关的一个教职是"伦理学与自然法和社会法"，另一个是"法律与警察"。托马斯先生请他的老师、美国第一位法学教授乔治·伟茨（George Wythe）（1726–1806）讲授"法律与警察"，伟茨一生都担任法官，曾代表弗吉尼亚参加第二次大陆会议，并在那里签署《独立宣言》。伟茨在威廉玛丽学院开设"法律与警察"课，一直到 1781 年辞职以便专注法官工作。该课由道德与哲学教授乔治·塔克（George Tucker）（1775—1861）接任，塔克教授将布莱克斯通的著作深入浅出地介绍给美国社会，托马斯对布莱克斯通的著作是不屑一顾的。塔克借鉴了维纳教学模式，在布莱克斯通英国模式的清晰理论与弗吉尼亚残酷的现实之间，划下一道清楚的界限，塔克于 1796 年发表的"关于逐步废除奴隶制的建议"，与布莱克斯通的《英国法释义》第一章"人的权利"形成鲜明的对照，如果对比起来阅读，既矛盾痛苦，又发人深省。

　　杰弗逊·托马斯在弗吉尼亚大学主张针对本科生教育设立不同的教席，把法律纳入人文科学类，在法律项下分成三个课目，思想课、国内法课和政府管理课，其中也包括自然法和社会法。后来减少到两个教席，一位教伦理道德学，另一位教授负责教法律与政治学，直到 1851 年增加一门宪法学课。维纳教学模式不仅仅在威廉玛丽学院和弗吉尼亚大学生根，而且于 1790 年在宾夕法尼亚大学、1793 年在哥伦比亚大学分别推广。维纳模式在美国也有不成功的，耶鲁大学校长埃兹拉·斯泰尔斯（Ezra Stiles）于 1777 年就提议设立法学教席，"不但为了培养律师和大律师，也为了教育公民"。1812 年，普林斯顿大学也有人提议，每个学生上学期间都应学习法理学、政治学、公法、自然法与社会法。1808 年，达特茅斯学院董事会投票通过设立法学学术教席，虽然因故没有立即实行，直到 1822 年才在美国宪法学名下设立这一教席。维纳教学模式在美国流行一时，可是成功的不多。维纳模式试图把每一个人都变成律师，或者懂得法律的绅士，以便向政党输送管理型人才，这种模式 1812 年之前在美国的高等学院十分盛行，直到哈佛法学院的出现，彻底打破了维纳模式。维纳模式之所以在教学实践中不成功，这仅指培养律师方面不成功，因为对于大部分律师，特别在学徒阶段的律师，维纳模式更像是装饰品，不实用。

与派克法官主张成立法学院专事培养律师的教学实践相似的，除了前面论述的利奇菲尔德法律学校，特兰西瓦尼亚法学院（1799 年成立，1858 年关闭）也值得一提。1799 年特兰西瓦尼亚大学设立法律系，并配备一名讲授法律与政治学的教授。自 1805 年任命亨利·科雷（也翻译成克莱）（Henry Clay）为法学教授后，迎来了特兰西瓦尼亚大学将近 40 年的黄金时间，在科雷教授的主持下，特兰西瓦尼亚大学法律系扩建成附属于该大学的法学院，每年招收 30 名到 70 名法律生，除了讲授法律专业课外，还开设政治经济学和国际法课。十分可惜的是，法学院承受不住经济窘迫的经营困局和即将来临的战争压力，关闭了。另外，19 世纪美国法学教育理论家戴维·霍夫曼（David M. Hoffman）（1784—1854）真不愧一位天才级的人物，他于 1817 年出版的著作《法律研究课程》（*a Course of Legal Study*），已经远远超脱出培养"懂得法律的绅士"的维纳模式，也有别于布莱克斯通关于法学起源的理论和结构。霍夫曼著作里的"13个标题"强调，法律是一门需要运用系统与科学的方法学习的理性学问，他主张法律教学应该涵盖比较法、伦理与政治哲学、逻辑学、政治经济学、地理、古代与现代历史，实施教学创新和改进教学技巧，包括训练法医口才和演讲能力。满足如此广袤的教学内容，没有一所专门的法律学校是不可能完成的。事实上，霍夫曼也设想过成立法学院的构架，聘请6名教员外加辅助人员，建立法律辩论的场地和开展模拟法庭的计划，他甚至大胆设想按照他的教学系统，需要7年时间完成所有课程，同时也允许分段式4年结业证明或者3年结业证明，加上2年法律实践课。遗憾的是，现实无情地粉碎了他的法学院梦，他的设想课程过于密集，学费负担过重，如果在法学院完整地学习他的"13个标题"的全书，竟然需要12年时间。霍夫曼原想在费城建立一所私立法学院的梦想破碎，他在失意中离开美国，远赴英国以写作度过余生。霍夫曼于1817年构想的法学院梦，为同期哈佛大学酝酿成立法学院播下了理论种子，这颗种子来自巴尔的摩，也为日后哈佛法学院躲过劫难提供了活生生的教训。关于这些，将在本书后面的章节详细分析。

到底谁最先提出成立哈佛法学院，科克兰校长抑或派克法官，这个谜迄今没有解开，也许永远无法知道。记录显示，1817年5月14日，派克法官起草致函哈佛大学董事会的信件，信中提议成立哈佛法学院。派克的信概述了开设法学院的计划，建议在有学识的律师的指导下，通过投票决定在哈佛大学建立一所专业学校，为培养律师提供专业教育机会。派克法官在1816至1817学年的报告指出，他对本学年开设的17至18节课做过广泛的调查，发现有超过3/4的高年级本科生听他的每一节课。如果派克的调查是准确的话，那么，当年哈佛大学本科生高年级一共67名学生中，有48人听他的课。这些学生里有日后成为特兰西瓦尼亚大学校长的阿尔瓦·伍兹（Alva Woods）（任期 1828—1831），他随后担任第一任阿拉巴马大学校长（任期 1831—1837）。派克法官描述道，年轻学子们学习热情高涨，表现优异，不少人还做课堂笔记，通过与他们交谈，我感觉他们完全掌握了我讲的内容。派克法官的报告书于 5 月 14 日当天获得校方批准，由科克兰校长主持的董事会立即通过选举程序，任命校级法学教授（University Professor of Law）阿萨尔·斯特恩斯（Asahel Stearns）（1774—1839）负责法学院的筹备事项。

这里简单介绍一下冠名教授（Endowed Professor or Named Professor）和校级教授（University Professor）的区别。哈佛大学把校级教授授予那些在专业领域具有杰出贡献的人，他们的研究不受所在学院的限制。校级教授在哈佛所有在职教授中级别和声望都比较高，比如在 2019 年 1084 名终身教职（Tenured）里只有 24 人享有校级教授称号，其中包括诺贝尔经济学奖获得者艾瑞克·马斯金（Eric S. Maskin）、哈佛第 27 任校长劳伦斯·萨默斯（Lawrence H. Summers）。校级教授的薪金直接来自哈佛大学财务。冠名教授（也称讲席教授）指被某基金、公司或个人出资赞助的正教授职位，这个职务以出资方指定的名称冠名，但出资方不指定由谁担任该冠名教授。获得冠名教授的薪水由出资方提供资金而设立的冠名基金支付，这部分教授不由哈佛大学财务支付工资。对于冠名教授，我有两点理解。第一，总体上冠名教授的名望和水准与校级教授难分伯仲，但因为冠名教授的挑选属于一对一，有了冠名的机会或空缺，各个院系就挑选一名教授填补，很难整齐地评定出一个统一标准。所以，冠名教授里会有一些水平相当于甚至超过校级教授的。而校级教授的评定与挑选标准则相对一致，比如拿过诺贝尔奖的，总体上，校级教授代表着哈佛大学教授的最高标准。冠名教授比普通的正教授学术认可和地位高出一些，而且工资也比非冠名正教授略高。所以，一提到某教授是某某冠名教授便知道他在学院或系里的学术地位了。第二，我之所以翻译成"冠名教授"，不翻译成"讲席教授"，因为对不太熟悉美国大学教授序列的人来说，讲席教授容易与客座教授混淆。

派克法官提议设立法学院之所以快速获得批准，说明校方也早有此意，只不过在等待时机。与其说派克法官是一位首倡者，倒不如说他的计划迎合了校方酝酿已久的思路，只不过把校方的考虑融合成具体的实施方案。如何落实这一方案，颇费了校方一番周折，董事会多次开会商议，会上不乏激烈的争论，挑选一位称职的教授主持开办法学院也需要一定时间。最终，董事会决议规定："任命一位校级法学教授，该教授必须常住剑桥镇，负责开办和管理法学院的日常运转。""这位校级教授的职责是，开设学习科目，检查督促学生的学业，向学生宣读讲义，促进学生学习法律的兴趣，改善学生的思维，扩展其知识面，总体上起到学习辅导员的作用。""这名校级法学教授的工资来自学生支付的学费。"关于法学教授的薪酬，当时的情况是这样的。派克法官身为第一位罗亚尔冠名法学教授，他在哈佛大学任教的薪酬来自罗亚尔基金。现在又多了一位全职教授斯特恩斯，而且还是个大牌教授，光靠罗亚尔基金根本无法支撑，怎么办？派克法官提议仿照律师事务所带学徒收取培养费的办法，当时一个学徒一年需要向律师所的师傅支付大约 100 美金培养费。1817 年哈佛全校有接近 300 名学生，其中有 67 名即将获得学士学位的高年级学生，1825 年之前，每一名哈佛学生每年的学费略低于 55 美金，利奇菲尔德法律学校开办第二年把学费调低到 60 美金。参照这些标准向被录取的住校研究生收取学费，以此支付斯特恩斯的薪酬和开办哈佛法学院的其他费用。

既然派克法官最早接受罗亚尔冠名教授的头衔讲授法律，他第一个提出设立法学院的书面报告，为什么哈佛校董们不挑选他担当开办哈佛法学院的大任呢？第一，派克法官当时的正式职务是法官，他接受冠名教授职务带有荣誉称呼的色彩，他在哈佛大学开的课类似公共法律讲座，缺乏系统性培养律师的教育标准。第二，因为巡回法院工作的需要，他没有时间定居在哈佛大学附近，不能保证天天到学校。开办一所法学院，需要主管人全职全天候在学校里，派克法官不符合这些条件。

1817年6月12日，哈佛大学监事会批准董事会的计划，这一天成为哈佛法学院的生日。事后有观察家主张可以考虑授予帕森斯法官（Chief Justice Parsons）"哈佛法学院之父"的称号，派克法官"懒惰"的名声似乎有损于这一称号。其实不然，派克法官头脑清晰，行动果断，他不愧为指引哈佛法学院成立的导航者。派克法官的革命性思想由三部分组成。第一，他追随哈佛成立医学院和神学院的方向，提议成立哈佛法学院，协助哈佛大学做大做强。按照三所学院构成一座大学的传统看法，哈佛医学院、神学院和法学院，形成三足鼎立，加上哈佛学院本身，使得哈佛学院从1780年升格为大学的格局更加稳定，基础更为牢靠。因此，他对哈佛学院升格为哈佛大学是有贡献的。第二，哈佛法学院的成立，为有志于成为法律专业人士的大学本科生和非在校大学生提供了专业培训场所，从而彻底摆脱了把法律当成大学本科生的公共课，毕业后获得学士学位并成为懂得法律的绅士，但却难以适应律师或者法官专业需要的维纳教学模式。第三，法学院的成立，增加对法学教学的需求量，为日后扩大哈佛大学法学教授队伍夯实了坚固的基础。从成立之初仅有派克法官和斯特恩斯教授两个人，发展到2020年拥有250名教授，其中100名为法学院全职教授（含助理教授），150名访问教授，加上行政人员和保安工友，教职员工一共约340人，在校共计1990名正在求学的学生。

关于学位，成立法学院时仅仅授予法学学士学位，该学位授予两类人，一类针对本校刚刚毕业的高年级学生，条件是毕业后需要留校18个月并且通过马萨诸塞州高等法院的实习考核；对于非本科毕业的学生，需要学习5年时间并且通过法院的实习。对非本科5年学习的要求并不过分，因为即使按照以前在律师事务所带徒弟的办法也需要 5 年，法学院在制定规则时特别要求法学教授必须具备律师资格，以方便于学院式和师徒式两种培训方法的结合，这当然具有明显的派克法官的个人色彩，他本人既是法官，又是律师，还是法学教授。这样做的一个显而易见的好处是扩大了生源，把那些没有大学本科学历却又想接受法律培训后成为法官或律师的年轻人吸引过来了。

四　院徽事件

2015 年 8 月，哈佛大学法学院一年级学生阿尔伯特·布恩在校园闲逛，他突然发现法学院的院徽似曾相识，他一搜索，原来院徽里三捆小麦图案是小艾萨克·罗亚尔家族的族徽。罗亚尔是美国殖民地时代十分有钱的房地产商，其父早年经营蔗糖、朗姆酒和贩卖黑奴聚敛财富，他的家族拥有 27 名白人帮工和 364 名黑奴。罗亚尔家族在安提瓜和马萨诸塞州均拥有农奴庄园，他的财富沾有农奴的血汗。1736 年间，安提瓜岛流年不利，先是 1725 年的大旱，1733 年的飓风，1735 年的地震，麻风病在黑奴中本来就很流行，这一年又赶上天花病大流行。岛上的 2000 名黑奴在饥荒和疾病的逼迫下，密谋暴动。他们推举一名黑奴为"国王"，下辖三名"将军"，兵分三路，每路 400 名黑奴，拟定了"为新非洲而战、成立克里奥尔政府"的目标，准备趁着当地官员们举办庆贺英国国王加冕活动的时机，夺取武器库，肢解当地驻军，袭击当地政府。如若成功，将使安提瓜成为北美洲第一个非洲国家。罗亚尔庄园距离黑奴起义中心仅 4 英里，也被选定为袭击目标。不料起义计划在最后时刻泄露，参加者遭到灭绝人性的镇压，5 名黑奴被车轮拖着活活轧死，6 人被当众绞死，77 人被捆在木桩上烧死，其中包括广受黑奴拥戴的首领海克特（Hector）和罗亚尔庄园的车夫。 惊恐中，罗亚尔家族携 27 名黑奴迁往美国马萨诸塞州梅德福镇（Medford），他们 1732 年在那里买了一片地并盖起庄园。1739 年，老罗亚尔死亡，给刚刚 20 岁的小罗亚尔留下一笔巨大的遗产。

小罗亚尔出生于安提瓜，他继承了老罗亚尔在安提瓜的庄园，也继承了他父亲残酷无情的秉性，继续当奴隶主。他不断在报纸上刊登买卖牛马和奴隶的广告，包括买卖黑奴未成年的孩子。他平时蓄养 8 名黑奴住在他家里，其中两名住在他的卧室隔壁，随叫随到，贴身伺候。当他准备把一位名叫乔治的黑奴出售时，乔治宁肯割断自己的喉咙，也不愿意去新主人家里。小罗亚尔在政治上同情英国殖民统治一方，认为为自由和独立而战的美国民兵装备落后，缺乏军事素养。1775 年 4 月 16 日，他去波士顿访问一个朋友，听说英美在勒克星顿（Lexington）和康科特（Concord）交火了，他就预感灾难即将来临。4 月 19 日的战事令他更加惊慌，担心战火蔓延到波士顿让他出不了城。为了保命，他首先想去安提瓜躲避战火，可是，又因为需要先去位于加拿大的哈利法克斯（Halifax），那里是英国忠诚主义者的大本营。在哈利法克斯他与一批托利党难民同乘一条驶向英国的船，从此一去不归。

在英国躲避美国独立战争的那些年，小罗亚尔又把自己装扮成一个忠实的美国人，一个思念家乡热爱美国的人。1778 年，梅德福镇委员会考虑到他投奔敌对阵营多年不归，打算没收他在梅德福的地产，他于 1779 年给好友西蒙·塔夫茨（Simon Tufts）（1726—1786）的信里表示"非常想家""一旦病情好转，立即返回美国"。他恳求他的这位著名的美国爱国者发挥影响力，让美国法院高抬贵手，允许他以自由之身返回美国梅德福旧居。他的另一位朋友布鲁克斯博士（Dr. Brooks）事后评论说："罗亚尔在整个英国忠诚主义者里实属例外，美国法院本可以他自愿离开美国，放弃土地产权为名，没收他的土地。事实上，法院允许他返回梅德福镇并继续享有产权。"尽管小罗亚尔至死没有返回梅德福镇，他却通过在英国游说的办法，保住了他在美国的所有财产。历史真会开玩笑！真正拥护美国独立战争的波纳尔身在英国，委托多人也没有保住他在美国的那 500 英亩土地，而忠实于英国皇室的小罗亚尔同期也在英国，却能通过委托人保住他在美国的产权，还蒙骗很多人，获得"慈善家"的美誉。他在 1778 年 5 月 26 日立下的遗嘱里列明，"把我的财产分发给我的朋友、教堂、梅德福镇官员、梅德福镇各个学校，连同土地赠给伍斯特镇（Worcester）"。其中还专门列出一项给罗亚尔带来巨大荣誉的条款，"上述赠予剩下的一片大约 800 到 900 英亩的土地，我授权赠予哈佛学院监事会和董事会，以期恰当地在哈佛学院设立法学教授席位，或者物理和解剖学教授席位，请哈佛校方视情况而定"。

遗嘱认证程序推延到 1786 年才开始，这并非偶然。小罗亚尔的财产受托人和他的密友西蒙·塔夫茨博士采取拖延战术，这一策略明智且有效。1779 年 4 月 30 日颁布的"缺席人法案"（Absentee Act）从程序方面保护他的财产不被没收，1783 年 9 月 3 日的"巴黎条约"（the Treaty of Paris）列有恢复效忠英国的保皇党人被没收财产所有权的条款，1794 年 11 月签订的"杰伊条约"（Jay's Treaty）对小罗亚尔的遗产得到保护也十分有利。1795 年哈佛大学聘请律师开始丈量小罗亚尔捐给哈佛的土地，以便日后出售。不料 1786 至 1787 年在马萨诸塞州中西部地区发生一场起义，起义领导人丹尼尔·谢司（Daniel Shays）在美国独立战争中担任过抗英部队的军官，史称"谢司起义"。起义原因是马萨诸塞州政府漠视农民的利益，乱收人头税等。1786 年 8 月 29 日，起义军进攻了几座法院，企图阻止法院审判和监禁债务人。同年 9 月，600 名起义军攻占斯普林菲尔德法院，遭到州长詹姆斯·鲍登派遣 4400 名民兵镇压。1787 年 1 月 25 日，2000 名起义军攻占军火库，被谢巴德将军率领的 1200 名政府军镇压，起义军领袖被俘并被判处死刑，起义军6死，数十人受伤，2人被吊死。政府军3死，数十人受伤。起义事件的发生唤起当地民众的新仇旧恨，独立战争期间的保皇党们、丢弃土地而逃的地产商们又变成仇恨对象，他们的财产也成为被盯住的目标。哈佛聘请的律师发现罗亚尔的地已经被侵占，1796年，那片被占土地市值2000美金。1805年，马萨诸塞州议会做出决议，恢复罗亚尔继承人对那片土地的所有权，这项决议间接促使罗亚尔捐赠给哈佛那片土地升值。1809年，一位律师代表哈佛大学以2938美金将这片土地出售，哈佛又把这2938美金再投资。到1815年，这笔专项投资基金已达7593美金，外加432美金利息，合计8025美金。

依照冠名教授基金只用利息不动本金的惯例，这笔钱如果不再次投资的话，按照6%投资回报率计算，每年约合482美金。哈佛大学财务再花去4.5%的捐款，每年能够用于教授冠名的钱只剩下340美金。据此，由4名律师和3名神职人员组成的哈佛大学董事会于1815年9月4日通过决议，"设立罗亚尔法学教授冠名基金，双方折中用400美金支付该教授薪酬"。400美金对一位法学教授年薪真可谓杯水车薪，当时马萨诸塞州联邦地区法院法官年薪1200美金，联邦最高法院大法官年薪3500美金。1819年，哈佛大学除了法学和医学外共有12名正职教授，平均年薪1700美金，后来又降到1500美金。若用现代标准看，那时的400美金折合2010年的7万美金，而2010年哈佛法学院冠名教授年薪约25万美金。好在法学院挑选了一位享受在职法官薪水的人，400美金对于设立法学讲席的钱足够了。但是，究竟把冠名给予法学还是物理解剖学？考虑到1782年成立哈佛医学院时已经拥有3名医学教授，到1815年暂时不需要增加冠名教授，于是，董事会把这个机会给了法学冠名教授。这就是罗亚尔冠名基金的来历。

小罗亚尔死前立下遗嘱在哈佛大学设立一项教授基金，哈佛大学用这笔钱设立了罗亚尔法学教授席位，并挑选派克法官担任第一位罗亚尔冠名教授，这一做法间接开启了通向成立哈佛法学院的道路。1936 年哈佛法学院为了感谢这位资助人，把罗亚尔家族的族徽放在哈佛校训之下，构成法学院院徽。院徽的设计者名叫皮埃尔·德·夏尼翁·拉·罗斯（Pierre de Chaignon la Rose），是一位刻图章专家，曾经为哈佛多所研究生院设计徽章。哈佛大学董事会批准法学院院徽设计的时候，并不知道徽章与奴隶主庄园的关联。

2015 年 10 月 23 日，布恩和 24 名同学创建了名为"罗亚尔必败"的脸书页面，并向时任哈佛法学院院长玛莎·米诺（Martha Minow）提交一封公开信，指出罗亚尔家族应该对 18 世纪 30 年代中期几十名奴隶的死亡负责，法学院把罗亚尔家族带有种族歧视印记的族徽当成院徽是一种耻辱，必须撤换掉三捆小麦的标识。

说到哈佛法学院院徽，先回顾一下哈佛大学的校徽与其创办人的关联。1636 年 10 月 28 日，美国新英格兰海湾殖民地议会仿照英国剑桥大学的模式，拨款 400 英镑成立一所"新城学院"，专职培养牧师，其中的 200 英镑迟至 1637 年才入账。1638 年，"新城学院"正式开学，一共有 9 名学生。1639 年，时任学院管理人内森尼尔·伊顿（Nathaniel Eaton）（1609—1674）被指控严重殴打学生。伊顿是个受过良好教育的英国清教徒，1637 年携家人移居美国马萨诸塞州。1638 年哈佛牧师去世，"新城学院"接受了哈佛牧师的遗赠，遗赠包括哈佛牧师一半的财产 779 英镑和他的私人图书馆，馆内有 400 册藏书，并且雇用哈佛的好朋友伊顿担任"新城学院"管理人。学院当时全部家当只有哈佛捐的图书馆、农舍和一小片牧场当校园用，塞缪尔·莫里森（Samuel Morison）这样描述当时的情景："从牧场牛身上散发出的气味与伊顿夫人烹调的气味混合在一起，学院里有一股畜牧场的味道，令人不爽。"伊顿长相俊朗，以至于后人把他的图像误认为哈佛的图像，以哈佛学院创办人的形象印在雪茄盒上。1639 年第二学年开始时，伊顿用"足以杀死一匹马的大棒"殴打他的助手内森尼尔·布里斯科两个小时，多亏邻居冲进去救了布里斯科的命。随后伊顿再次殴打布里斯科，起因是布里斯科对宗教不敬。伊顿为此遭到布里斯科的起诉，"新城学院"的学生也随之指控他经常用鞭子体罚他们，每次抽打 20 次到 30 次不等。这还不算，还有更严重的。伊顿的妻子负责后勤，她向学生提供的餐食里有变质的鱼和沾有羊粪的布丁，她做的面包都酸馊了还让学生吃，学生们抱怨一个多月没有吃过牛肉，她经常整整一星期不给学生喝啤酒。从学生角度讲，连续一个月不提供牛肉，已经构成虐待行为。在如此环境下学习，学生们感受到恐怖。对于这些指控，伊顿夫人仅仅否认羊粪布丁一事，其他均承认了。受到这两项指控的伊顿，被地方法官裁决从"新城学院"解雇。"新城学院"因此在 1639—1640 学年停课一年，学生们回家学习或与老师一起玩乐。鉴于税赋压力和管理不善，"新城学院"几近倒闭，多亏时任牧师的约翰·哈佛先生遗赠捐助，挽救了学院。为了纪念这位救命恩人，1639 年 3 月 13 日"新城学院"更名为"哈佛学院"。1640 年，亨利·唐斯德（Henry Dunster）（1609—1658）接任"哈佛学院"院长。正如唐斯德不算哈佛大学的创办人一样，伊顿根本说不上是哈佛大学的创办人，在哈佛大学的正史里仅仅注明他是"新城学院"的管理人。与哈佛法学院相比，至今没有发现哈佛牧师捐赠的钱与奴隶制有什么关联，哈佛大学的校徽里也没有哈佛牧师的任何标识，哈佛牧师没有留下一张他本人的照片。

对于布恩的信，哈佛法学院内部分成两派。以法律学者、历史学家安妮特·戈登－里德（Annette Gordon-Reed）教授为首的一派认为，种族歧视虽然不光彩，但毕竟已经嵌入法学院的历史，不应该否认这段既成事实。如果保留并修改旧院徽，也不失纪念曾经在罗亚尔庄园辛苦劳动、为其家族贡献财富的奴隶们的一种方式。言外之意，罗亚尔捐的钱里也有黑奴的贡献。曾经获得 2009 年普利策历史奖的戈登·里德警告说，撤换院徽将掩盖在大西洋贩卖黑奴悲剧的真实历史。另一派认为，哈佛的传统不是庇护丑恶和黑暗，去除代表种族歧视的图案，才真正对历史负责。米诺院长表态赞成更换院徽，"因为院徽与奴隶主有历史联系，不能代表法学院的目标和使命"。她在致校董事会的公开信里表示："院徽应该代表法学院现在所追求的价值观，旧院徽与这一价值观相违背。"米诺院长担心，院徽引发的争论可能给法学院带来分裂。

时任哈佛大学校长、历史学家德鲁·佛斯特（Drew Faust）于 2016 年 1 月表示，她反对更改以捐赠人命名的校园建筑物的名称，尽管有的捐赠人当过奴隶主，例如马瑟之家 （Mather House）。佛斯特校长在 2015 年 12 月的一次采访中表示，她的作用是指导米诺院长考虑撤换法学院院徽可能带来的后果，"假如更改法学院院徽，是否意味着需要更改哈佛校园里所有建筑物的名字？撤换所有的徽章？"但她表示并不完全清楚哈佛法学院院徽的事情。佛斯特说："抹掉历史可以减轻负罪感，但也丢掉从历史中学习的机会，而且容易使我们满足于我纠正了历史，我是正确的感觉。我们并不一定比过去的错误好到哪里。"后来法学院向哈佛校董提交的建议书里采纳了佛斯特校长的意见，建议书十分小心地避开哈佛校园其他建筑物名称，"我们的建议仅限于哈佛法学院目前使用的院徽，以及该院徽流传到世界的影响"。

学生团体"罗亚尔必败"发言人克莱伯恩 （A．J．Clayborne）反对戈登·里德的说法，认为是美化奴隶主制度，将进一步伤害法学院少数族裔学生的感情。他支持米诺院长向哈佛大学校长和校董提交撤除旧院徽的建议，提醒说法学院目前广泛存在着机制性种族歧视问题，法学院原本就是一所为白人建造的学院。学生团体不断向院方提出建议并举行静坐抗议。当这件事在互联网上公开以后，引起社会各界包括老校友们的声援，也引发美国其他著名大学的连锁反应。耶鲁大学学生请愿时呼吁重新命名科尔霍恩学院（Calhoun College）［2020 年 6 月，有人在推特上推出"取消耶鲁"（Cancel Yale）的帖子，要求更改耶鲁大学校名。伊利胡·耶鲁（Elihu Yale）于 1718 年向一所学校捐赠一批图书和价值 560 英镑的货物，该校据此更名为耶鲁学院。耶鲁本人是一个奴隶主，也是一个奴隶贩卖者］。普林斯顿大学学生敦促校方把伍德罗·威尔逊（Woodrow Wilson）的名字从国际事务学院移除，尽管威尔逊 1902 年至 1910 年担任过普林斯顿大学校长，1913 年至 1921 年担任过美国总统。虽然在威尔逊所处的年代里，种族隔离在美国南方一些州属于合法行为，学生们仍然认为他是一个种族主义者（2020 年 6 月 27 日，普林斯顿大学宣布，将威尔逊的名字从"伍德罗·威尔逊公共和国际事务学院"中移除，更名为"第一学院"）。阿默斯特学院（Amherst College）院方考虑到杰弗里·阿默斯特（Jeffery Amherst）在 18 世纪鼓吹支持屠杀美国原住民，宣布撤除与他有关的吉祥物和其他物件。面对社会舆论的重重压力，哈佛法学院米诺院长迅速成立一个由 12 人组成的委员会处理此事。委员会成员包括法学院的 4 名教授、2 名校友，法学院学生团体派出的 3 名学生代表，法学院员工委员会派出的 2 名员工代表，任命法学教授布鲁斯·曼恩（Bruce H. Mann）担任该委员会主席。委员会调查了有关院徽起源的文献，举行了一系列联席会议，先后得到 1000 多项反馈意见，最终形成一份 11 页的建议书并附带 4 页反对意见，以 10 比 2 的压倒性票数提出撤换院徽的建议。建议书中赞成和反对撤销院徽的争议点集中在，撤除院徽是否意味着抹掉历史？

　　建议书认为，撤销旧院徽主要基于对历史证据的承认和尊重，继续使用院徽的负面作用超过保留它的价值。建议书指出，如果法学院需要一个官方符号，它必须深刻地代表法学院的价值观，而现有的院徽不具备这一点，当初同意采用皮埃尔·罗斯的设计方案太过随意了。建议书分析说，现在的法学院和 1937 年的法学院有很大的不同，当时把奴隶主家族的族徽当成法学院院徽的组成部分时，没有人注意到与奴隶制的联系。同样都是奴隶主，乔治·华盛顿和托马斯·杰弗逊在美国历史上发挥过领导作用，因此受到尊重并被人们纪念，人们并不否认他们当过奴隶主的事实，他们的贡献让人们包容和原谅他们奴隶主的身份。而小罗亚尔唯一能做的就是赚钱，这与华盛顿相比显得微不足道。事实上，波士顿学院法学院法学教授丹尼尔·R. 科奎莱特（Daniel R. Coquillette）在 2000 年研究报告里就已经提到罗亚尔族徽的渊源，科奎莱特也当过哈佛法学院访问教授。把族徽与奴隶制联系起来只是 2015 年才被重新提起。2003 年，当时任美国联邦最高法院大法官艾琳娜·卡根（Elena Kagan）被任命为哈佛法学院院长时，她拒绝了罗亚尔教席的称呼，转而使用《哈佛法律评论》第一位非洲裔美国人查尔斯·汉密尔顿·休斯顿（Charles Hamilton Houston）（1895—1950）的名字命名的教授职位。

建议书承认法学院院徽委员会内部分歧巨大，社会各界的反应也十分对立。对立意见并没有受到年龄、政治取向和种族的限制。接受民意测验的 517 位受访者中 54.6% 支持更改院徽，31.1% 承认院徽与奴隶制有联系，但主张保留。法律史教授安妮特·戈登·里德的观点得到法学院二年级学生瑞特格斯（Rittgers）的支持。里德教授认为，撤换院徽的做法属于更加保守的方法，应该大胆地保留院徽，以提醒那段不愉快的历史，以此教育后人。她建议，可以考虑修改院徽，保留但缩小三捆麦穗的图案，增加一个拉丁文词语"正义"（Iustitia），提醒奴隶制所欠下的债，永远不忘寻求法律手段解决争议的承诺。她还用纳粹德国的图案做例子，试图说明纳粹的标识明目张胆地表达种族主义的意图，而法学院的院徽并不代表奴隶制，它代表了法学院的荣誉和历史。她进一步论证说，法学院的院徽没有采用小罗亚尔的肖像，三捆小麦也可以反映奴隶们辛勤劳动的功绩，并不直接代表奴隶制。这与塞西尔·罗德斯（Cecil Rhodes）雕像不一样。哈佛法学院学生团体提出"罗亚尔必败"的灵感来自南非开普敦大学当年反对种族隔离运动，矛头直指帝国主义和种族隔离制度的支持者塞西尔·罗德斯，南非学生打出"罗德斯必败"的旗号，成功地移除了罗德斯的雕像（英国牛津大学著名的罗德奖学金也来自此人，他的姓还翻译成罗兹或罗德）。

2016年3月15日，哈佛法学院正式宣布废弃使用80年的"三捆麦穗"院徽。哈佛大学校长德鲁·佛斯特在演讲时说："作为一个拥有独特历史地位的法学院，更改院徽不是一件草率的事。做出更改决定的重要性在于认识法学院的历史，而非抹杀这段历史。法学院将一如既往尊重学生的言论自由，鼓励发出不同的声音。"

2021年8月23日，哈佛法学院宣布采用新的院徽，其图案的上端用拉丁文展示哈佛大学的校训"真理"，中端拉丁文的意思是"法律和正义"，下端线条来自哈佛法学院教学楼的设计灵感。

第二章

风雨飘摇的岁月

（1817—1829 ）

一 两名教授，三间教室，六个学生

根据派克法官的计划，法学院的两名教授分成两个层次同时展开工作。一个层次由派克法官负责，主要职责向本科生和学习法律的学生开课，鉴于派克法官仍然担任首席大法官的正式工作，他只能利用业余时间讲课，而且只能放在法院休庭的夏季，1816年首轮讲课安排在当年的6月和7月。按照章程规定，派克法官不必住在剑桥镇，也不参与学院的行政管理，他开了15节课，主要包括英美普通法、美国联邦宪法、马萨诸塞州州宪法和自然法讲座，他既讲普通法史，也讲民法，还讲教会法。从培养懂得法律的绅士的维纳教育标准看，派克法官的课非常成功，也广受学生好评。从另一方面看，派克法官没有讲合约和条约，也没有讲布莱克斯通的《英国法释义》。他的课主要针对社会和商业一般性的问题，没有深入到法学专业教育的具体领域里，他的商业案例只讲到衡平法这样泛泛的一般性概念，涉及面宽泛而不深入，这大概与他业余兼职讲课比较随意的风格有关，他毕竟只享受兼职教授每年400美金的薪酬。公平地讲，这并非派克法官的错，他严格按照学院章程规定他的教学职责行事，甚至把规定讲15节课增加到十七八节，还经常利用业余时间到法学院走走看看，与学生们交流互动，这对于一个有正式法官工作的人已经很不容易了。

另一个层次由阿萨尔·斯特恩斯校级法学教授负责。他1797年从哈佛学院毕业，通过师徒式培训获得法律从业资格，之后担任马萨诸塞州地区检察官，他在哈佛法学院任教期间，一直保留检察官职务直到1832年辞职，他于1815年当选马萨诸塞州议会议员。哈佛校董挑选他担任第一任法学院校级教授，不仅因为他的资历与派克法官相当，更重要的是他符合规定的"具有足够的法律学徒经历"这一条件，校方不仅仅看重他培养法学院学生的能力，更看重他向法院推荐毕业生的能力。有他这张招牌，对于就业来说，大学学位不过是件补充品。斯特恩斯乐于接受这一挑战，为此，他把他的法律办公室迁到剑桥镇，担负起管理与教学并重的全职工作。斯特恩斯教授的薪酬由学生的学费支付，但是，薪酬不包括大学本科的高年级学生，尽管他们按照人文科学的分类选修法学院的课，他们已经支付过学费了。法学院只向住校毕业生和法律生以及特招生按照每人 100 美金标准收费，这一部分付学费的学生 1817 年共有 6 人，1818—1819 学年 11 人，1819 年斯特恩斯的实际年薪扣除租金、维修费和水暖费后，是 1100 美金。他每年开 34 节课并且负责法学院的日常运营。当时，哈佛大学给本科生开课教授的平均年薪是 1500 美金，派克法官每年只讲一至两个月的课，拿着 400 美金的薪酬，相比之下，依赖学费获得收入的斯特恩斯比较惨，1822—1823 学年学生人数降到 10 人，1823—1824 学年 8 人，到 1828—1829 学年的 6 人，他已经没有什么收入了。斯特恩斯教授非常敬业，在法学院任职时期，他一直保留着检察官和议员的头衔，这毫无疑问出自补贴他在法学院教学收入低甚至没有收入的原因。斯特恩斯有一位十分贤惠的妻子，她平时除了照料自己的两个孩子外，把法学院学生视为家人，特别对患病的学生，她整夜守候在病人身边，嘘寒问暖，烹制饭菜，直到病人活蹦乱跳地返回课堂为止。

在如此繁重的教学压力下，斯特恩斯还做了一件派克法官没有做到的事。他于 1824 年出版了一本题为《法律与真正实践行为总论》的专著（*A Summary of the Law and Practice of Real Actions*），并把此书献给哈佛大学学习法律的学生，诚心诚意地给他们留下文字资料。这本书的前言概括了斯特恩斯法学教育的思想，他不仅仅重视法律案例的搜集，更致力于把古老的法律原则和教义，通过分析、实证和检验的方法，与现实需要结合起来，给读者提供一个比较清晰易懂的指南。这本书对于法学教育人士的教学、对于刚刚从事法律工作的律师或者检察官，具有很强的实用价值，也是第一批有关美国法律的权威论著之一。为了表彰斯特恩斯的学术贡献和献身精神，美国文理科学院授予他院士称号，哈佛大学于1825年授予他荣誉法学博士称号，在他执教期间，一共培养出10位法学学士。1825年是斯特恩斯把他的作用发挥到极致的一年。

哈佛法学院的教授有了，校舍怎么办？现如今凡去过哈佛大学的人都会逛逛哈佛广场里的"哈佛合作社"（The Coop），殊不知这里原先是米德尔塞克斯县法院的旧址，恰好当年哈佛大学前任校长塞缪尔·韦伯（Samuel Webber）（1759—1810）自从担任数学教授就住在紧邻法院的一座楼房里，这座哈佛拥有的被称为"学院第二楼"的两层砖楼被挑选为法学院的第一处校舍，并因此成为哈佛法学院的诞生地。选择毗邻法院之处，因为早就考虑到有利于法学院学生去法院实习，显然秉承了律师事务所和法院"师徒式"培训的传统。韦伯校长享有"哈佛大学历史上最没有色彩的校长"的称呼，他来自农家贫穷子弟，在"黄油与面包造反"事件中，他对学生的处置非常严厉，终止了一半学生的学业。不过他对法学院校舍一事相当支持，他从自己住房的一层腾出三间给法学院，一间供斯特恩斯教授办公用，斯特恩斯也利用这间办公室办理检察官的法律业务，用以补贴教学收入的不足。另一间大约长30英尺的屋子既当教室、图书馆，也被学生聚会时使用。还有一处原来用作杂物间的陋室成为图书管理员的居室。二楼的四间房屋租给学生当宿舍，当1824—1825学年法学院学生增加到12人时，4间宿舍就显得拥挤不堪，斯特恩斯教授不知疲倦地呼吁增加新的学生宿舍，1825年哈佛大学学生事务管理员预估建造一座新学生宿舍将耗资7500美金，而当时学院第二楼租金收益余额共150美金，资金缺口太大，哈佛大学为此成立一个专门的委员会研究可行性，结果不了了之。

三间教室里最不起眼的图书馆，却出人预料地引发一场"图书争夺战"。1817年法学院成立之初，校董事会于9月拨500美金购买法律书籍，1818年，斯特恩斯教授超过预算，连同接收的100美金图书捐款，购书共耗费682美金，董事会批准了这笔超支预算，并且允许法学院从哈佛大学图书馆借书，条件是一旦哈佛大学图书馆需要必须立即返还。1819年，哈佛大学监事会视察法学院时发现，这个小小的学院里到处散落着大量属于哈佛大学图书馆的法律书籍。哈佛大学图书馆里怎么会有那么多的法律书呢？原来早在1779年，时任新罕布什尔州首席法官的西奥多·阿特金森（Theodore Atkinson）以州政府的名义，向哈佛大学捐赠100英镑用以购买民法、成文法和普通法书籍存放在大学图书馆。1787年，一位名叫约翰·加德纳（John Gardiner）的律师向哈佛大学又捐赠了一批法律图书，这两批书以早期英国普通法的资料为主。1814年，哈佛大学董事会拨款300美金供校图书馆购置法律书籍。从1817年到1826年，马萨诸塞州州长克里斯托夫·戈尔向哈佛大学捐赠119卷极具价值的法律书籍，供"学习法律的学生使用"。1826年，哈佛法学院的两名学生编制了一个法学院图书馆书籍清单，其中一人就是斯特恩斯教授的儿子威廉姆·斯特恩斯，另一人名叫约翰·豪尔（John B. Hall），图书清单里既有属于法学院的，也有属于哈佛大学的，哈佛法学院图书馆与哈佛大学图书馆的矛盾愈演愈烈。1825年9月，斯特恩斯请求董事会同意把一批有价值的法律书从大学图书馆移交给法学院图书馆，董事会勉强批准他的请求，并附加了两个条件，所有移交的图书必须加盖哈佛大学的校章，董事会定期检查法学院图书馆藏书状况。当时法学院的图书来自3个渠道，有法学院购买的，也有斯特恩斯教授自费购买并捐给法学院的，他前后拿出近700美金为法学院买书，这部分起因于哈佛大学当时正向一个债务人追讨借款，斯特恩斯期望哈佛大学可以要到款项，为此，他不惜自掏腰包垫付，此外，斯特恩斯不惜破费确实出自一心考虑法学院的图书建设。第三个渠道来自校方的购书拨款。这份由两个学生整理的图书清单共列明 8 类：第一，戈尔捐赠的。第二，借自哈佛大学图书馆的。第三，从哈佛大学图书馆移交过来的。第四，斯特恩斯的藏书。第五，斯特恩斯用追讨债款还的钱购买的。第六，哈佛校方于 1815 年和 1817 年购买的。第七，1818 年马萨诸塞州法院捐赠的。第八，遗失书。以上带有书名的共计 736 本、1752 册（同一书名可能有好几册）。这 736 本书名里，属于法学院的有 280 本，415 册属于哈佛大学，其余的是斯特恩斯自己的书。1826 年的哈佛法学院图书管理谈不上规范，也没有系统归类，各个门类各种题材的书散落在各处。从大的类别说，涉及罗马法、民法和英国普通法的有 41 本，美国法的 63 本。从分工方面说，派克法官根本不过问图书馆的事，斯特恩斯教授尽全力到处借书、买书，呼吁校董事会拨款建设法学院图书馆，收效甚微。

　　一所法学院成功与否，不仅需要雄厚的师资队伍和校舍图书这些硬件设备，还要看该校学生的素质。哈佛法学院保存的手写资料显示，1817 年法学院首批入校 6 名学生，当年无人获得法学学士学位（LL.B），经过学者琳达·格兰特（Linda Grant）的考证，这 6 名学生分别是：卡勒布·库欣（Caleb Cushing），他后来在国会任职并担任美国司法部长；塞缪尔·埃德蒙·塞沃尔（Samuel Edmund Sewall），他成为废奴主义者，为许多逃脱奴隶制的人辩护；查尔斯·穆迪·达斯汀（Charles Moody Dustin），他是哈佛法学院第一批学位获得者；威利斯·利曼（Wyllis Lyman）、威廉姆·沃士本（William R.P. Washburn）和约翰·沃特斯·普罗克特（John Waters Proctor）。1818 年入校 11 人，无人获得学位；1819 年 10 人入校，至此前两届 17 人中 6 人获得法学学士学位；1820 年 13 人入校，无人获得学位；1821 年 13 人入校，2 人获得学位；1822 年 10 人入校，2 人获得学位；1823 年 8 人入校，无人获得学位；1824 年 12 人入校，10 人获得学位；1825年10人入校，1人获得学位；1826年8人入校，4人获得学位；1827年8人入校，1人获得学位；1828年6人入校，无人获得学位；1829年24人入校，1人获得学位。由此看出，从1817年开校到1829年（不含1829—1830学年）的12年时间里，近140名学生里仅27人获得法学学士学位。根据1817年5月14日校董事会学位规则的要求，法学院正式学生必须住校上学18个月并通过法院或律师事务所的实习考核，或者必须住校听课3年而免除实习考核；对于非本科毕业生，必须在法学院住校上课5年并通过法院的实习考核。没有获得学位的学生显然没有通过上述标准，只能得到一张非官方认可的结业证明书，他们的名字和获得学位学生一起记录在法学院学生名册里。

这一阶段获得法学学士的比例较低，说明法学院对这一学位要求的标准比较高，但这并不影响法学院毕业生成为法官和律师，有派克法官和斯特恩斯教授的推荐，法学院的毕业生很容易进入法律界工作。此外，在第一批96名毕业生里，74人入法学院之前获得大学本科学历后直接考入法学院，其中哈佛学院本科生53人，达特茅斯学院6人，威廉姆斯学院2人，布朗大学2人，哥伦比亚大学2人，成立于1775年位于弗吉尼亚州的汉普登·悉尼学院2人，北卡罗来纳大学1人，普林斯顿大学1人，另加上哈佛本科毕业后又从校外考入法学院的人。尚处于婴儿期的哈佛法学院虽然不如名声显赫的利奇菲尔德法律学校，却已经开始影响到美国东北部的一些地区。统计数字显示，这个时期哈佛法学院学生数量很少，入校和毕业的情况很不稳定，这反映出建校初期学校管理方面的混乱。

二　斯特恩斯教授的艰难探索

哈佛法学院成立初期没有设院长职务，学院没有行政领导，学院的大小事务名义上由派克法官和斯特恩斯教授协调负责，实际上教学和行政后勤主要靠斯特恩斯教授夫妇打理，这对于斯特恩斯教授来说绝非易事。1817年的剑桥镇如同一座沉睡的村庄，法学院所在的哈佛第二楼除了毗邻法院之外，附件的公共设施仅有两座教堂、一所小学、一座监狱和一座救济院。有人描述当年剑桥镇非常安静，以至于站在哈佛广场可以听到波士顿海军造船厂隆隆的响声，甚至隐约听到远处海岸沙滩波浪的撞击声。学生们仅有的乐趣除了听派克法官的讲座和旁听与法律无关的课之外，就是那座神秘的法院。那是一个地区法院，学生们对它的兴趣主要出于毕业后就业的憧憬。对斯特恩斯教授来说，那座法院简直就是近水楼台，作为一名地区检察官经常出庭代理案件，不过走几步路的事。地区法院里一些重要案件需要移交波士顿法庭审理，这为学生们饭后茶余增加了谈资。幸运一点的法学院学生和哈佛本科生能随同斯特恩斯教授到那里实现朝圣之旅，简直让他们欢欣不已。

根据当年法学院年报记录，斯特恩斯教授的科目分成5类：1）法律专业课和阅读作业；2）模拟法庭训练；3）讨论和辩论课；4）论文写作；5）回顾与评价。他要求学生采用统一教材按时听课，教材主要有布莱克斯通的《英国法释义》和利奇菲尔德法律学校的课目。斯特恩斯教授对此编排得十分精细，却忽视了刑法课和侵权法，也不讲宪法和法理学，对于一年开38节课的斯特恩斯放弃这么重要的法学科目，确实令人遗憾。他侧重讲商法、不动产法和法庭答辩。至于派克法官，法学院竟然没有留下他的开课目录。斯特恩斯教授后来解释说，他授课的方法是，课前把他编写的讲义发给学生阅读，课上要求学生背诵或复述讲义的内容，然后再布置学生阅读相关书籍或文章，他再在课堂上提问测试学生的理解程度。除了上课外，还辅之以技巧训练和实践练习，这主要指模拟法庭开庭全过程演练和法庭专题辩论。同学们每周举行一次模拟法庭实践课，1825—1826

学年举办了 37 次，1826—1827 学年举办了 35 次。哈佛法学院至今保存着 1820 年至 1828 年模拟法庭的开庭记录、诉状、辩论要点、法官意见以及法庭裁决书。一般情况下，模拟法庭由斯特恩斯教授担任主审法官。他因故缺席时，由同学们推选的助理法官代理他的职务。他编写的模拟法庭案例，有的照抄英国法案例，有的脱离英国法的约束，根据美国实际发生的案例形成法庭裁决。由于同学们参加模拟法庭训练的积极性特别高，每次参加的人数众多，斯特恩斯教授必须认真对待。他在 1826 年的报告讲道："我需要花费大量时间和精力选题，准备虚拟案例，汇集争议焦点，协助控辩双方准备辩论提纲，指导他们如何陈述、申辩、回应对方的答辩、提出质疑、寻求例外条款、提出动议等等，向他们演示如何调查取证，并且耐心讲解法庭辩论的技巧。"在斯特恩斯教授的精心组织下，凡参加过模拟法庭庭前准备、庭上辩论、参与写判决书的学生无不获益匪浅。

除了组织模拟法庭演练外，1826—1827 学年还举办了 34 次课外热点问题辩论会，可惜没有留下辩论会内容的文字记录，但有一点可以确定，辩论会提升了学生们的法庭陈述和辩护的口才。同一学年，斯特恩斯教授布置学生写了 29 篇短论文，尽管现存档案里没有保留这些短论文，但从斯特恩斯教授的报告里可窥端倪，他写道："对每个学生的写作，搜集资料、调查研究和写作技巧，逐个给予指导，弄得我疲惫不堪。"哈佛法学院当时还没有采取通过考试决定升级留级制度，斯特恩斯教授经常通过课堂上回顾和提问的方法，针对讲课内容和阅读内容提问，从学生回答问题中评判他们的理解程度和每一个人的水平。这与英国伦敦律师学校的教学测评方法非常相似。归纳起来，1825 年斯特恩斯教授的报告显示，哈佛法学院每年讲授 56 节课，其密集程度超出同期任何其他大学的法律课，加上模拟法庭对学生法律口才的正式训练和辩论会的非正规训练，定期检查学生法律文书的写作能力和论文的综合能力，再加上课堂上向学生随机的提问和复述要求，所有这些，都在当年每班小于 10 人的范围实行，可以称之为"开小灶"了。无论从任何角度看，斯特恩斯教授已经尽了最大的努力。他不但具备法学教授的职业素质，而且善于创新，在百忙中于 1824 年出版了引领一时的法学专著，该书于 1831 年再版。他留下的 20 本讲课手稿极具历史价值。尽管两位教授艰难地探索办学之道，派克法官还是于 1927 年被迫离开罗亚尔教职，斯特恩斯教授于 1829 年 4 月遭到解职。

三　几近倒闭的哈佛法学院

《哈佛法学院世纪史（1817—1917）》一书在赞扬法学院初创时期的成绩时，也描述了 1827 年至 1829 年几近毁灭性的命运："本来就为数不多的学生迅速减少，学校眼巴巴地看着那些优秀的学生宁肯回到律师事务所重新当学徒，也不愿到法学院上课。""成立法学院本来为了在竞争中超过师徒式培训方法，可惜派克法官和斯特恩斯教授既缺乏这种眼光，也没有这种技巧达到这种高度。""究其原因有：这一时期美国的经济状况不好，限制了入学人数；全国其他大学相继成立法学院带来的竞争压力；外地学生到哈佛求学旅行费用的困难；剑桥地区昂贵的学费；法学院宿舍条件太差；等等。""导致这种状况，毫无疑问责任在教师，主要责任应该由斯特恩斯教授承担。"

《功勋战场：第一个世纪的哈佛法学院》（以下简称《功勋战场》）一书分析了 1827 年至 1829 年哈佛法学院失败的 4 条原因。第一，斯特恩斯注意到当初霍夫曼在马里兰州开创性的尝试，认为霍夫曼模式拘泥于细节，所以很难成功，斯特恩斯决意远离霍夫曼的影响。1824—1825 学年一位学生所做的课堂笔记显示，斯特恩斯教授直截了当地表示他的课不选霍夫曼的教材。学完霍夫曼的教材需要 7 年时间，而斯特恩斯的课 18 个月就可以完成，这可能说明斯特恩斯教授的课太过粗线条了，他为了避免霍夫曼的烦琐，走到不够细致的另一个极端。第二，1825 年前后斯特恩斯多次向校董事会请求给法学院修建新的校舍，因为教室和图书馆太过拥挤，严重影响教学质量。1825 年 8 月 14 日，科克兰校长向董事会提交一份重建法学院的完整计划，遭到董事会否决。斯特恩斯教授在 1829 年 4 月 7 日的辞职信里不无苦涩地埋怨道："你们都乐意谈我办学失败的方面，我认为，没有及时修建一座方便教学和学生生活的法学院校舍是导致失败的主要原因。"他还写道："同样是校舍，为什么董事会批准给神学院修建，却否决了法学院的方案？神学院的新楼让法学院学生感到生活在两重天地。"第三，关于同业竞争，那一时期师徒式法律培训和专业性法律学校一直给哈佛法学院带来压力，特别是脱胎于师徒制的利奇菲尔德法律学校和北安普敦法律学校。斯特恩斯进一步解释他的看法："现在，越来越多律师事务所的师傅愿意无偿带律师学徒，这些徒弟出师后即可加盟该律师所，这种现象驱使一些原先报考哈佛法学院的学生，入校后又很快改变主意离开法学院投奔律师所接受培训。特别是北安普敦法律学校的学费和住宿费便宜很多，吸引哈佛法学院的学生转学到那里。"这一阶段哈佛法学院的学生也有投奔弗吉尼亚州的情况。需要指出一点，关于北安普敦法律学校吸引走哈佛法学院的学生，斯特恩斯教授的解释可能不准确，因为很快于同年 6 月，哈佛法学院的约瑟夫·斯托里（Joseph Story）聘请北安普敦法律学校主讲教师约翰·阿什蒙（John H. Ashmun）（1800—1833）到哈佛教书，北安普敦法律学校几个月后就关闭了，无论北安普敦法律学校的学费和住房再经济实惠，第二年，该校几乎全体学生追随阿什蒙到了哈佛法学院！到底北安普敦法律学校和哈佛法学院谁挖谁的墙脚，还真不好说呢。

　　第四条原因至关重要，即整个哈佛大学政治经济环境的改变，从而左右着哈佛法学院的命运。科克兰校长主政后期的 1810 年至 1828 年，哈佛大学的内斗给自己带来严重的经济危机。从政治方面讲，联邦党人曾经长期控制着波士顿和哈佛大学的政治精英，1810 年，杰斐逊共和党人采取在马萨诸塞州立法的方式，企图夺回联邦党对哈佛大学的控制权。1812 年第二次独立战争的爆发，导致联邦党在马萨诸塞州的胜利，随之修改 1810 年法案，并于 1814 年通过新的立法重夺对哈佛大学董事会的控制权，当时还增设一个新的税种，专门补贴马萨诸塞州州内的大学，其中有哈佛大学、鲍登学院和威廉姆斯学院。哈佛享受每年 1 万美金补贴，与哈佛年收入 4.5 万美金相比，这笔补贴数字很可观。科克兰校长把补贴用于校园的修建和增添物件设备，这种状况从 1814 年持续到 1823 年。不料杰斐逊共和党人卷土重来，再次控制了马萨诸塞州的政治生活，他们积极推动并特别批准组建阿默斯特学院（Amherst College），砍掉了对哈佛和威廉姆斯学院的政府补贴，哈佛顿时减少四分之一的年收入，陷入财务困难。公理会教徒们还不鼓励把子女送到唯一神教派控制的哈佛大学读书，致使哈佛的学生和学费收入锐减，到 1824 年哈佛大学不仅用完了所有的盈余，还欠 4000 美金的债务。1825 年，杰斐逊共和党人约瑟夫·斯托里当选哈佛校董成员，1826 年他的同党内森·鲍迪奇（Nathaniel Bowditch）也入选哈佛校董，他让哈佛大学领导层全面反省过去的工作，还对过去的工作得出"一片混沌，前途无望"的结论。在这种背景下，哈佛大学财务司库被迫辞职，开始采用财务紧缩和节约措施，其中包括扣发校长的工资，教授工资从每年 1700 美金减少到 1500 美金，教授的课时不减等等。面对乱局，科克兰校长尽量避开董事会的烦心事，1827 年他中风瘫痪。即使这样，在 1828 年 3 月 27 日董事会会议上，鲍迪奇仍然无情地指责他"无能"，作为回应，科克兰校长第二天即提交辞呈。静观鲍迪奇整人的做法，有理由怀疑他就是几个月前迫使派克法官辞职的幕后人。了解到哈佛当时的财务能力，也就不难明白为什么斯特恩斯教授多次呼吁给法学院修建新楼、扩大法学院图书馆规模的提议遭到拒绝了。哈佛大学学生数目和学费的减少，严重影响着法学院的招生数量，1817 年至 1829 年法学院的 104 名学生里，55 人来自哈佛学院本科毕业生。1829 年哈佛法学院的学生不到 3 个人，斯特恩斯依靠 300 美金学费的收入，扣除支付租金和供暖费，根本无法坚持下去。所以说，第四条原因导致了法学院陷入濒临倒闭的危险境地。

事已至此，斯特恩斯教授的命运可想而知。1829 年 3 月 18 日，哈佛董事会成立一个专门委员会负责审查法学院的工作。4 月初，在斯特恩斯教授不知情的情况下，董事会临时负责人埃里法莱特·波特（Eliphalet Porter）博士告诉斯特恩斯教授："你被解职了。"两个人的会面极不愉快。约赛·昆西校长（Josiah Quincy）很快接手董事会这份十分棘手的工作。1829 年 4 月 7 日，斯特恩斯教授宣布辞职，他留下一封很长的信，信中充满着对饱受攻击的自己的辩护以及对背叛他的人的愤怒。这封信至今读起来仍很扎心。他的被辞职，不过重复着一年多前派克法官和科克兰校长走过的路，他被鲍迪奇和董事会其他成员算计了。4 月 16 日，董事会接受了斯特恩斯的辞呈，并允许他在当年学期结束前，享受依靠学费收取的工资和办公室。他提出要回几本他捐给法学院图书馆的书，遭到否决。

哈佛法学院走到如此惨状，应该不是派克法官和斯特恩斯教授的错。他们两人既尽心尽责又非常胜任教学工作，尤其斯特恩斯已经远远超出他的职责范围。失败的主要原因是资金匮乏，因而失去对律师事务所师徒式培训和新崛起的法学院的竞争力。他们两个人意识到问题的严重性，无奈怎么呼吁也无济于事。1824 年至 1828 年哈佛大学的政治经济危机，加重了事态严重的程度。事实上，1825 年之前，斯特恩斯把法学院管理得井井有条，哈佛大学没有及时回应斯特恩斯的呼吁，这是哈佛大学校方的错。斯特恩斯在哈佛法学院重组中扮演了悲剧式的替罪羊的角色。有人评论说，斯特恩斯非常憋屈地离开法学院"合唱团"，他艰辛的教学努力还没有看到应有的成果，他的学生已经纷纷离他而去。哈佛大学校方也不待见他，把他视为一双"破旧的鞋"。今天，斯特恩斯的画像虽然与约翰·阿什蒙并列挂在一起，对他的评价却像畏缩在哈佛法学院图书馆的过道里一样，默默无声。哈佛法学院欠斯特恩斯教授一个公正的结论。客观地说，并非斯特恩斯导致法学院险些关闭，恰恰相反，没有他在初创阶段独挑大梁、兢兢业业的努力，就没有哈佛法学院的今天。

关于这一时期哈佛法学院的危机，如果横向与同期存在的利奇菲尔德法律学校比较，两所法律学校从教学角度互有所长与所短，利奇菲尔德多采用口授方法，缺乏法律阅读和图书馆，哈佛法学院使用讲义和书籍。总起来说，这一时期哈佛法学院并不比利奇菲尔德法律学校领先多少。利奇菲尔德也面临同业竞争压力和资金周转困境，到1833年撑不下去，彻底关闭了。哈佛法学院背靠哈佛大学这棵大树，人才与资金回旋余地比较大，因而得以幸存下来。另外一点需要理解，开创者不一定都能获得成功，作为哈佛法学院的创办人派克法官和斯特恩斯教授，他们的贡献表现在促成哈佛大学董事会同意设立哈佛法学院，并且在建校初期摸索生存之路，他们的失败给继任者敲响了警钟，也给继任者再创辉留下了机会。

第三章

起死回生

（1829—1833）

一 结构改组

哈佛大学财务司库约翰·戴维斯辞职（1826年）、派克法官辞职（1827年）、科克兰校长辞职（1828年）和斯特恩斯教授辞职（1829年），逼迫上述重要人物辞职的这股力量，代表着重塑哈佛大学和哈佛法学院的同一股力量，正所谓旧的不去新的不来，危机里面蕴藏着机会。这股力量中，内森·鲍迪奇虽然属于过渡人物，但他下手很重，毫不留情地扳倒绊脚石。1829年1月，曾经担任律师的约赛·昆西获任哈佛大学新校长，他于当年6月宣誓就职。其实，人事安排和资金运作早已秘密进行。1828年9月，一位名叫内森·戴恩（Nathan Dane）（1752—1835）的波士顿著名的联邦党人和律师登台了。这一点，与1756年英国牛津大学创立普通法教学有相似之处，由于查尔斯·维纳的适时出现，得以设立维纳法学教席，成就了布莱克斯通的教学事业。维纳本人并非律师，他的收入主要来自他的法律著述，他的著作《普通法及衡平法汇编》极大地提升了他的知名度。身为美国律师的戴恩花费数十年时间研究并写下《美国法律总摘要：附注释和评论》（*A General Abridgment and Digest of American Law : with Occasional Notes and Comments*），到1820年他已经完全失聪了，仍然坚持写作，该书首发于1823年，对研究美国立国初期的法律很有价值，戴恩因此得名"美国的维纳"。如果说维纳教席成就了布莱克斯通，那么，戴恩教席即将成就另一位法律天才。

尽管存在27岁的年龄差距和对立的政党背景，戴恩与约瑟夫·斯托里（1779—1845）关系非常融洽，两个人都在马萨诸塞州东部从事法律业务，且都喜欢写作法律文章。戴恩从《美国法律总摘要》一书获得丰厚的版税收入后，随即决定把钱投入哈佛法学院。1828 年 9 月 6 日，戴恩致信斯托里征询捐赠哈佛法学院的建议，戴恩十分感谢母校哈佛大学对他的教诲之恩，他想用回报哈佛法学院的方式报答。戴恩选择约瑟夫·斯托里商讨捐赠绝非偶然，斯托里可谓一个法律奇才，他出生于马萨诸塞州，就读于哈佛大学，32 岁担任美国联邦最高法院法官，他打破并保持着就任这一职务的最年轻纪录。其实，斯托里早就有志在哈佛担任教职。1815 年 6 月，有人提议斯托里在哈佛大学开设"法律在美国的应用"系列讲座，顺带进行问卷调查，并答应支付给他 300 美金到 400 美金的审计费。斯托里对此感兴趣，恰好此时罗亚尔教席开始启动，从罗亚尔捐赠的基金里可以提供这笔报酬。哈佛校董秘密研究了聘请斯托里的可能性后，司库约翰·戴维斯出面告诉斯托里，哈佛希望开课教授一年内在剑桥镇教学，斯托里表示尽管他非常乐意转任一份他喜欢的教职，可是，鉴于他当时的法官身份勉为其难，有些尴尬，此事遂交由董事会处理。尽管斯托里很想投入教学事业，哈佛最终把罗亚尔教职这个机会给了退休且疾病缠身的约翰·罗威尔，遭到罗威尔婉拒后，又给了谦恭有礼却懒性十足的派克法官。斯托里失去这次机会却一点也不感觉生气。1817 年，当他得知哈佛校方决定成立法学院的消息时，立即公开支持"这一重要且必要的决策"。1818 年，斯托里当选哈佛大学监事会监事，1825 年进入董事会，并于当年主持了重塑哈佛大学关键性的改革报告。斯托里的一系列表现，引起戴恩的注意。此时斯托里忙于他的法律写作，周旋于国会的政治活动和自 1811 年担任的美国联邦最高法院法官，经常需要从首都华盛顿长途旅行到新英格兰地区参加巡回法庭的庭审，这一次，斯托里决心抓住投身哈佛教职的机会，他口气坚决地回答戴恩，他愿意推动在法学院设立捐赠基金事宜。

戴恩随即告知即将就任哈佛校长的约赛·昆西，他计划捐赠设立一个法学教职，并表示斯托里对获任这一教职很感兴趣。戴恩还列举出他重建哈佛法学院的计划，该计划包括他将出资兴建一座新的教学楼，楼内配备教室、教职员办公室和宽敞的图书馆，以此吸引斯托里来管理法学院，年轻睿智的共和党人斯托里势必对联邦党人控制的大本营哈佛大学发起挑战，而斯托里身后有一大批追随者。这里简单介绍一下美国两党制度的历史，以免对民主党和共和党名称的改换困惑不清。美国在1787年的宪法运动中，形成政见不同的两个政治派别，一派称为联邦党人，一派称为反联邦党人。反联邦党人于1791年组成共和党，由国务卿杰斐逊担任领袖。联邦党人于1795年成立联邦党，1817年联邦党消亡。剩下的共和党分裂成国民共和党和民主共和党，民主共和党于1828年改称民主党，共和党于1854年成立，共和党主张废奴，1860年共和党人林肯当选美国总统。至此，美国两大政党形成并延续至今。从现在的眼光解读斯托里当时的政治取向，他属于现在的共和党这条脉络，而当年的哈佛常年被民主党控制，包括今天的哈佛仍然被民主党操控。戴恩的计划其实与斯特恩斯当年反复呼吁的建议一模一样，可惜斯特恩斯还没有等到幸运的时刻就被炒鱿鱼了。戴恩携带资金强势进入，说话自然有分量。对于戴恩的一番言语，昆西校长还有些不放心，问戴恩，斯托里能胜任这么重的担子吗？戴恩回答道："我了解斯托里，如果交给他做，他只会做得更好，他具备这种超常的潜质和能力。"1829年6月，戴恩致函哈佛大学董事会，表示如果安排斯托里担任第一任由他捐赠的法学教授席位，他一定确保资金到位。与此同时，戴恩早已准备好了丰厚的待遇迎接斯托里。

戴恩承诺拿出10000美金设立捐赠基金，加上罗亚尔遗赠基金的8025美金，自此，哈佛法学院面临两个法学冠名教席的局面。昆西校长后来回顾说，为了平衡两者的关系，法学院采取由哈佛校长指导、两名冠名教授共同管理的方法。学费比照戴恩教席的规格，向每名法学院学生收取100美金学费，两名冠名教授除了从各自教席基金里得到报酬外，另从学费里按一定比例分配报酬，这个比例不含两人平均分配的意思。昆西校长的这种安排应该理解为，第一，戴恩教席虽不承担全职工作却占据主导地位，罗亚尔教席虽然全职工作负责学校日常运营，却下降到第二层级。第二，根据工作量多少，罗亚尔教席工资收入高于戴恩教席，戴恩教席只负责占据时间少的讲课方面。第三，教授的收入分配从之前的单项收入转为稳定的工资制。以前教授的收入，要么只靠学费，要么只靠冠名基金，新办法除了固定冠名教席收入外，还有学费的提成收入。其实，这种办法早就在神学院实行了。根据法学院工资测算，只要每年招收 16 名学生，两名教授的工资就能达到新工资制设定的上线，这种类似奖金制的激励手法，有利于调动教授的教学热情。因为教书质量越高，吸引的学生越多，收取的学费也越多，教授才能得到更多的奖励。金钱刺激对于哈佛这样的名校也不例外。具体到斯托里来说，他当法官的固定工资每年 4500 美金，戴恩教席承诺给他每年 1000 美金的报酬，两者相加 5500 美金。罗亚尔全职教席每年 1500 美金，但没有像斯托里这样的校外收入。仅从校内收入比较，罗亚尔教席的收入高于戴恩教席。这里顺便说说美国联邦最高法院法官的平均收入情况，1789 年到 1819 年每位法官的年收入是 3500 美金，1819 年到 1855 年年收入是 4500 美金，1855 年到 1861 年年收入是 6000 美金，2007 年不含通货膨胀因素联邦最高法院法官是 203000 美金（资料来源："The supreme Court A to Z" Los Angeles，2007）。2020 年美国联邦最高法院大法官的年薪为 255300 美金，首席大法官年薪为 267000 美金。

斯特恩斯教授递交辞呈的 5 周后，斯托里于 1829 年 5 月致函董事会，"如果向戴恩教席追加 5000 美金，我将乐意接受戴恩教席职务。戴恩先生也同意我的想法。希望这一提议能够得到董事会的确认"。信中斯托里列举了追加投资的 5 项用途，其中有校方给他提供一套住房。他还提议聘请至少一位校级教授与他共同履行管理法学院的职责。精明的斯托里人还没到法学院，就已经得到丰厚的承诺：给他提供一座住房，享受高水平的工资，董事会安排别人承担法学院日常繁重的教学和管理工作，那份把斯特恩斯压得喘不过来气的差使。他只差两项没有得到：宽敞的教学楼和像样的图书馆。1829 年 6 月 2 日，昆西校长举行一场由 600 人参加的晚宴，他利用这个场合宣布戴恩法学教席正式成立。1829 年 8 月，斯托里就任第一任戴恩冠名法学教授。关于增加图书馆藏书，1829 年底校方预付 2212 美金从斯托里手中购买了一批案例汇编，1831 年 7 月校方支付 1400 美金购买斯托里的私人藏书。哈佛校方至此已经向法学院图书馆投入 8000 美金，使法学院具备完整的美国法律图书馆的规模，实现了斯特恩斯教授当年的梦寐以求的理想，斯托里教授也从哈佛大学购买他的私人藏书里获得收益。

1831 年 1 月，正当斯托里教授对新的教学楼渴求又无望的时候，昆西校长已经与戴恩讨论修建一座新楼。昆西校长预计法学院学生将从 35 人增加到 40 人，盖一座拥有图书馆、教授房间和教室的砖结构楼房需要追加投资 7000 美金，戴恩提议由他投资 5000 美金按照 6 年期每年 250 美金利息的方式贷款建楼，哈佛把 5000 美金本金返还到戴恩教席基金里。此外，戴恩又追加 2000 美金 6 年期年利息 5% 的资金，哈佛需要向他本人还本付息。有了戴恩这 7000 美金，哈佛大学只需要投入 3000 美金配套资金，总投资 10000 美金盖起一座新楼绰绰有余。这座外观带着希腊复兴风格的教学楼被命名为"戴恩楼"（Dane Hall），是哈佛法学院的第二座楼，也是法学院第一次拥有属于自己的教学楼，该楼可以容纳 60 名学生和两名教授，该楼的建筑风格在 19 世纪 30 年代的美国新英格兰地区相当流行。它位于哈佛园的一处角落，正对着现在的哈佛广场地铁站，面朝法院，属于当时剑桥镇的中心地段。至此，戴恩一共向他设立的讲席投入 15000 美金，如果换算到 2010 年，这笔钱大约相当于 270 万美金。在 1832 年 10

月 23 日"戴恩楼"落成典礼的演讲中，昆西校长高度评价戴恩先生的贡献，称他"如同太阳的作用一样"，是哈佛法学院真正的创办者，昆西校长甚至直接称哈佛法学院为"戴恩法学院"。除了这些看得见的变化外，还有更令人称奇的地方，一对政治见解尖锐对立的联邦党人和共和党人，竟然对挽救哈佛法学院出奇的一致，戴恩出钱，斯托里出办学思路，实乃哈佛法学院一大幸事。戴恩设立的法学教席允许斯托里抽出大量时间从事校外活动，但明确要求戴恩法学冠名教授需要撰写并讲授"自然法、国际法、海事商业法、联邦法律和衡平法"。戴恩先生出手十分大方，7000 美金已经足够打造这座一流的建筑，余下的经费给斯托里预留用来改善教学和生活条件。

综合起来看，这股迫使派克法官和斯特恩斯教授离开法学院的力量，实际上夺取了法学院的控制权，给可能带来生源的接任者留下了活动空间。

二 约翰·阿什蒙和西蒙·格林利夫

斯托里和阿什蒙于 1829 年 8 月 25 日同时宣誓就任冠名教职，斯托里是戴恩冠名教授，阿什蒙是罗亚尔冠名教授。斯托里接手时法学院岌岌可危，1828—1829 年新生滑落到 6 人，哈佛大学欠着戴恩一笔债务，如果指望用学生的学费还债，只有增加生源才能增收学费。为此，法学院采取了两个办法。其一，既然斯托里名声在外，享誉全国，那就干脆利用斯托里的优势，在全国大打招生广告，扩大法学院的知名度，以吸引来自全国的学生，对此，斯托里圆满地充当了一次广告商。其二，需要一位能立竿见影带来生源的教授，这个人就是约翰·阿什蒙。阿什蒙出身法律世家，从小天资聪颖，12 岁入读威廉姆斯学院，后转读哈佛大学，18 岁自哈佛本科毕业，后拜父为师，经过师徒式法律训练成为律师，具备学院正规教育和师徒式培训两种教育背景。据他的学生查尔斯·萨姆纳（Charles Sumner）描述，阿什蒙是一个极为成熟的律师，具备激发学生求知欲的素养，他善于示范和精准地表达他的意图。豪尔（Hoar）法官认为，阿什蒙不愧为一个"模范教员"。这样一位好老师，在学生中受欢迎的程度可想而知。阿什蒙接受哈佛法学院罗亚尔冠名教职后，他上任的同年9月，法学院新生立即从上一年的6人上升到18人，同年10月又来了9人。新生记录里虽然没有显示每个人来自哪里，据估算至少其中的三分之一甚至一半学生来自阿什蒙之前任教的北安普顿法律学校，因为，阿什蒙前脚刚离开，北安普顿法律学校就倒闭了。阿什蒙加盟哈佛法学院，除了带来一大批学生外，还产生了挤垮哈佛法学院一个强劲竞争对手的作用。哈佛法学院新生人数骤然增加，实现了斯托里的预期，学费收入随着增加，既稳定了改组后法学院的局面，也稳定住了财务状况。对于哈佛法学院起死回生这一段，阿什蒙的贡献不容小觑。令人遗憾的是，阿什蒙在哈佛法学院仅仅工作4年，在这短短的几年里，阿什蒙扮演者斯特恩斯教授之前的角色，他一人教法学院半数的课程，耐心辅导每个学生，承担日常管理事务，主持模拟法庭，检查学生的学习进度。在课堂上，他每天都花费一到两个小时提问检查学生的阅读情况，他善于启发学生自己思考，不断地抛出各种暗示用以激发学生的灵感，把处于一片茫然的学生带入光明。而所有这些，都是阿什蒙在身患耳疾和肺结核情况下做出的，他以几乎听不见也无力说话的虚弱之身，全凭坚定的信念和对学生的爱，迸发出超乎寻常的毅力。到1833年春季，阿什蒙的肺结核病已经严重到生命垂危，却仍然与斯托里商讨教学事务，坚守工作岗位。他33岁英年早逝，去世后安葬在哈佛大学的陵园里。他去世12年后，斯托里被安葬在他的附近。哈佛大学的学生们自发地给阿什蒙买了墓碑，上面刻着"热爱真理的人，献身于职业的人，忠实的朋友，睿智的老师"。一个人在短短4年的教学时间里，获得如此高的评价，在哈佛大学的历史上实不多见。

阿什蒙是个完美主义者，他生前曾经设想把他早年与塞缪尔·豪尔（Samuel Howe）一起从事法律工作的经历编写成一本《马萨诸塞州法律实践》，但他总觉得没有准备妥当，时机还不成熟，需要继续等待更完美的时候，以至于连各个章节的标题都没写就英年早逝了，这不能不说是件憾事。本书作者遍查各种渠道，没有找到阿什蒙的任何著作，只发现豪尔著作里掺杂着他的零碎意见和阿什蒙对有关法医学的两条短评，还找到一封 1829 年 10 月 13 日邀请他参加哈佛法学院会议的信函。

1833 年 4 月 1 日，阿什蒙在开学期间病逝，法学院请刚刚毕业的詹姆斯·阿尔沃德（James C. Alvord）暂时代理阿什蒙的教职，直到该学期结束。与此同时，斯托里立即邀请时年 51 岁的西蒙·格林利夫（Simon Greenleaf）（1783—1853）接任罗亚尔冠名教授。格林利夫颇有些另类，他既没有上过大学，更没有读过法律，他仅仅在缅因州一所拉丁学校毕业，1801 年加入一家律师事务所通过师徒式培训成为律师，他的政治倾向偏向联邦党，在缅因州最高法院当过记者，曾经发表过 9 卷本《案件报告》。法院记者的身份让他有机会与斯托里相识，两个人成为好朋友。聘请这样一位缺乏正规法律教育背景而且没有从事过法律教育的人担任哈佛法学院的教授，似乎显得轻率唐突。以后的事实证明，斯托里慧眼识人，没有找错人。也有人说，斯托里的运气好，碰对人了。总之，在斯托里催促下，阿什蒙葬礼后不到三个星期，哈佛大学董事会于 4 月 23 日批准格林利夫就任第三任罗亚尔冠名教授，其教职从当年秋季下一个学年开始。从这一细节可以看出哈佛校方对斯托里的信任程度，放手让他开展工作。格林利夫果然不负众望，在他的努力下，携手斯托里不仅让法学院起死回生，而且飞跃式发展，到 1844—1845 学年，新生跃升到 156 人，逐渐把哈佛提升到其他法学院望其项背的地步。格林利夫也通过自学之路走到美国证据法权威的程度，这不能不说是个奇迹！到斯托里和格林利夫时代的后期，哈佛法学院已经被打造成类似"年轻的共和国"这样的教学王国，令世人赞叹不已！关于格林利夫如何具体实施教学和管理，将在本书后面的章节详细探讨。

三　斯托里的教学理念

　　斯托里的法学教育理念基于三根支柱。首先，他认为法律是一门科学，涉及全球各个门类学科的科学，也称"全球学"。斯托里在 1829 年 8 月 25 日题为"法律学习的价值和重要性"的就职演说里表达了这一观点，在他 1830 年 12 月 23 日开设的题为"科学研究的影响"课上更着重强调这个观点。为此，他拟定的课程尽可能多样化，比如，海商法课结合了罗马法里面涉及的科学内容。斯托里把法学称之为"把世界各国紧紧结成联盟的黄金链条"。他还说："科学并不仅仅存在于基于罗马法的民法里，从罗马法分离出来的普通法里面也有科学。"正由于遵循科学的原则，普通法接近并尽可能还原事实真相，当法与道德和人为因素产生矛盾时，应该尽可能摆脱僵硬式的表述。斯托里的第二条教育理念紧随着第一条，如果法是基于普遍原则的科学表述的话，就要采取世界主义的心态对待它，而非地方主义的狭隘心态。如果想把一家美国的法学院办成功，那就至少要把它办成全国性的规模，最好办成世界性的规模。具体到两年制学习科目上，他本人负责开 5 门课，其中有自然法、国际法、海商法、衡平法和美国宪法。个人财产法、不动产法以及当时处于边缘学科的刑法由阿什蒙和格林利夫先后讲授。还有一门比较罗马法，主要讲授爱德华·吉本（Edward Gibbon）（1737—1794）的《罗马帝国衰亡史第 44 章》和拜占庭皇帝查士丁尼一世（Justinianus I）（482—565）下令编纂的《法学阶梯》。斯托里之所以把法学视为普世科学，除了他所敬仰的英国哲学家、法学家弗朗西斯·培根（Francis Bacon）（1561—1626）对他的巨大影响外，他本人在马萨诸塞州港口贸易重镇塞勒姆市经历的法律实践，让他确信依照国际惯例开展商业贸易可以获得丰厚的利益。斯托里的第三个教育理念认为法学与医学及神学一样，是一门普世科学，这就要求法律学习应该超出局部政治利益和经济收益，培养解决复杂疑难问题的素质和能力。为此，斯托里在其就任戴恩教席的演说中强调，这种法律素质不仅仅指学识和智慧，还要像一条永远打不断的产业链一样持之以恒。每个法律生入校前，最好充分地掂量好学习任务的困难程度，准备好用坚定的意志战胜消沉和放纵，把握好保持激情的持久力。

因此，斯托里主张哈佛法学院不向贵族联邦党家庭的特权子弟开放，同时也反对基于人人平等和民主思想的假定，在求学竞争中推行平均主义。斯托里认为，具有普世眼光的法律学只要求法学院从广度和深度向学生提供知识，经过学习获得这种优势的学生才能担当起合众国的大任。他既不赞成他的家乡萨姆勒盛行的联邦主义，也不赞成杰克逊民主党的平等主义，他本人信仰杰弗逊共和主义，但他尽可能不在哈佛法学院显露他的政治取向，以便排除政治因素的干扰，把哈佛法学院办成一所培养美国全国法律精英的非财富意义上的贵族学校，这所学校的学生与懒惰高傲的贵族截然相反，他们是一代知识渊博、刻苦学习、品质优良的精神贵族。

斯托里的教学理念与当时美国新英格兰地区和哈佛校园盛行的"奥古斯都时代"文化氛围有关。以乔治·蒂克诺（George Ticknor）（1791—1871）、亨利·朗费罗（Henry Longfellow）（1807—1882）、内森·霍桑（Nethaniel Hawthorne）（1804—1864）等为首的文化人物引领的这一潮流，促成了拉丁文学和神学在哈佛大学蓬勃发展，戴恩楼的外观设计反映出拉丁文化对哈佛大学的影响，这股风潮在当时被称为"新英格兰文化的新时代"。据此可以推想斯托里受其鼓舞并从中获得新的教学思路。戴维·霍夫曼对斯托里的影响则更加直接，尽管霍夫曼在马里兰州建立法学院的梦想破灭了，但是，斯托里从霍夫曼的办学尝试中受到启发，斯托里也仔细研究了霍夫曼的鸿篇巨制《法律研究课程》，他高度评价霍夫曼的理论深度和开拓精神。从一定意义上讲，斯托里在哈佛法学院的成功建立在霍夫曼失败的基础上。

还有两位法学学者深刻地影响着斯托里的办学理念。一位是联邦党人、法学家、美国哥伦比亚大学教授詹姆斯·肯特（James Kent）（1763—1847），他以其经典作品《美国法律述评》闻名于世；另一位是德国裔法学理论家弗朗西斯·利伯（Francis Lieber）（1798—1872），他本人既没有法律教育背景，也从未从事法律业务，他在美国南卡罗来纳大学担任教授。

詹姆斯·肯特成长于康涅狄格州，在耶鲁大学上学休假期间，偶读布莱克斯通的著作，遂决心投身法律生涯，他通过师徒式培训成为一名律师，他认为经过学院式法律教育的人，更容易从政。1796年，肯特开始在哥伦比亚学院担任法学讲师，每学年开设26节课，第一年吸引43名学生，第二年降为2名学生，第三年没人选他的课。教学生涯遭遇滑铁卢，他当纽约首席法官却出奇的成功，一直在法官任上干到60岁退休。1824至1826年，他回到哥伦比亚学院继续教书，他的课只吸引了13名学生，他感到非常懊恼，不得不放弃教课的尝试，改为写作。不料他的讲义在校外大受欢迎，出于侥幸心理，他把自己的讲义整理成书自费出版，第一版《美国法律述评》于1826年发行，到1830年已经全部售空，随后不断再版，在德国、西班牙、英国和整个欧洲受到推崇。斯托里于1829年筹划哈佛法学院蓝图的时候，深受第一版《美国法律述评》的影响。

肯特的讲义有三个要点。第一，法律是一门全球性的普世科学。第二，法律是追求个人权利的工具。第三，法律是为政治服务的最佳手段。为此，他讲课特别要求准确理解国际法、美国联邦宪法和国内法，他不厌其烦地讲解这三方面的原则、延伸和具体案例。乍一看讲义的开头部分，他并没有马上涉及地方法，不少选他课的学生抱着了解地方法律的实用主义的愿望，听他那些不解渴的离题之谈，不得其解，纷纷逃离他的课堂。具有讽刺意味的是，正因为肯特始终坚持三项原则，即普世价值、政治自由化和实用性，才使他成为国际法和比较法的奠基人。斯托里接受了肯特的这些理念，并把它贯彻到哈佛法学院办学实践中。肯特终于遇到了知音。

弗朗西斯·利伯出生于普鲁士，在 1815 年滑铁卢与拿破仑军队的战斗中负伤，他曾在柏林大学学习，后来因政治原因几次被捕入狱，先逃到英国，1827 年移居美国波士顿，在那里开办游泳池和体育馆，他充分发挥出善于人际沟通的天赋，很快与美国总统约翰·昆西·亚当斯成为好友。在波士顿期间，他编撰了一共 13 卷的《美国百科全书》，其中收编了斯托里有关普通法、宪法、国际法、比较法等文章共计 120 页，百科全书畅销 10 万册，利伯事先接受了预付款，因此没有从百科全书大卖里获取版税。据说斯托里曾经为他在哈佛大学谋取一份教职奔走过，操着浓重德国口音英语的他尝试了几家著名大学失败后，在南卡罗来纳大学终于获得聘任，尽管并非他的最佳选项，却不得不在那里一干 21 年。利伯在远离知识精英中心的南卡罗来纳大学潜心写作，先后出版了三本著作，其中最有名的是《论公民自由与自治》（*On Civil Liberty and Self-Government*）。在这本书里，利伯深入挖掘美国宪法的历史根基，通过比较美国与欧洲法律系统的异同，展示出社会和文化因素对于理解法律条文的重要性，以及把比较法引入法学院课程的意义。随着利伯声名鹊起，普鲁士皇帝于 1842 年向他发出致歉信，希望原谅当初对他的迫害，1844 年，普鲁士皇帝又邀请他到柏林大学任教，利波不为所动，因为他志在哈佛法学院。1845 年，斯托里去世留下戴恩教席空缺，格林利夫于 1846 年接任戴恩教职并逐渐掌控法学院的方向，格林利夫不欣赏利伯这种类型的法学理论家，认为他们不写法律专业领域的著作，却以哲学、经济和语言优势阐述法学观点，这使得利伯又一次与哈佛法学院失之交臂。

利伯于1855年试图获得南卡罗来纳大学校长职位，未能如愿。1857年，他辞去南卡罗纳大学教职，获任哥伦比亚大学历史和政治学教授，而政治学教授的称谓是他发明的，他是美国的第一位政治学教授。1865年他和哥伦比亚大学校方关系恶化，转投西奥多·德怀特（Theodore W. Dwight）（1822—1892）于1858年创立的哥伦比亚大学法学院，该法学院日后迅速成为哈佛法学院的第一个劲敌。在美国内战期间，利伯显露出杰出的军事理论才华，他撰写的"利伯守则"（Lieber Code）为《日内瓦公约》奠定了基石。战后利伯重回哥伦比亚大学教书，不过此时他的课不太受学生欢迎，这是因为1872年利伯去世前，美国法学教育的风向发生了重大转变。他和德怀特院长特别推崇从推演法视角学习法学理论，并且把社会科学的成分包含进去，加上运用文学分析批判的方法，这一套法学教育思路，已经被克里斯托夫·兰德尔（Christopher Langdell）（1826—1906）的诱导式案例教学法取代。尽管如此，在19世纪30年代，斯托里十分欣赏并且采用利伯把人文观点加入法学教育的做法，这样做适应了当时年轻的合众国对宽泛型法律治理人才的急切需要。

第四章

斯托里治校

（1829—1845）

一 斯托里的领导力

　　1828—1829 学年，哈佛法学院仅有 6 名新生入学，已经到了几乎停止运营的程度。戴恩楼建成后，新生入校有所增加，1833 年至 1834 学年，法学院有两名教授和 51 名学生。到 1845 年斯托里去世，哈佛法学院实现了建校后的第一次飞跃，不仅站住了脚跟，而且越办越兴旺。这其中除了阿什蒙和格林利夫有效尽责的管理，哈佛校方大胆放权让法学院自行经营也起到很大作用。但是，在所有这些因素中，斯托里的角色最重要，原因在于虽然此时法学院没有设立院长职务，斯托里的权力却大于院长，而且大到今天任何哈佛大学下属学院院长都达不到的程度。斯托里自 1825 年担任哈佛大学校董达 20 年，昆西校长自 1829 年上任直到斯托里去世，一直是斯托里坚定的盟友和支持者，两个人配合得天衣无缝。斯托里上有昆西校长支持，下有阿什蒙和格林利夫两位教授辅佐，加上他本人的治学和管理天赋，天时地利人和，想不成功都难。

　　斯托里主政时期，美国国内外发生着天翻地覆般的变化。1803 年，独立战争后相对稳定的美国，开始向中西部扩张。美国以每英亩 3 美分总计 1500 万美金的价格，自法国购买位于路易斯安那地区超过 200 万平方公里的土地，涵盖现今 16 个州的大小土地，所涉土地面积占今日美国国土的 22.3%，使当时美国国土面积翻了一番。这一变化带来传统罗马法和万民法的法规与盎格鲁美国普通法的迎头相撞，给哈佛法学院的教学带来挑战。恰逢此时，哈佛大学收到塞缪尔·利弗莫尔（Samuel Livermore）（1786—1833）遗赠一批有关欧洲大陆法的藏书，令昆西校长和斯托里教授大喜望外。随着路易斯安那购地模式的成功，美国继续采取赎买方式扩充国土。1819 年，美国和西班牙签署《亚当斯－奥尼斯条约》，美国以 500 万美金自西班牙手中购得 15 万多平方公里的佛罗里达州全境。1845 年，美国兼并原属于墨西哥的得克萨斯州。1846—1848 年之间的美国与墨西哥战争，美军攻入墨西哥城，逼使墨西哥割让新墨西哥州、亚利桑那州和加利福尼亚州。1844 年，美利坚合众国与大清帝国签订不平等的《望厦条约》，进一步打开了美国与清王朝通商的大门。1846 年，美国与英国签订的《俄勒冈条约》，搁置了美国与加拿大之间的边界纠纷，确立了沿用至今的美加西部边界。在几十年时间里，美国用赎买和战争并重的方法实行国土扩张，对外强势促成新的国际关系，所有这些变化，对哈佛法学院的教育产生了不可估量的影响，促使斯托里调整教学内容和课程设置。

除了哈佛法学院的教学外，斯托里也参与了多起重大案件的审理。在 1816 年《马丁诉亨特的承租人案》里，斯托里认定有关联邦法律事务美国最高法院对州法院拥有管辖权，从而在宪法解释方面确立了联邦最高法院至高无上的地位。在 1842 年《斯威夫特诉泰森案》里，斯托里裁决认定有关商法管辖权异议事项，美国联邦最高法院不受州法院判决的约束。在 1841 年《美国诉阿米斯塔德案》的裁决意见里，斯托里指责国际贩卖奴隶贸易。在 1842 年《普里格诉宾夕法尼亚州案》里，斯托里在支持《逃亡奴隶追缉法》的前提下，推翻了宾州法院禁止奴隶普里格逃离宾州的定罪。斯托里主张国家统一，反对分裂，基于这一理念，他希望通过建立国家级的法学院来灌输和传播巩固国家统一的诉求。他与一些美国人深信，如果由忠实于国家统一的实用主义者掌权，未来可以避免美国内战。

1837 年判决的《查尔斯河大桥诉沃伦大桥案》值得一提，该案不仅对波士顿和剑桥镇影响深远，而且直接与哈佛大学的经济利益有关，这一案件尽显公权力和私权利的冲突。在这一案件中，哈佛法学院西蒙·格林利夫教授担任沃伦大桥建筑公司总法律顾问，挑战查尔斯路桥公司垄断的从查尔斯镇到波士顿的渡河权。尽管马萨诸塞州政府违反了与哈佛大学签订的合同，以特许经营权绕开查尔斯大桥的专有权约定，格林利夫出乎预料地获得胜诉。这一结果强化了州立法机构的权力，让格林利夫的雇主哈佛大学财务受损。沃伦大桥距离查尔斯大桥仅仅250多米，投入使用后将会分流渡河人船，减少哈佛大学收取渡河费的金额，而且势必影响查尔斯路桥公司的股票。斯托里本来不负责审理此案，却戏剧性地介入案件，他以联邦最高法院法官的名义写了一份反对格林利夫的57页长文，替哈佛大学辩护，试图保护哈佛大学的经济利益。这场官司给戴恩楼的法学院学生增加无数谈资，斯托里和格林利夫毕竟是当时哈佛法学院仅有的两名教授，看到两名教授开撕，无论从经济利益的角度，还是从法学伦理的角度，都让同学们上了一堂活灵活现的法律课。

二 财务状况改善

1829年，斯托里接手哈佛法学院的时候财务状况一团糟，他决心改变财务制度，建立哈佛法学院独立的账号和法学院自己的捐款基金。当年戴恩和罗亚尔留存两项捐款总额17944美金，其中戴恩教席可支配教授津贴500美金，这笔钱不够支付斯托里1000美金收入定额，罗亚尔教席可支配397美金，不够支付罗亚尔冠名教授1500美金的规定。1833年，格林利夫就任罗亚尔教授后报酬涨到2000美金，1837年再涨到2500美金。幸亏新生人数逐年增加，才得以用学费填平教授报酬空缺的窟窿。1830年以后，法学院教授收入方式发生微妙的变化，从过去的生活津贴制过渡到工资制，这两者的区别在于，教授津贴制的不足部分需要靠学费弥补，而工资制由哈佛校方充当担保，如果法学院资金一时周转不开，可以先从哈佛大学借款预支，如有盈余校方代为保存。哈佛大学对法学院完全放弃了财务专有制，法学院开始实行教授薪酬与学费脱钩的固定工资制。斯托里并不完全依靠法学院给他发的工资，他在校外任职法官和发表文章的收入占他年度总收入的80%。格林利夫教授兼职律师的收入也相当可观，他们两位都很富有，阿什蒙相对穷酸一些。与法学院相反，哈佛医学院最早并且一直执行财务专有制，这项财务制度也可理解为自收自支的分账制，学院完全依靠学费收入存活，医学院的收支平衡表不包含在哈佛大学的年度财务报告里，医学院有自己一套财务报表。神学院自1816年成立从未实行财务专有制。1830年，法学院与神学院的财务制度类似，法学院逐渐向教职员工工资多少与学费脱钩、工资多少与教员规模关联不大的方向发展，这也是直到现在各个大学的研究生院比较流行的做法。

尽管法学院教授的收入与学费关系不大，但是，因学费收入不足造成财务亏损毕竟不是好事，法学院的收入除了弥补两位教授工资缺口外，还要支付木材、烧煤、印刷、购买书架、打扫卫生、戴恩楼火警保险等等开支，所有这些全靠学费支撑。斯托里任期内学费一直保持在每个学生一学年100美金的标准，这一标准与律师事务所师徒式培训收费金额相当。1837—1838学年之前，法学院一直采用每学年三个学期制。学生按学期付学费，培养一个法学学士需要18个月，加起来共收费150美金。如果一个学生入学前接受过师徒式培训，只需要在法学院学习一年缴纳100美金便可获得法学学士学位。这一时期，哈佛大学的非技术工人年收入200至300美金，同期美国小学老师年收入300至400美金，工匠或技术工人年收入400至800美金。

从1838—1839学年开始，哈佛大学和哈佛法学院转变成一年两学期制，每学年100美金学费标准仍然不变，每个学期收取50美金学费，如果学期中途离开半学期以下只需付25美金，一些学生利用这一规定在秋季学期少上半学期课可以节省 25 美金。学费收取的多少与入学学生人数紧密相关，1829 年斯托里和阿什蒙接手后，住校学生人数上升到 31 人，到 1832—1833 学年达到 41 人，法学院用这几年的盈余还清了欠哈佛大学的购书款。1832 年至 1835 年法学院财务再度吃紧，最高亏损达 3740 美金，又回到 5 年前的低谷，阿什蒙的突然离世减低了新生对法学院的兴趣，格林利夫以前没有上过大学，更没有管理过大学，他接手阿什蒙后需要熟悉工作，了解学生情况，这些都需要一个过程，这两个因素，影响着法学院的学费收入。1832 年至 1835 年学生人数从 51 人降到 32 人，学费收入也从 4604 美金降到 3176 美金，费用在不断上涨，格林利夫的报酬比阿什蒙多 500 美金，新增一名讲师费用每年 233 美金，1834 至 1835 学年法学院向代课并编写提纲的校友查尔斯·萨姆纳（Charles Sumner）（1811—1874）支付 305 美金，这些费用都需要从学费里支出，保持在校 40 名学生才可以避免入不敷出。萨姆纳绝非等闲之辈，代课时刚刚毕业不久，才 23 岁，他后来担任联邦参议员，以发表反对奴隶制言论著称。他引起轰动的事件发生在 1856 年，来自南卡罗来纳州的众议员普雷斯顿·布鲁克斯因为不满萨姆纳的废奴言论，在美国参议院的地板上用手杖把萨姆纳打成重伤，萨姆纳为此几乎丧命。他养了几年伤后重回参议院任职，还担任过联邦参议院外交关系委员会主席。在此期间马萨诸塞州一直给他留着参议员的位置，以此提醒打人事件的恶果，并再次选举他当参议员。萨姆纳被打事件加剧了美国社会政治阵营的两极分化，并且直接导致了南北战争的爆发。1837—1838 学年哈佛法学院又迎来转机，当年新生首次突破 60 人，1838—1839 学年高达 78 人，法学院财务进入稳定盈余状态。1840 学年至 1841 学年学校结余 3893 美金，1843 学年至 1844 学年学校累计余额已攀升到 23416 美金，哈佛校方拿这笔盈余投资又赚了 927 美金，着实令哈佛校方和法学院喜不胜收。

三 进入美国全国视野

　　教育市场对于一所大学的发展至关重要。早在 1823 年，阿什蒙在北安普顿法律学校就十分重视广告的效应，他陆续在首都华盛顿、新罕布什尔州、康涅狄格州和马萨诸塞州各大报纸刊登告示，吸引读者的注意。当时的竞争对手并非其他法学院，而是师徒式培训的律师事务所。1823 年 6 月 28 日，一则刊登于"波士顿每日广告"报的广告语称："有志于当律师的绅士们到我们法学院来吧，这里可以结交更多同学，经历更广泛的法律实践，学习更深入的法律课程，遇见更优秀的法学教授。"一些报纸对阿什蒙的广告给予正面回应，"罕布什尔郡日报"于 1823 年 7 月 2 日登文表示："几名法律毕业生的经历说明，尽管在北安普顿法律学校的学习如同荒岛地狱，它却直通法律智慧的灯塔。能达到这样的成果，除了学生刻苦求学，还仰仗老师勤奋的教学指导。"阿什蒙在广告里特别注明，尽管法律学校与律师事务所师徒培训的收费标准一样，可是，法律学校收费包含住房和其他补贴。

　　1829 年，阿什蒙把用广告打开市场的做法带到哈佛法学院，收到不错的效果。斯特恩斯教授早就想走这条路，可惜他缺乏这方面的资源，一直打不开局面。斯托里接手后，逐渐把广告做到极致，他凭借自己在全美国的知名度，得到免费刊登广告的特权。格林利夫则采取花钱办大事的办法，在广告里投入巨资，到 1833 至 1834 学年，哈佛法学院已经在美国各大主流媒体发行成千上万份广告。1833 年后，经营了 49 年的利奇菲尔德法律学校倒闭了，加上北安普顿法律学校倒闭，纽黑文专科学校并入耶鲁大学，哈佛法学院一时名声大振。利奇菲尔德法律学校过早地退出历史舞台，给哈佛法学院的教授们带来很大的震动，斯托里很快地从这些学校的失败中汲取了以下三点教训。首先，他认识到一所法学院的地理位置很重要，附属于一所大学很必要，建立慈善捐赠机制很需要。其次，他意识到法学院与师徒式培训的竞争非常激烈，为了提供更佳教学方法，斯托里发明了"考试背诵法"。最后，借鉴利奇菲尔德法律学校当初在全国打响知名度的经验，吸引更多生源，增加学费收入。他比较各个大学的教学特点后总结出，哈佛法学院在法律专业的市场认可方面具有天然的优势，耶鲁大学的人文科学和教育学独占头鳌，西点军校以军事工程教学著称，哈佛大学的职业教育在神学、医学和法律方面无人可及。为此，哈佛法学院的广告紧紧抓住哈佛在全国广为人知的特点，突出宣传到哈佛法学院上学可以享受哈佛大学整个图书馆和教育资源，哈佛法学院的校友名扬四海，如果有幸与这些著名校友同校，将是无上的光荣。1835 至 1836 学年，哈佛法学院每年投入 140 美金广告费，当年新生达 54 人。1837 至 1838 学年广告费 172 美金，当年新生 63 人。1841 至 1842 学年广告费 239 美金，当年新生 115 人。1844 至 1845 学年广告费 479 美金，当年新生 153 人。1845 年斯托里去世，新生人数一度下降到 126 人。格林利夫把广告费提高到 518 美金后，新生人数得以回升。这一时期办学的道理就这么简单：学校存亡靠学费，学费收入靠新生，广告能吸引新生。

学生人数增加，学校规模变大，是福也是祸。好处是即使缺少捐赠，法学院也能挺过经济衰退，比如 1837 年美国金融危机带来严重萧条，哈佛法学院依靠足够的财务盈余渡过了这次金融危机。此时哈佛法学院还没有把募捐当成重点抓，1842 年本杰明·布希（Benjamin Bussey）（1757—1842）留给哈佛大学的巨额遗产里，分给法学院的不多。尽管如此，法学院从 1829 年的 30 名学生上增加到 1844 年的 150 人，再加上非学位学生一共达到 223 人，法学院依靠数量和规模摆脱了财务困难，成为富足的学院。与此同时，学院规模大也带来新的问题，戴恩楼启用没有多少年，已经容纳不了呈几何数字增长的学生。1845 年，法学院把结余资金的一半用于扩建戴恩楼。此时，斯托里仍然依靠增收学费来稳定财务，然后用结余的钱盖楼接纳更多的学生，用学费办学保证法学院行稳致远。这一时期，哈佛法学院的兄弟院校就没有这样幸运了，纽约大学法学院于 1838 年几乎垮掉，普林斯顿大学法学院于 1852 年因资金困难停止教学，随后关闭。耶鲁法学院于 1845 年和 1869 年两次几乎关门。这个时候，美国各个法学院的决策者还没有认识到，单纯依靠增收学费势必造成学校不断扩大规模，最终将形成一个难以逃脱的困局。

四　课程安排

斯托里时期哈佛法学院的教学围绕着阅读法律专著这个中心，并以此规划课程、教学任务和教学方法。斯托里本人担任戴恩冠名教授的工作重点不在教学，而在撰写法律著作。斯托里生前一共出版 13 本书，其中 4 本写于担任戴恩教职期间，他写的《美国宪法评述》（1833 年）至今仍被视为经典之作，另一著作《本票法述评》（1845 年）发表于他刚刚去世不久。斯托里这样做自有他的考虑，他想另开一条新路，以此区别于利奇菲尔德法律教学和他的前任的教学方法，他开创了一套把法律专著当作教材，背诵法律专著的教学法。利奇菲尔德法律学校没有教科书，每天上午老师列出一个教学专题，50 名坐在狭小冰冷教室里的学生，齐刷刷地抄写讲义，老师和学生之间很少语言交流。下午学生们比较工整地把上午写的内容誊抄一遍。采取抄写讲义的目的并不为了消化思考，而为了今后当律师时留下资料和依据，省得到时候到处寻找或者临时买书。抄写讲义比买书有一个好处，老师可以随时更新讲义的内容，而等候再版一本书往往远水解不了近渴。学生抄写得多了，他的笔记会变成一本比较准确而且权威的法律大全，拿着这些笔记本的毕业生，日后在律师事务所工作时，不但具有深厚的知识积累，而且拿得出法律解释的依据。从一定意义上讲，学生付学费到利奇菲尔德法律学校上学，等于购买了老师独有并私藏的法律知识专利。

"课本背诵法"与"讲义抄写法"完全不同，前者使学生直接接触并理解法律原著，后者通过老师之口转述法律原意。事实上，"课本背诵法"的原创并不归斯托里所有，斯特恩斯早在1826年向哈佛大学监事会的第一份报告里提到这个教学法，哈佛大学的本科教育直到1860年之前一直沿用这套方法。斯托里只不过把这个方法规范化了，他在哈佛法学院的课程表里列明每节课学生需要阅读背诵的章节，这些章节统统选自指定的法律专著，这些专著通常由教授或法学院院方单独购买后借给每个学生，以避免学生破费，而且还可以循环使用。对于那些习惯在专著上写写画画的学生，法学院允许他们自费购买，在购买者中，富家学生自费购买的人比较多。同一本专著，法学院通常购买20套至25套供学生阅读，有的学生读着读着就把书据为己有了。当时，哈佛法学院大量购买同一本法律专著还有一层考虑，上学时同学们阅读同一本书，今后在法律实践中需要查找出处时，这些昔日的法学院毕业生会不约而同地查看同一本书，这种情况有些类似当今世界流行的"商律联讯"数据库（Lexis/Nexis）。"课本背诵法"所营造的学习环境，给斯托里和格林利夫提供了大显身手的机会，他们两人不失时机地写书、出书并指定购买阅读他们的专著，做到教书赚钱两不误。

有人认为"讲义抄写法"导致了利奇菲尔德法律学校的失败，因为学生们上学时抄写的讲义，在毕业后的法律实践中，并不能用作法律凭证，遇到具体案情，还要翻查法律专著，因此，利奇菲尔德法律学校并没有解决好讲义和原著的关系。而"课本背诵法"可以让学生直接了解法律原著，并且熟悉办案时查找原著的路径，此外，通过课堂上老师与学生的互动，演练办案时寻找法律条文的方法。两相比较，"课本背诵法"优于"讲义抄写法"。正因为如此，这种死记硬背的教学法在哈佛大学、耶鲁大学的本科教育中备受推崇，传授知识的一方相信，只有反复背诵，才能长期记忆住法律原则，避免一毕业就把知识还回老师的现象。斯托里在教学实践中越发体会到"课本背诵法"的优势，对阅读背诵一再加码。1836 学年至1837 学年的教学提纲，要求每位法学学士获得者阅读 17 本法律专著，其中除了布莱克斯通和肯特的著作外，另有他本人的 4 本著作。当时法学院开设个人财产法、海商法、不动产法、衡平法和宪法，他的著作包揽了其中 4 项。1845 年，又把阅读量增加到 20 本，斯托里的著作占据了其中的一半。书单里第 11 本是格林利夫的《证据论》。1838 学年至 1839 学年前，斯托里只在秋季和春季学期开课，冬季学期他忙于最高法院的业务。格林利夫则全年开课。正常情况下，获得法学学士需要读 18 个月时间，如果从头到尾听完斯托里的课，则需要 2 年完成法学学士课程。

斯托里时期法学院给予学生很大的自由度，在同一时间段里授课老师的讲题不重叠，一年级和二年级的同学可以自由选择老师的课，允许中途旷课，如果 18 个月下来某个学生的学时不够，就不授予他法学学士学位，只颁发结业证明，允许学生延期用 3 年时间读完法学学士学位，以前旷课的可以在后续的滚动式授课里补上。斯托里和格林利夫结合自己的法律实践，尽可能把课讲得生动活泼。两位教授指定的阅读内容，涵盖了拜占庭皇帝查士丁尼一世的罗马法当中的著作《民法大全》和《摘录》，荷兰近代自然法理论创始人雨果·格劳休斯（Hugo Grotius）（1583—1645）的著作《国际法》和《海洋法》，德国法学家塞缪尔·冯·普芬道夫（Samuel Von Pufendorf）（1632—1694）的《自然法和国际法》，瑞士律师艾默瑞奇·德·瓦特尔（Emmerich De Vattel）（1714—1767）有关自然法的著作，法国罗马法专家让·多马特（Jean Domat）（1625—1696）的《自然法则里的民法》，英国法学家约翰·艾里夫（John Ayliffe）（1676—1732）的《民法总论》。一时间牛津大学和剑桥大学的传统和伦敦律师协会的风气回荡在戴恩楼里，让法律专著主导哈佛法学院，正是斯托里想营造的氛围，因为专著里面涵盖了理性思维、法律科学和普世原则，学生学到了这些精华足以指导日后的法律实践。斯托里要让他的学院围绕着法律专著转，包括使用图书馆、安排教学课程、学生的学习生活和他自己的教学节奏。斯托里主导的专著阅读背诵法挣脱了法学院陷入的教学瓶颈，迎合了当时的需要，为哈佛法学院日后的成功奠定了坚实的基础。

五 学习与生活

斯托里时期的哈佛法学院一点儿也说不上宽敞，当时只有两名教授、一个兼职讲师加上 150 名学生挤在戴恩楼里。此情此景，一位英国人评论道："如果说，牛津大学像一座城镇的话，美国马萨诸塞州的整个剑桥镇就像一处郊区的村庄。"然而事实表明，正是在这个不起眼的村庄里，走出一个超越牛津的哈佛，哈佛大学里走出一个令其骄傲的法学院。在狠抓教学的同时，斯托里也在入学新生的结构方面想办法。1835 年秋季入学的 52 名学生分别来自美国 18 个州，其中包括来自美国陆军和海军的脱产学生。到 1845 年，法学院学生已经覆盖美国的每一个州，外加加拿大的魁北克。如果翻看这一时期哈佛法学院学生记录，尽显清一色 20 多岁白人男子，这一构成一直延续到第二次世界大战结束得以根本改变。从学生的经济情况看，每个家庭的经济状况千差万别。尽管每个学年学费 100 美金，学生的居住情况完全视其经济条件决定，租住私人家庭的学生，每周付租金 1 美金至 2 美金，带有用人打扫卫生的私人家庭每周 10 美金，住学校宿舍的租金每周 1.9 美金，法学院多数学生不愿意住在校舍里。法学院的餐厅位于"大学楼"里的饭厅，一日三餐每周支付 3 美金，当时的饭菜令学生苦不堪言，只能用"惨不忍睹"来形容。总起来讲，一个法学院学生每学年需要支付 60 美金房费，120 美金饭费，20 美金书费，100 美金学费，加起来一共 300 美金，这迫使低收入家庭的学生必须用打工来补贴不足。

当时哈佛大学几乎所有的建筑物都集中在"哈佛园"一带，法学院紧挨着那里。"哈佛园"里本科生居多，整日打打闹闹恶作剧，法学院的老大哥们简直烦透了，他们要么在校外租房逃避吵闹，要么把注意力转移到模拟法庭上。哈佛法学院经常组织各种辩论会，法学院的俱乐部也时常开展社会活动，每当这时，便招来"哈佛园"一片妒忌的眼神。这个时期哈佛法学院没有期末考试，没有评分制度，也没有对学生进行排队。1860 年之前，报考法学院的学生并不冲着学位而来，他们把在校大部分时间花在参加各种法律俱乐部活动上。1829 年至 1845 年，只有不到三分之一的住校生获得法学学士学位。1838 年至 1845 年，只有不到三分之二的学生全勤上课。学生只要缴纳学费，没有毕业就离校并不影响学生的前途。威廉姆·马克斯维尔·埃瓦茨（William M. Evarts）（1818—1901）只上了一年法学院就提前离校，并不影响他后来担任美国国务卿和司法部部长。学生们付费上学为了今后就业赚钱，对此斯托里心领神会，他和格林利夫特别精心地组织模拟法庭，以此训练学生的法庭辩论能力，为日后担任法官或律师打下基础。法学院学生的业余生活并不丰富，他们偶尔步行或骑行到波士顿听音乐会看演出。为什么不走水路进城呢？因为查尔斯河里的游泳者占据了航道，学生们无法乘船赴波士顿城里参加社交活动。这一时期哈佛大学的体育设施少得可怜，住校生连定期洗澡都难以得到保证。住房东家的同学平时和房东同桌用餐，偶尔也去萨默维尔镇波特广场的餐馆打打牙祭。老师和同学之间的联络，一般用书信沟通。

尽管法学院不要求读完学位，也没有实行分数制，同学们的学习热情依然十分高涨，学习态度非常认真。这一方面因为法学院实行严格的纪律，比如平时不欢迎院外的学生在戴恩楼教室门前走动，斯托里尽可能在狭小喧闹的"哈佛园"里，营造出一处比较安静的学习环境。当时在很多学校流行的老师和学生之间的敌对情绪没有传染到法学院，斯托里的个人威望、阿什蒙不知疲倦的工作态度和格林利夫虔诚的宗教信仰，赢得法学院学生们的尊重和爱戴。严格的纪律、繁重的学习负担反而成为追求卓越的动力，老师和同学之间呈现出良性互动的关系。斯托里尽管经常几个月不在学校，仍然是法学院的精神领袖，他比较重视学生对法律原则的把握和整体性的理解，不太拘泥于细节。他还经常离题说一些奇闻逸事，极力印证法律前辈的伟大，讲故事的时候不时地穿插进他自己的经历，他不愧为一个高明的演说家。格林利夫喜欢不厌其烦地挖掘每一个细节，重视核查调查结论的真伪和案件内在的逻辑关系，他具有抓住一个法律问题穷追不舍刨根问底的精神，他不愧为一个孜孜不倦的研究者。

对于讲课的方式，如果分析一下法学教育的几个颇具代表性的做法，或许能体会到哈佛法学院的不同。这一时期，欧洲大陆的大学流行正规讲大课的方法，一堂课有时注册了几百人，真去现场听讲的却寥寥无几，学生们发明"职业笔记手"的做法，他们分头去不同的课堂记笔记，事后把笔记分发给没有去听课的人。英国的牛津大学和剑桥大学不组织大的讲座，他们实行"导师辅导制"，导师布置给学生学习罗马法和布莱克斯通的著作，然后让学生当面向导师朗读他们的学习心得和小论文，导师再面对面地加以指导和批评。哈佛法学院既不强迫要求学生接受导师辅导，也没有硬性规定必须上大课，更没有考试和计分制，而是采用斯托里所倡导的"课本背诵法"，完全依靠斯托里、阿什蒙和格林利夫的教学魅力吸引学生的兴趣。

斯托里主政时期，哈佛大学本科生就奴隶制问题分成南北两大派，法学院学生很少参加这类争辩，他们觉得这类争论和同学们为争抢食物的打斗没有什么区别。法学院学生置身事外，很大程度上与斯托里和格林利夫同情废奴的相同立场有关。为此，斯托里做出一项明智的决定，教授们不把各自不同的政见带到学校，以便使法学院的注意力集中在教授法律上。至于教学中碰到的具体案例，允许争论，也允许教授们持不同观点。例如对于1819年的"达特茅斯学院案"和1837年的"查尔斯河大桥案"，斯托里和格林利夫均持完全对立的立场。

法学院还有一个热点问题，争论围绕着美国法究竟来自何处，美国应该怎样确立自己的法律体系。斯托里认为来自国外，主要来自英国法，他坚持把布莱克斯通的法学理论放在哈佛法学院课程的中心位置说明了这一点。他的认识与他在联邦最高法院当法官写判决有关，他援引的判例大部分来自英国法。其实早在杰里米·边沁（Jeremy Bentham）（1748—1832）和约翰·奥斯汀（John Austin）（1790—1859）时期，英国功利主义和法律实证主义大行其道时，美国人杰西·罗特（Jesse Root）（1736—1822）在1798年发表的《康涅狄格州政府和法律的由来》就指出："我们的祖先从英国移民而来，对英国的法律和法学知识十分了解，但我们没有绝对服从英国法的义务，英国的法律不适用美国的条件和情况。"罗特认为美国法来自三个方面，即美国人自有的道德观、美国社会公序良俗和美国自身形成的法令法规。罗特和斯托里的观点截然相反，到底是英为美用还是美国自产，有关法律渊源的争论在哈佛法学院如火如荼地开展，这反映出斯托里另一个过人之处，他允许批评和争论，不压制反对他的学术观点的人。

学术争论激发出法学院学生的好奇心和学习动力。19世纪30年代，恰逢马萨诸塞州的报纸连篇累牍地刊登英国法律改革的消息。事出于1831年英国下议院通过《改革法案》，由保守党控制的上议院否决了该法案，随后发生19世纪英格兰最严重的骚乱，这令威廉四世国王名声扫地，经历了一番政治动荡之后，终于通过了改变英国选举制度的"大改革法案"。这一活生生的事件为哈佛法学院的学术争论提供了丰富的谈资。1836年，马萨诸塞州律师和政治家小罗伯特·兰图尔（Robert Rantoul Jr.）（1805—1852）抨击法官立法过于依靠法官的办案经验，忽视了法令法规的作用，挑战斯托里的观点。斯托里则把自己的专著选为哈佛法学院教材，应对来自各方法律观点的冲击，捍卫他的法官立法的观点。真可谓不同门派调教出不同弟子，现今美国法律界赫赫有名的"哈佛帮"源自于此。1848年前后，美国法律界发生了另一件突破性事件，法律改革者戴维·达德利·菲尔德二世（David Dudley Field）（1805—1894）主导并编纂的《民事诉讼程序》极大地简化并统一了普通法程序，该程序首先被纽约州采用，并逐步推广到全美国，被尊称为《菲尔德守则》（Field Code）。

这一时期与法规编纂和杰克逊式民主政治相关的还有选举权之争，此时选举权争论与性别和肤色没有关系，黑人和妇女仍然被排斥在外。主要争论点表现在，之前拥有选举权的白人需要通过财产资格认定，投票参与率不足成年白人男性的30%。后来改成只要提供纳税记录或服兵役记录就行，到1830年，仅剩下北卡罗来纳州和田纳西州等少数几个州仍然坚持财产资格认定的规定。1840年，近80%的美国白人男性参加投票。其他法律热点问题有总统任期的时间和选举法官的方法等等，同学们对法律是否规定死刑也很感兴趣。同学们对于美国接纳得克萨斯州分歧巨大，甚至对人人向往的贯通美国东西两岸的全国铁路大动脉，也有人提出质疑，因为它涉及联邦党人的利益、国家的权力、国有土地的使用和自由土地党人的主张。以上这些当时的热点问题，法学院学生们常常在学校宿舍里举办的法律辩论会上讨论，尽管多数争论没有答案，却丝毫没有减弱大家的热情，同学们热烈地讨论年轻的合众国今后法律发展的方向，这本身就够激动人心的了。殊不知十几年以后，法学院的学生组织"法律议会"取代了"法律俱乐部"，院方禁止举行导致分裂的过于激烈的辩论。斯托里时期的学生非常幸运，辩论既没有导致持不同观点的各方产生敌意，也没有因为废奴问题发生分裂，就连坚定的废奴主义者查尔斯·萨姆纳也对这一问题保持中立。

六 斯托里盖棺论定

多年以来，斯托里一直在超负荷工作，他担任美国联邦最高法院大法官，还要到新英格兰地区出差主持巡回法庭的审判，再加上哈佛法学院沉重又耗费精力的教学任务，还有写作和出版专著的承诺，他刚刚应诺给马歇尔首席大法官写一部传记，所有这些终于压垮了他的身体，致使他突然病倒。这时候耗资 12707 美金的戴恩楼的扩建工程已经完工，法学院的账上另有 15454 美金的盈余，扩建后的戴恩楼一层为斯托里准备好了宽敞的办公室，斯托里却意外地突然于 1845 年 9 月 10 日病逝，终年 66 岁。以斯托里的地位和名气本可以举办一场高规格的葬礼，斯托里反对这样做，他严格限定私人送葬的范围，没有邀请哈佛大学董事会、监事会和州政府的任何人参加。斯托里安葬在他参与规划修建的奥本山公墓（Mount Auburn Cemetery），与阿什蒙长眠为伴。

纵观斯托里的一生，他在哈佛大学本科学习时并没有接受正规法律教育，毕业后在他的出生地塞勒姆镇通过师徒式训练取得律师资格，从 1801 年至 1811 年执业 10 年，在此期间先后当选马萨诸塞州议会议员（1805），美国众议院议员（1808—1809），马萨诸塞州众议院议长（1811），自 32 岁起任职美国联邦最高法院直到去世。从 1829 年到 1845 年在哈佛法学院任教 16 年。他这一生，做官做到最高法院大法官，教学教到哈佛大学法学院，既有法官实践，又有理论著述，既影响了美国的法律审判制度，又把哈佛法学院从困境中解脱，并且办得誉满美国，影响力开始传到欧洲，大有力压牛津剑桥之势。他离世那年，哈佛法学院新生达 156 人，而当时整个哈佛大学本科生才招进 267 人。他在任期间，实施了戴恩楼的扩建，实现了财务扭亏为盈，的确是一位把一副烂牌打成好牌的神奇人物。他身居联邦最高法院高位，运用他在全美律师界无人能及的威望，吸引崇拜他的学生进入哈佛法学院。他的亲和力、充满正义感的情操、对教学的热情和奋不顾身的工作狂精神，加上他主导的"课本背诵法"，用死记硬背法律原著的方法，重新塑造学生的法律头脑，让每一个从哈佛法学院出来的人都脱胎换骨，足以胜任法律实践的挑战。从某种意义上说，他把法学院当成培养新人的律师事务所，让哈佛法学院成为讲授英美法的样板间。俗话说一心不能二用，斯托里一面在联邦最高法院当法官，一面把哈佛法学院办得风生水起，一人分饰两角，不仅一心二用，而且两边都用到极致，做出了不可思议的成绩。除此之外，斯托里还留下具有深远意义的精神遗产，鉴于他对法律科学的热爱，以及倾注全部精力于学术研究的魅力，在他之后，一批又一批年轻的法律人紧随其步伐，投身到他未完成的事业。他们当中有本杰明·柯蒂斯（Benjamin R. Curtis）、查尔斯·萨姆纳、理查德·达纳（Richard Dana）、威廉姆·艾瓦茨（William Evarts）、艾比尼泽·豪尔（Ebenezer Hoar）、詹姆斯·罗威尔（James Lowell）和卢瑟福·海因斯（Rutherford Hayes）等人，都继承了斯托里的衣钵。斯托里去世后，他的学生、哈佛法学院 1832 届毕业生柯蒂斯当选并接替斯托里在哈佛董事会的职位，1851 年，柯蒂斯获任美国最高法院大法官，填补了斯托里留下的空缺，并且成为美国历史上第一个拥有法学学位的联邦最高法院大法官。

斯托里生逢其时，在合适的时间里做了合适的事，除了留下正面形象外，他在美国法律界里很少遭到非议。对于他的成功，如果放到当时历史大环境里，可能会看得更清楚些。美国独立于 1776 年，斯托里出生于

1779 年，属于合众国的同龄人，他的经历紧随着美国的成长，当时治理国家虽有基本框架，仍需要各个方面的专业人士填充空白，找到具体的路径，比如在法律领域，美国需要照搬英国吗？采用大陆法还是英国法？法学教育是随着牛津和剑桥大学的模式走，还是另闯一番天地？斯托里在事实上参与了美国当时的法律审判制度改革和法学教育改革。遗憾的是，斯托里尚未腾出全部时间办教育就离世，未能实现他预定的计划，而且把这个千斤重担留给没有思想准备的格林利夫。

第五章

又起震荡

（1845—1860）

一 格林利夫主持过渡期（1845—1848）

格林利夫于 1846 年 8 月接下斯托里留下的空缺，担任戴恩法学冠名教授，这时候，哈佛法学院只剩下他一个全职教授，艰难的过渡期将由他一人面对。斯托里曾经是那个弯弓射大雕的人，如今他走了，法学院靠谁来吸引全国的年轻人？靠谁来制定课程表？靠谁来继承斯托里指引的路？一切未知，前途茫然。格林利夫首先把目光转向两年前被聘担任法学院兼职讲师的萨姆纳，全体学生经过无记名投票一致同意格林利夫的选择，这使格林利夫找到帮手，迅速摆脱一人独撑局面的状态。屋漏偏逢连阴雨，在这个关键时刻，斯托里的坚定支持者昆西校长于 1845 年下台了，随后的几任校长在任时间都不长，而且不稳定，爱德华·艾弗瑞特（Edward Everett）任期 1846 年至 1849 年，贾瑞德·斯巴科斯（Jared Sparks）任期 1849 年至 1853 年，詹姆斯·沃克（James Walker）任期 1853 年至 1860 年。受诸多因素影响，法学院 1845—1846 学年新生下降到 146 人，随后三年从 117 人到 103 人再到 100 人，戴恩楼的扩建工程也被迫延期了。不过这次危机没有导致法学院陷入财务亏损，因为法学院早就汲取了上次差点倒闭的教训，把教员的收入与学费收入脱钩，入学新生的多寡不影响学校财务稳定，不过这次震动也带来法学院财务盈余的减少，到 1851—1852 学年只剩下 14412 美金的储备金。格林利夫除了需要面对接连几任弱势的校领导之外，还苦于找不到代替斯托里这张"弓"的人。他首先挑选纽约高等法院法官、法学教授威廉姆·肯特（William Kent）（1802—1861），斯托里生前十分推崇肯特，格林利夫也和肯特长期保持着通信联系。肯特的父亲詹姆斯·肯特（James Kent）（1763—1847）的名气更大，是美国有名的法学家，《美国法律评论》的主编。格林利夫感觉肯特父子的知名度加起来相当于斯托里，可以弥补因斯托里离世丢失的那部分生源。为此，格林利夫把罗亚尔冠名教授的工资上涨到 3000 美金，向威廉姆·肯特发出邀请。肯特接受了这一职务，在哈佛法学院工作了一年，后由于他的父亲年迈多病，他需要经常返回纽约照顾父亲，加之他在纽约还担任法官工作，实在承受不起斯托里当年那样的工作量，只得选择辞职。在肯特任教的一年里，他讲授他的专著《肯特和布莱克斯通》，并且负责教保险、买卖、代理和合伙人制度，格林利夫除了继续讲他原来的课外，还承担一部分斯托里的课，主要是衡平法和法理学。这种格局维持了一年，尽管格林利夫再三挽留，仍然没有留住肯特。

法学院又剩下格林利夫独挑大梁，他在两位年轻人约翰·C.亚当斯（John C. Adams）和乔治·柯蒂斯的半日工作协助下，给 130 位学生讲授法学院的全部课程。有人可能会问："为什么不用查尔斯·萨姆纳？"这是因为萨姆纳激进的政治取向，他公开支持废奴、反对向墨西哥开战以及组织"自由土地党"等等行为，令哈佛董事会对他敬而远之，不敢向他委以戴恩法学教授的重任。其实哈佛大学董事会也考虑过几个人选，其中有毕业于利奇菲尔德法律学校的联邦法官佩莱格·斯普拉格（Peleg Sprague）（1793—1880）、哈佛大学董事会的律师、斯托里的学生本杰明·R.柯蒂斯（Benjamin R. Curtis）、董事会律师查尔斯·罗林（Charles C. Loring）。格林利夫则更进一步提出再增加两名全职教授，为此他致信校长艾弗瑞特表示，"过去两年痛苦的经历告诉我，只靠一名教授实难承担法学院教学重担"。格林利夫认为，哈佛法学院欲实现国际规模的梦想，就必须增加国际法和欧洲大陆民法的分量，与此相适应需要增加教员。从同业竞争方面看，耶鲁等美国各个法学院正在形成对哈佛法学院的挑战，对此也需要依靠加强师资力量来应对。艾弗瑞特校长回绝了增加一名国际法和民法教授的提议，认为时机还没有紧迫到那种程度。最后，哈佛董事会采用增加一名讲授国际法和民法讲师的折中方法，于1847年10月任命美国法学家、第二任美国驻普鲁士公使亨利·惠顿（Henry Wheaton）（1785—1848）担任此职，他的两本著作，《国际法要素》（1836）和《欧美国际法史》（1845）为美国的国际法教学奠定了指南。然而，惠顿还未上任便于1848年3月去世了。

格林利夫深为焦虑，斯托里离世已经两年了，罗亚尔教席仍然空缺，戴恩楼的扩建虽然完工，却在无望中矗立着。终于，董事会挑选新罕布什尔州首席法官乔尔·派克（Joel Parker）（1795—1875）担任罗亚尔冠名教授，派克教授（作者注：为区别艾萨克·派克法官，这里称乔尔·派克教授）最初拒绝了这一任命，格林利夫亲自陪同派克参观考察了法学院，派克终于在1847年11月6日接受了这一教职。精疲力竭的格林利夫终于坚持不住了，他于1848年6月10日宣布辞职，把重任交给一位新来的接任者，法学院的接力棒又一次交给一个人承担。格林利夫的辞职正式宣告斯托里–格林利夫时期的结束。

格林利夫在哈佛法学院任教15年，1833年至1846年任罗亚尔冠名教授，1846年至1848年任戴恩冠名教授，他协助斯托里把哈佛法学院推向誉满全美国、影响波及世界的高度，也苦苦支撑了斯托里去世后3年的困难局面，应该如何评价他呢？毫无疑问，在治校教学方面，他坚定不移地忠实于斯托里和哈佛董事会的决策，扮演着斯托里副手的角色。然而，细细研读格林利夫的著作便不难发现，他不但在个人风格方面与斯托里截然不同，而且在学术研究方面独树一帜，堪称那个时代最具思想性最多产的法律学者之一。他敢于突破传统宪法理论和法定解释方法，他尝试着把科学理念和道德实践融合在一起，重新界定法理的合法性的来源，他已经预见到20世纪法律思想进步的方向，也预先构建了现代法学院的理论基石。

他出身于一个思想保守的家庭，没有读过法律，通过师徒培训成为律师，他于1834年被哈佛大学授予荣誉法律博士学位。格林利夫为后人留下了三卷本的经典之作《证据法论》。作为一名虔诚的美国圣公会教徒，他并不适应波士顿和剑桥镇盛行的唯一神教，他试图从法律和科学中寻找并建立真正的信仰福音。他发表于1846年的著作《传道人的证言》至今仍然影响着基督教道歉学派，以至于追随者在加利福尼亚州建立一所"西蒙·格林利夫法学院"，现称"三一法学院"。可是，就是这样一位思想独特信仰忠诚的人，从一开始到法学院任职就不受哈佛董事会待见，在他代理"查尔斯河大桥案"与哈佛大学对簿公堂而且因胜诉令哈佛名誉扫地时，更加得罪哈佛校方和波士顿的权贵人士，他被贴上"危险的激进分子"的标签。这场始于1837年持续了十几年的官司之所以引人注目，除法律问题外，还牵涉到政治、金钱和社会等级，查尔斯河大桥19世纪20年代市值30万美金，每年收取过桥费3万美金，如果兴建一座新桥，势必减少查尔斯河大桥的过桥费，压低它的市场价值，而哈佛大学和波士顿的一些权贵曾经投资查尔斯河大桥，身为哈佛法学院教授却为哈佛大学的对手辩护，格林利夫的做法对哈佛大学伤害不轻。

格林利夫感觉了到他的所作所为招致的敌意。1837年2月，他把"查尔斯河大桥案"判决材料里他的辩护词存放在哈佛法学院图书馆，还特别放进去一张条子，上面写道："我在此案的辩护意见被某些人极大地曲解了。"格林利夫并不认为，他代理反对哈佛大学利益的案子就是背叛哈佛大学。当然，他辞职后也不留恋哈佛大学。这时候，位于缅因州的鲍登学院向他伸出橄榄枝。格林利夫长年生活和工作在那里，缅因州原属马萨诸塞州，1820年从马萨诸塞州分离成单独一个州，格林利夫常年担任鲍登学院的律师和校董成员，1848年，听闻格林利夫从哈佛法学院辞职，鲍登学院院长亲自给他写信，邀请他参与创建鲍登法学院，格林利夫拒绝了这一好意，但是他参与了为鲍登法学院制定课程表等筹备事务，此事也随着格林利夫于 1853 年 10 月 6 日去世无疾而终。

二 "三驾马车"

斯托里和格林利夫实现了把哈佛法学院做大做强的愿望，他们却没有预见到成功之后的烦恼。1835 年至 1865 年的 30 年间，哈佛法学院招收了 433 名来自美国南部的学生，招收了 201 名来自边远州的学生，共计 634 人，占同期招生总数的 30%，南方与北方的学生齐聚戴恩楼的同时，随之带来美国社会的南北矛盾。1861 年至 1865 年的美国南北战争，更加激化了法学院南北两地学生的政治分歧，学院里经常发生示威游行，导致教学几近瘫痪，法学院面临严重的政治危机。由三位教授主导的保守主义的治校方向，就是在这一背景下产生的。这三位教授分别是：乔尔·派克教授，他于 1847 年接任罗亚尔教席直到 1868 年，在此岗位教学 21 年；西奥菲勒斯·帕森斯（Theophilus Parsons）（1797—1882）教授，他接替格林利夫担任戴恩冠名教授 22 年（1848—1970）；埃默里·沃士本（Emory Washburn）（1800—1877）教授，他先任大学校级教授（1856—1862），后任新设立的布西冠名教授（1862—1876）。

派克教授与格林利夫合作教学 2 年后又独挑大梁 1 年，他同样没有上过法学院，靠师徒式培训成为律师，后来担任新罕布什尔州首席法官，他甚至连教学经历也没有，根本不懂什么叫"课本背诵法"，他也不相信依靠背诵法律原著就能达到教学目的，为了避免与斯托里的冲突，他自创了一套"课堂问答法"。哈佛大学董事会 1846 年的决议规定，"本校认定每个院系的资深教授为该院系负责人"。据此，派克教授担任哈佛法学院具有行政任命意义的实际负责人，但此时仍然没有实行院长制。在这之前，斯托里在法学院没有行政职务，仅仅依靠他的威望指导学院工作。派克接手那年新生仅 100 人，而且多数来自南方，这让派克教授不得不面对南北矛盾。在 1847 年的时候，马萨诸塞州剑桥镇的主流政党"辉格党"欢迎来自南方的学生，这些学生代表着"棉花辉格"群体，马萨诸塞州主流"辉格党"控制着纺织业，"棉花辉格"控制南部棉花种植业，他们之间形成利益链，他们都赞成蓄奴制。哈佛大学校长艾弗瑞特也支持"棉花辉格"和农奴制。当时在马萨诸塞州只有少数"辉格党"成员反对农奴制，他们组成"良心辉格"抗衡主流势力，"良心辉格"里并非所有人持彻底废奴的看法。哈佛法学院的北方学生对南方学生不满，并不主要出于政治原因，他们看不惯"南蛮子"粗鲁的做派和酗酒成风。

这一阶段法学院的学生团体"法律议会"比较关注加州发现金矿事件，他们还讨论 1850 年美国国会通过的 5 个妥协法案对加州这个自由州的影响，以及对得克萨斯州边界划分的争议。这是一个美国扩张疆界和时空的阶段，1848 年，美国逼迫墨西哥接受城下之盟"和平条约"，该条约让美国获得加州、内华达州、犹他州和新墨西哥州，并获得科罗拉多、亚利桑那、堪萨斯和怀俄明的部分地区，作为补偿美国给予墨西哥 1825 万美金，免除了墨西哥 325 万美金债务，美国另外向墨西哥支付 1500 万美金。1853 年，纽约与芝加哥铁路开通。1854 年，美国海军准将马修·佩里（Mathew Perry）率领四艘战舰驶入东京湾，敲开了日本对西方贸易的大门。跨大西洋轮船航行的成功给美国对外贸易带来便利，1858 年，大西洋海底电缆的铺设，把从北美与欧洲通信一次花费 10 天时间缩短到几分钟。一个个激动人心的事件，既让法学院师生深感自豪，也又一次把国际公法和海商法等急需课目提上日程。

正当法学院试图劝说鲁夫斯·乔艾特（Rufus Choate）任教无效时，帕森斯适时出现了，他于 1848 年接受戴恩冠名教职。他与派克教授有许多相同之处，两个人都来自法律世家，都拥有丰富的法律实践，都很擅长写作。帕森斯讲课时运用在波士顿积累的贸易经验，深入浅出地讲解海事法、专利法、商法和保险法，分析复杂的合同法，凭借着老到的社交经验，马上吸引住学生的眼球，替僵硬持重的派克教授增色不少。除了课程不断增加外，派克和帕森斯两位教授还要组织指导模拟法庭，为毕业生就业提供咨询以及其他事务，他们已经感觉教员人手不够。于是，法学院请来了两名讲师帮助教学。一位叫富兰克林·德克斯特（Franklin Dexter）（1793—1857），他1812年自哈佛学院毕业，在波士顿律师圈子里名声显赫，他讲的宪法课深深影响着豪尔参议员，以至于豪尔在半个世纪后出版的自传里，对德克斯特大加赞誉之词，称是他的法学启蒙老师。可是，德克斯特在哈佛法学院只教了一年课而且成绩平平。另一位叫路德·库欣（Luther Cushing）（1803—1856），他因担任马萨诸塞州最高法院记者而出名。此外，他关于"议会法"的论著很有分量，属于较早在哈佛法学院开设议会议事规则课的人之一。在法学院任教3年后，帕森斯提议提拔库欣当教授，遭到校方否决。1849年秋季，在缅因州班戈市律师界声望很高的弗里德里克·亨特·艾伦（Frederick Hunt Allen）（1806—1868）获得聘任担任校级法学教授，但他仍然没有逃脱半数新英格法官无法胜任哈佛法学院教职的宿命，试用教学一年后他未获得续聘。

1852年1月31日，爱德华·罗林（Edward Loring）（1802—1890）应聘担任讲师，他除了讲课还负责模拟法庭的工作，在学生中很受欢迎。鉴于罗林良好的教学表现，派克教授和帕森斯教授提议罗林当教授，哈佛校董也批准了这一任命。不料校监事会里反对蓄奴制的监事们却否决了校董事会的任命，原因出在罗林在任职美国联邦地区法院专员时曾处理过逃亡奴隶事件，校董事会只好收回成命。罗林继续当法学院的讲师，他的课继续受到学生们的欢迎，直到1854年，罗林奉命向在逃奴隶安东尼·伯恩斯发出拘捕令，将其拘押到法庭听证，并强制返回原有的奴隶身份，此一事件在马萨诸塞州引起反对蓄奴声音的强烈反弹，罗林因处理此案声望急剧下降。哈佛校董和法学院学生站在罗林一边，认为他不过在奉命行事。哈佛监事会否决了校董续聘罗林担任讲师的任命，他也因此丢掉了遗嘱认证法官的职务。哈佛法学院尝试了多名讲师后，直到这时命运才降临到埃默里·沃士本头上，他于1855年任职哈佛法学院讲师，并于1856年以校级教授身份接替派克教授一半的教学任务，因为此时派克教授从法学院减工时减薪水，以便投入马萨诸塞州立法的繁重事务。1862年，沃士本改任第一任布西冠名教授。说到这一新的冠名教职，其实哈佛校董于1855年已经决定在法学院设立布西冠名法学教席，事情需要追溯到1842年，本杰明·布西（Benjamin Bussey）（1757—1842）遗赠给哈佛大学价值40多万美金的动产和不动产，其中一部分指定用于设立法学院教席，这一殊荣终于落到斯特恩斯教授的学生埃默里·沃士本头上，他因此成为从哈佛法学院毕业在哈佛法学院全职担任教授的第一人。沃士本勤勉和善，待人有求必应，在"三驾马车"中最受学生欢迎。由派克、帕森斯和沃士本组成的"三驾马车"里既有法官，也有商业律师和日后的马萨诸塞州州长，这一组合十分吸引学生。自斯托里去世，法学院终于实现了格林利夫希望有3名教授的格局。

1848年至1869年，"三驾马车"共同主持着哈佛法学院的教学管理，也共同经历了几起重大事件，其中有1850年亨利·科雷妥协法案（Henry Clay's Compromise）；1857年德雷德·斯科特案引发的灾难（Dred Scott v. Sandford），1859年约翰·布朗袭击事件（John Brown's raid on Harpers Ferry），以及1861年至1865年全面爆发的南北战争（American Civil War），1865年林肯总统遇刺（Lincoln Assassination），1868年安德鲁·约翰逊总统弹劾案（Impeachment and Trail of Andrew Johnson）。与动荡的局

势相呼应，美国在 1845 年至 1869 年这 24 年时间里经历了 7 位总统，哈佛大学同期经历了 6 位校长。在时局动荡和哈佛大学校领导频频更换的不利环境下，法学院的三位教授无论对国家大政方向还是对法学院的教学管理，表现出惊人的团结，演奏了一曲漂亮的三重奏，这种现象实属罕见。

由此可以窥出哈佛法学院似乎有这样一条规律：学院领导和教授队伍的稳定与同期大学校长在任时间的长短有关联。斯托里和昆西校长从 1829 年到 1845 年在位时间完全相同，在这 16 年时间里，昆西校长强力支持斯托里重建法学院的计划，稳定的领导格局让斯托里有时间实施他的计划。埃利奥特校长在位 40 年（1869—1909），他有力支持了兰德尔院长 25 年的突破性教育改革（1870—1895），并且和兰德尔的坚定信徒埃姆斯院长一起巩固改革的成果（1895—1910）。劳伦斯·罗威尔校长（在位 1909—1933）和罗斯科·庞德院长（在位 1916—1936）的在位时间也重叠。以上三段均为哈佛法学院发展比较好的阶段。

"三驾马车"中派克教授最年长，为人处世严谨呆板。他负责讲授衡平法、代理、诉状和宪法。可能因为当法官的职业习惯，派克特别擅长讲诉讼，他授课使用的法律语言精准到位，逻辑分析无懈可击，但刻板乏味遭到很多学生的抱怨，其中有人公开讲，"派克教授适合当法官或律师，不适合当教授"。派克教授当然有所耳闻，他努力拉近与同学们的距离，下课后留出时间接受学生的提问，还非常罕见地邀请学生们到他家喝茶或共进晚餐，同学们都很尊敬他。派克教授汲取了法学院以往的教训，他紧紧盯着教学质量，把授课水平维持在一定的高度和难度，他并不在意学生对他的亲疏和跟不上课的埋怨，也不介意入校学生的增减，更不迁就学生轻轻松松地拿到学位的懒惰想法。

派克教授的授课回避了他不太擅长的商法，他把这一部分留给帕森斯教授，因为合同、商业票据、保险、运输和海事等涉及商业领域的题目是帕森斯的拿手好戏，他讲起来得心应手。帕森斯的个人风格与派克法官截然相反，讲课如同表演节目，激情四射，充满幽默感，极具感染力。在他闪烁其词背后，有的学生发现他备课不够充分，讲课深度不如派克教授。尖子学生更认可派克法官充盈着干货的精准表达，不太喜欢帕森斯教授过于华丽的辞藻。"三驾马车"中沃士本教授年龄最小，却具备着超乎寻常的使命感，很难想象平时温文尔雅的他在危急关头挺身而出的样子。三人当中他入校较晚，只能捡起其他教授挑剩下的课，比如房地产、遗嘱管理、仲裁、刑法、破产法以及销售与法律冲突，他还对教国际法特别有兴趣。沃士本在出书数量方面与斯托里有得一拼，他于1860年出版专著《美国不动产法专论》，1863年出版《美国地役权法论著》。尽管帕森斯出版了6部有关商法的著作，其中只有1853年的《合同法》能与沃士本的书相匹敌。三人当中派克教授竟然没有出过一本专著，不过他的"演讲集"加起来有厚厚的几卷，他还于1871年发行了一本名为《哈佛大学法学院》的小册子，该书第一次记录了哈佛法学院的历史。

从哈佛法学院发展轨迹看，这是一段维持局面的时期。斯托里和格林利夫的品德和教学方法继续影响着三位继任者，课程变化不大，教授们不再坐在巨大的壁火前，绘声绘色地描述首都华盛顿的趣闻逸事，每名教授都在自己办公室里接待学生。法学院的门卫约翰·斯威特曼（John Sweetman）严格掌管着图书馆阅览室，他制定了图书馆规则，并且和同学们一起讨论法律问题，还经常向教授们提出合理化建议，很受学生们的喜爱。尽管表面上一切如旧，历史学家对"三驾马车"的评价却比较苛刻，其中有人指责三位教授久拖不采取书面考试制度和其他改革措施，图书馆里的藏书久不更新依然停留在斯托里时代。事实上，"三驾马车"继续沿用斯托里教授课堂上考查学生学习成果的方法，应该说与当时的教学环境是相适应的。其次，这一阶段教出不少著名人士，如后来的美国总统拉瑟福德·海斯（Rutherford Hayes）（1845 年获得法学学士，严格说属于斯托里 / 格林利夫的学生），美国联邦最高法院大法官霍勒斯·格雷（Horace Gary），美国联邦最高法院大法官梅尔维尔·富勒（Melville Fuller），美国联邦最高法院大法官亨利·B. 布朗（Henry Billings Brown），林肯总统的长子、美国联邦政府军事部长罗伯特·托德·林肯（Robert Todd Lincoln）等人。最后，此一阶段法学院学生对三位教授的教学基本满意。客观地讲，三位教授赶上了美国历史上最动荡黑暗的年代，虽然他们没有实施革命性的教学改革，但还算保住法学院渡过难关。

三 法学院的裂痕

合众国立国初期特别需要振臂一呼的雄辩家。当初阿萨尔·斯特恩斯教授组织模拟法庭的用意正是为了培养学生的诉辩能力，在模拟法庭上，参加者可以不限范围地广开言路。1848 年，在帕森斯教授倡导下成立了"学生议会"，通过模拟议会演练，帕森斯训练学生熟悉美国国会的议事程序。"学生议会"每星期五晚上开会，帕森斯扮演议长，学生扮演众议院议员向议会提交议案，通过辩论决定是否形成法案，最后由帕森斯总结立法规则和程序。殊不知帕森斯教授怀着良好的初衷搭建的这个辩论的平台，竟然逐渐演变成法学院分裂的舞台，以至于到 1856 年，法学院不得不禁止在"学生议会"讨论政治和蓄奴等话题。法学院自从扩大到全国招生后，来自南方和北方的学生一直矛盾不断，除了生活习惯和秉性双方相互看不惯外，"学生议会"成了双方争斗的场所，这些争斗与同时期发生的事件密切相关。对于 1848 年的西部淘金热和美国对墨西哥战争（1846—1848），"学生议会"里面的分歧不大。对于接纳加利福尼亚为自由州以及新墨西哥州与犹他州的边界划分问题，学生分成截然不同的派系。随后，

1850 年亨利·科雷的大妥协议案助燃了"自由土地运动"和废奴运动，并造成"辉格党"内部支持和反对蓄奴党员的分裂。1848 年 6 月 18 日，哈佛法学院讲师查尔斯·萨姆纳在马萨诸塞州伍斯特市的一次集会上公开谴责"棉花辉格"，自此把哈佛法学院与社会上的争议连接在一起，迫使法学院院方禁止在"学生议会"讨论政治话题和废奴问题。除了这两项禁区外，同学们讨论的范围相当宽泛，比如男性白人的选举权、法官的任免、外交政策、全国铁路、死刑、总统任届等话题，甚至连戴恩楼糟糕的通风设备也在讨论之列。在"学生议会"里，北方人一直占据主导地位，直到 1854 年来自佐治亚州（又译乔治亚州）的查尔斯·琼斯（Charles C. Jones）（1831—1893）第一次以南方学生身份当选"学生议会议长"，才打破这一局面。

1849 年 11 月，哈佛大学监事会派出视察组进驻法学院，他们发现法学院对斯托里教授没有采取什么纪念性行动，遂建议以他的名字命名一座楼或者命名一个法学教席。1850 年，乔治·威廉姆斯发起成立"斯托里联谊会"，他自任秘书，并邀请前任罗亚尔法学教授威廉姆·肯特法官担任会长，以此表示对斯托里的敬意。联谊会的初衷只为举行一年一次新老校友的聚会，无意之中，"斯托里联谊会"成了美国高等学校校友会的先驱，随后演变成哈佛法学院校友会，成为连接新老校友的纽带。当时谁也没有预料到，联谊会这个绝佳的社交平台竟然导致一场严重的事件。1851 年 7 月 15 日，为纪念联谊会成立一周年，联谊会精心准备了一场晚宴，邀请马萨诸塞州司法厅长鲁弗斯·乔艾特（Rufus Choate）（1799—1859）担任演讲嘉宾。乔艾特当时在美国律师界名噪一时，曾经出色地代理过不少著名大案，他当晚的演讲言辞犀利且雄辩有声，只可惜他跑题了。晚宴的本意为了纪念斯托里教授，他偏偏挑选"逃亡奴隶追缉法"这个最不合时宜的话题，这个话题本来已经造成波士顿地区的分裂，经他这么一煽呼，又把这个敏感话题带进法学院的派系斗争里，弄得晚宴不欢而散。"棉花辉格"

和波士顿的精英阶层赞成"逃亡奴隶追缉法"，派克教授和帕森斯教授既反对奴隶制，又反对国家分裂，他们还支持1850年的妥协法案。查尔斯·萨姆纳既是坚定的废奴主义者，又反对1850年妥协法案，当他得知乔艾特的演讲主题后，拒绝出席当天的晚宴。昆西校长、塞缪尔·豪尔、达纳都反对乔艾特的观点，并为此与乔艾特发生过论战。乔艾特的演讲像一只毒针扎进法学院的机体，迅速导致"斯托里联谊会"的消亡，从此"斯托里联谊会"再也不办晚宴了，它做的最后一件事是1853年把斯托里的半身像从哈佛大学图书馆搬到法学院的戴恩楼里。哈佛法学院对斯托里真正的纪念一直延迟到1875年设立斯托里教席，和1950年盖了一座名为斯托里的宿舍楼。

1852年，法学院的气氛开始恶化，南部学生拥护乔艾特的讲话，称其"鼓舞人心"，多数北部学生看法相反，转而攻击南部学生。早在1846年，哈佛大学图书管理员、废奴主义者约翰·西布里（John Langdon Sibley）（1804—1885）在他的记事本里写道："法学院的学生，特别来自南部地区的法学院学生，对哈佛大学最为不满，他们心里没有规则感，既不怕上帝，也不怕任何别人，他们身上散发着奴隶制的痕迹和不尊重道德的取向。"有一次，法学院来自南方的学生和本科生动起拳头，为此还被抓了几个人。1853年10月6日格林利夫去世，斯托里－格林利夫辉煌时期寿终正寝。1854年5月30日，堪萨斯－内布拉斯加法案通过，该法案允许这两个州的居民自行决定是否蓄奴，由此酿成赞成和反对的两派血溅堪萨斯。马萨诸塞州的反蓄奴主义者从始至终关注着发生在堪萨斯的变故，并于1854年4月成立"新英格兰移民援助社团"，鼓励反对蓄奴的北方居民移民到堪萨斯州，以平衡那里支持蓄奴和反对蓄奴的力量，正是在这一背景下，"辉格党"因奴隶制分歧而瓦解，美国共和党（前辉格党）于1854年3月20日成立，以打击将奴隶制扩大到美国全境的企图，很多"辉格党"成员转投共和党。

　　"三驾马车"主持法学院工作的前前后后，聘请和解聘讲师像走马灯一样，其中两名讲师在蓄奴问题上态度截然相反。查尔斯·萨姆纳一贯坚决反对蓄奴，他深受斯托里和格林利夫的器重，两位教授意欲推荐他担任教授，可惜萨姆纳拒绝了在法学院当教授的安排，他志在从政，后来在美国政坛充当了反对蓄奴的急先锋，并险些为此丢掉性命。有历史学家认为，如果萨姆纳接任斯托里或格林利夫的教职，会避免"三驾马车"走的弯路。另一位讲师爱德华·罗林与萨姆纳正好相反，他坚决支持奴隶制。说起来也很有意思，1841年斯托里推荐罗林担任美国联邦地区法院专员，这在当时是一个没有薪水的闲职，1847年他开始兼任萨福克县遗产法官，之后，在派克教授和帕森斯教授的举荐下，他从1852年至1855年担任法学院讲师。1851年和1854年，身为美国地区法院专员的罗林两次签发逮捕令，分别将在逃奴隶托马斯·西姆斯（Thomas Sims）和安东尼·伯恩斯（Anthony Burns）缉拿归案，遭到波士顿地区的废奴主义者强烈抗议，并引发动乱。在废奴舆论强大压力下，罗林被解除法院的职务，受此影响，他的讲师职务也被哈佛法学院解聘。受罗林的牵连，哈佛法学院饱受社会媒体的批评。罗林事件引发出两个发人深思的问题，第一，到底谁决定任命哈佛的教员？由教授们决定，哈佛校长决定，哈佛董事会决定，还是哈佛大学监事会决定？当被聘教员触犯法律，或者发生丑闻时，由谁来承担用人不当的责任？第二，如果仅仅因为政治原因，是否构成拒绝聘用或者终止聘用的理由？如果说，有关蓄奴和废奴的争论给法学院带来分裂的话，那么，随后爆发的美国内战，将给它带来休克般的震荡。

第六章

美国内战的余波

（1861—1869）

一 表面和谐

1854 年的罗林事件把美国内战的种子带进哈佛法学院，尽管院方一再禁止讨论政治问题，因废奴和蓄奴观点对立的学生已经分裂为势不两立的两派，来自南部蓄奴州学生入学人数开始下降。1861 年，以南部为主的约 500 万人口的 11 个州成立"美利坚联盟国"（又称"南方邦联"），公开宣布从美利坚合众国分离出去。北方联盟约 23 个州共约 2300 万人口（整个内战期间北方联盟共 25 个州）致力于击败"美利坚联盟国"，维护美国的统一。到 1862 年，法学院几乎所有来自南部的学生已经离开剑桥镇，其中大部分人参加南方反叛部队，南方通过征兵法共征召 30 万人，约占南军总数的三分之一。在北方，1863 年征募新兵时，只用 300 美金便可买取免征资格，尽管后来废除了代偿逃兵役制度，很多富家子弟仍然用其他付费方法躲过征募，真正服役的只有 46000 人，仅占符合义务兵条件的 6%。战争期间北方的主要兵源来自志愿兵和民兵。南北战争时期美国总人口约 3200 万，北方部队投入 221 万兵力，南方军队投入 105 万兵力，根据哈佛大学前任校长、历史学家德鲁·福斯特考证，战争造成 62 万人死亡。哈佛大学全球校友会的资料显示，美国内战期间共有 1813 名哈佛校友参与战事，其中 357 人服务于南部邦联军。美国南北战争得到马克思的高度评价，他认为，以消灭奴隶制为主要目的南北战争将使林肯总统与华盛顿总统齐名。幸运的是，发生在美国本土的这场大战，并没有导致哈佛法学院关门，相反，它在低调中继续运营。

法学院表面上的平静可能有两个原因，一是"三驾马车"做出莫谈政治的决定，预先防止南北学生因政见不同爆发肢体冲突。二是，随着几乎所有南方学生返回家乡参战，留在法学院的学生清一色都是北方人，失去了辩论对象。来自佐治亚州萨凡纳市的乔治·特纳（George Turner）曾经在"学生议会"里十分活跃，1860年，当"学生议会"为太平洋铁路和美国总统任期争论不休时，他提出放弃偏见平息争议的动议，给火气十足的场面降了温。当"学生议会"即将对脱离联盟的正当性问题表决时，南卡罗来纳州于1860年12月20日宣布退出联盟，特纳被逼无奈，只得从"学生议会"辞职，返回南部家乡参加邦联军。他于1865年4月5日在赛勒溪战役战死，距离当年4月9日内战结束只差4天。沃士本教授不希望法学院出现动乱，为此他竭力维持教学秩序，以便于正常授课。他在言谈话语中尽量使用中性语言，回避用"奴隶制"这个词。他反对国家分裂，但不谴责奴隶制，反而怪罪挑战奴隶制的人太过性急。从1861年至1865年内战期间，哈佛法学院先后经历了"斯托里联谊会"风波（1851年）、罗林危机（1854年）、"学生议会"里激烈的辩论（1860年）等事件，到1862年南部学生已经全部离校，只有像肯塔基州这样的南部边境州有6名至7名学生留在法学院。学生群体里没有主张分裂的力量，才得以保持表面的和谐。随之打破和谐氛围的力量并没有来自学生，而来自"三驾马车"本身。

法学院表面上的平静并不能掩盖战场上的残酷无情，1861年，在马里兰州坎伯兰附近南北军队交战处，一位哈佛法学院效忠北方联军的士兵瞄准一个距离300多英尺的南方军官，正准备扣动扳机，突然发现对方竟然是他在法学院的同学，良心促使他放弃了射杀，事后他又对没有执行军令感到懊恼。同样，南北两军的法学院同学有时会在监狱碰面。时任南方邦联部队第18密西西比军团陆军中尉的詹姆斯·B.克拉克（James B. Clark），1855年就读哈佛法学院，他在战争中被俘后，被关押在宾夕法尼亚州伊利湖约翰逊岛的监狱里，正当长期饥饿濒临死亡之际，被北方联军的两位法学院校友发现，救了他一命。1883年，克拉克成为得克萨斯大学的创办人。据《功勋战场》一书统计，美国南北战争期间，哈佛法学院一共 326 名学生先后参加北方联军，其中 66 人阵亡；大约 230 名学生参加南方邦联军，其中 223 人来自南方，7 人来自非奴隶州，45 人阵亡，两项相加法学院共有阵亡学生 111 人。法学院将近 600 名校友参加了美国内战，死亡人数约占法学院参战总数的 20%。迄今为止，哈佛法学院和哈佛大学校方没有对这 111 名战死的学生举行过任何纪念仪式，哈佛大学纪念堂只列明了法学院的来自北方联军阵亡学生里的 19 个人的名字。

在此期间还发生了美国历史上最为惨痛的悲剧事件。1865 年 4 月 9 日，南方邦联军总司令罗伯特·李将军（Robert E. Lee）（1807—1870）宣布投降，标志着美国内战的结束。正当人们还没有来得及庆祝战争结束时，4 月 14 日晚，林肯总统遭到暗杀，并于次日因伤势过重去世，副总统安德鲁·约翰逊接任总统。刺杀林肯总统的主谋原本计划同时杀死副总统约翰逊和国务卿威廉·亨利·苏厄德（William H. Seward），结果，刺杀约翰逊副总统落空，国务卿苏厄德脸部被划成重伤，反对林肯总统的势力企图瘫痪美国政府的图谋没有得逞。战后，法学院一些来自南部为南方反叛军队效力的幸存的学生，他们当中有的曾官至上校、将军等职务，纷纷脱离军队成为南部地区白人社团的领袖或者法律专业人士。

二 派克和帕森斯的介入

"三驾马车"对奴隶制问题均以不谈政治为由避开，但他们对"逃亡奴隶追缉法"和罗林事件均表现出超乎寻常的热情。在这个问题上，查尔斯·萨姆纳立场鲜明地反对蓄奴，从政治上和道德上都站在正义的一边。好在"三驾马车"都反对国家分裂，反对"紧凑理论"（又称"契约理论"）。南方各州曾使用这一理论证明他们有权废除联邦法律，并有权脱离联邦。

反对"契约理论"一方认为，各州无权自行决定联邦权力的范围，而应当受到联邦政府的约束。三位教授尽可能对政治问题表态口径一致，他们共同支持对罗林的任命，当罗林与萨姆纳等人辩论时，他们统统支持罗林。他们一致反对 1855 年马萨诸塞州通过的"人身自由法案"，该法律旨在使法律制度对所有人公平对待，确保自由人和逃逸奴隶的安全，这项法律与"逃亡奴隶追缉法"是针锋相对的。斯托里于 1842 年的一项判决推动了"人身自由法"，尽管他判定允许一位女奴和她的两个孩子以奴隶身份回到马里兰州，而这两个孩子出生在宾夕法尼亚州时根据州宪法，他们拥有自由身。斯托里推翻了州法院禁止那位女奴带着孩子迁居外州诉求的判决，有限支持了奴隶的迁徙自由。斯托里的判决保留了对"逃亡奴隶追缉法"的支持。"三驾马车"认为，"人身自由法"是愚蠢而无效的，将为南方独立制造口实，他们坚持认为，南北战争主要关乎到国家的权力和分裂，与种族主义和奴隶制无关。

派克教授甚至走得更远，他于 1860 年 12 月在报纸上发文，声称"人身自由法"给南方各州发出错误的信号，此法应当废止。派克还反对美国宪法对购买的领土立即具有管辖权。然而，派克教授的政治立场很快就受到战争的嘲弄，他竭力反对的内战的硝烟已经临近剑桥镇。有一阵子谣传说，南方邦联军的特别行动队将袭击位于剑桥广场附近的兵工厂，马萨诸塞州州长为了保存训练有素的作战部队，建议由哈佛大学学生保护兵工厂。时任哈佛大学化学系助理教授、后来成为哈佛大学校长的查尔斯·埃利奥特（Charles W. Eliot）（1834—1926）积极响应，帕森斯教授也配合参加，在他们的带动下，法学院学生和本科生一起组织了一个"护厂队"，"护厂队"分成若干队组，轮流值班。参加者共捐献了 400 条滑膛枪，并且募集到可观的护厂资金，"护厂队"随时按照军事需要待命行动。时任哈佛校长考纳柳斯·费尔顿（Cornelius Felton）（1807—1862）热情洋溢地向州长表示："哈佛大学全体教员和学生十分乐于承担保护兵工厂的行动，在埃利奥特教授的带领下，我们将不断组织演习并加强巡逻。"学生们虽然对"护厂队"表现出极大的热情，却因为缺少军事常识，缺乏最基本的军事训练，"护厂队"坚持了一个月就垮了，同学们使用的枪械被集中上缴到波士顿港的接收站，"护厂队"也解散了。无论怎么说，老师和同学们对"护厂队"热情一场，他们端起枪排成行，举行护厂巡逻的场面倒是很壮观的。

帕森斯和沃士本都把自己的儿子送到前线，可能因为担心儿子的生命安全，帕森斯谴责林肯政府鼓励社会之间相互指责，加剧了南北各州的憎恨和恐惧。总体来说，法学院和哈佛大学一道，尽最大可能维系战争期间学校的正常生活。然而，所有这些貌似的平静被 1862 年 9 月 22 日林肯总统宣布《解放黑人奴隶宣言》给打破了。在这份宣言里，林肯宣布所有南方叛乱州的黑奴获得自由。1863 年 1 月 1 日，林肯总统继而宣布合众国境内所有的黑奴获得解放。这一石破天惊的决策，表明林肯政府已经从限制奴隶制转变为完全废除奴隶制。这两份宣言合称《解放黑奴宣言》，第一份是准备公告，第二份是正式公告。批评者认为，林肯的宣言违反宪法，并且助长了国家领袖擅自扩权的趋势，此外，"宣言"并没有授予黑人政治权利和土地权利。但这些都不影响宣言的历史进步作用，因为从此美国内战的性质，由分裂与反分裂转变为维护还是反对奴隶制，这一转变从根本上瓦解了南方企图分裂合众国的群众基础，获得南北地区支持废奴的白人群体和南部仍然处于奴隶地位的黑人群体的支持。如果说此前南方邦联军在军事上出于攻势的话，从此以后，北方联军获得人心，最终依靠南北多数民众的力量，打败军事力量强于北方的南方军队。

林肯的《解放黑奴宣言》刚刚发出，派克教授立刻加入谴责的阵营，他指责"宣言"违反宪法，是一份非法剥夺公民权的法案，他反对的理由并非出自赞成蓄奴，主要为了保护宪法和法治。他认为南北战争与独立战争不一样，南北战争违背各州的意愿，摧毁了国家的主权。对此，他要一千次说"不同意"。他进一步说，《解放黑奴宣言》已经涉嫌叛国罪，宣言为了 400 万黑奴得到自由而牺牲白人的权利，况且绝大部分黑奴并不知道如何运用自由权，这样下去将会毁掉这个国家。查尔斯·萨姆纳参议院对派克教授的言论根本不屑一顾，称派克充当了杰斐逊·戴维斯（Jefferson Davis）（1808—1889）的别动队。派克教授还对林肯总统于 1862 年 9 月 24 日下令终止人身保护令极度愤怒，该法令允许北方军队未经批准逮捕或者未经审判关押南方"邦联国"的同情者。派克教授一面支持戒严法，一面却反对终止人身保护令。帕森斯教授则不然，为了表明立场，他在讲义里加上支持林肯总统的内容。从此，法学院揭开了派克和帕森斯两位教授对于政治和法律问题不同看法而争论的序幕，并且一直延续到战争结束。帕森斯的处境与派克有所不同，他的儿子在前线与南方叛军作战，他本人担任林肯政府的顾问而且接受薪水，他支持解放黑奴，支持终止人身保护令，支持戒严法。1862 年 10 月 7 日，大批民众聚集在波士顿法纳尔大厅要求撤换时任马萨诸塞州州长约翰·安德鲁（John A. Andrew）（1818—1867）。安德鲁反对蓄奴，支持林肯，抗议者推举查尔斯·德文斯（Charles Devens）（1820—1891）担任州长，德文斯毕业于哈佛法学院，是北方联军的军事将领，但是反对林肯总统行使权力的做法，萨姆纳称德文斯为"叛徒"。派克教授却热情洋溢地为德文斯辩护，他在"致马萨诸塞州人民"的信里，将林肯与法国的拿破仑和土耳其的苏丹相提并论，指责林肯不仅仅如同君主帝王一般，而且是一个极端不负责任的政府，一个军事专制集团，与美国崇尚自由的立国精神格格不入。

至此，帕森斯正式加入有关林肯的解放黑奴宣言和终止人身保护令的论战，他在《波士顿新闻报》发文，批评本杰明·柯蒂斯的观点，他特意避开点名批评派克教授。帕森斯旗帜鲜明地表示，对于反叛者不存在自由不自由的问题，叛乱者最终会毁掉合众国的现行法律，对他们实施镇压并不违宪。帕森斯的上述批评对派克教授似乎有些过分了，因为派克投票支持林肯当选，他谴责美国最高法院对德雷德·斯科特（Dred Scott）（1799—1858）一案的裁决，该案裁定非洲奴隶后裔不能当美国公民，从而剥夺了斯科特的人身自由。派克始终与蓄奴主义者保持着距离。然而帕森斯对派克紧追不舍，同年 11 月 3 日，帕森斯在回应为什么支持安德鲁州长和萨姆纳参议员时，对派克不点名说出令人一听就知道说谁的话，"我的同事已经成为合众国的叛徒"。帕森斯认为，反对《解放黑奴宣言》意味着在事实上帮助敌人。1863 年 3 月，派克和帕森斯再次各说相反的话，派克在"总统和国会的战争权力"为题的课堂上，继续攻击林肯终止"自由保护令"和颁布《解放黑奴宣言》，同月，帕森斯发表题为"奴隶：起源、影响和归宿"的文章，他认为，即便没有修订宪法，它依然像一架鲜活的机器一样，促进公平正义，确保普通法得以实施，林肯总统是合法的民选总统，他行使总统权力完全合法。毫无疑问，两位教授截然相反的见解一定会在戴恩楼里扩散，引起一些人的错愕和愤怒，法学院的分裂已经变成不争的事实。当时留校的多数学生不理解派克教授的内心世界，有人把他归类于被历史遗忘的老人，有人把他当成卖国者。其实派克教授的内心也很痛楚，他并非不爱国，他爱那个包容着奴隶制毒瘤的旧的合众国。

毋庸置疑，在那段举国动荡的时期，尽管意见有分歧，不同意见之间很容易发生无礼和粗野行为，"三驾马车"共事 20 年，没有发生人身攻击和内斗的情形。他们都以法学院的教学事业为重，不把个人意见分歧掺杂到合作共事里面，特别是派克和帕森斯两个人的立场观点如此对立，仍然在法学院营造和谐共处的氛围，表现出两个人极高的个人素养和职业道德。当年的是是非非拿到现在非常容易判断，派克教授显然站在开历史倒车的一边。帕森斯的长处在于他能够灵活运用宪法，不死咬法律文本。在正常和平的生活环境里，终止人身保护令不利于保证人权和自由，但在决定国家生死存亡的南北战争时期，终止人身保护有利于正义一方的军事胜利。帕森斯富于爱国激情，对于大是大非问题丝毫不糊涂，他富于使命感和学术勇气，所以才能做到把法治置于权力、道德和个人名誉之上。

三　"三驾马车"的解体

美国内战后的重建加剧了哈佛法学院"三驾马车"的分裂。1865 年 6 月 21 日，帕森斯教授在波士顿重建工作委员会演说，话题直指社会和道德问题这一主题。他说，南方各州如果不给予黑人政治权利，一切重建将无从谈起，如果国家容忍叛乱州继续限制黑人的选举权、教育权、居住权和出庭作证权，这将是国家的失职，是全体人民懦弱的表现。派克教授从感情和理智上都不同意帕森斯和沃士本的见解，1866 年派克在戴恩楼开设系列讲座，他不点名却激烈地抨击帕森斯的观点。派克认为，滥用行政权比种族歧视更为糟糕，"重建修正案"是对美国宪法的亵渎（作者注："重建修正案"指美国宪法的第十三、十四和十五修正案，在 1865 年至 1870 年之间通过，旨在重建美国南部，把半奴隶半自由的国家改造成受宪法保护的自由适用于全体男性的国家）。派克的观点得到很多同龄人的支持，这部分人厌倦了战争，希望经济尽快得到恢复，不愿意改变旧有的习惯做法。正当派克和帕森斯各执己见的时候，种族隔离和种族主义已经悄悄地从南方渗透到北方，1868 年 9 月 1 日，法学院迎来第一位黑人学生，他的名字叫乔治·刘易斯·鲁芬（George Lewis Ruffin）（1834—1886）。

鲁芬生长在弗吉尼亚州里士满市一个贫困的黑人家庭。1853 年，弗吉尼亚州通过禁止黑人接受读书和写作教育的法令，鲁芬的妈妈带领她的孩子搬到波士顿，鲁芬得以接受公立学校的中学教育，并以开理发店作为谋生手段，他渐渐成为激进的反种族主义者。他 34 岁开始在波士顿一家律师事务所学习法律，1865 年获得律师资格。鲁芬在法学院期间冲破阻力积极参加各类辩论会，于 1869 年获得哈佛法学院法学学士学位，成为美国所有法学院里第一位黑人毕业生。此后，他担任波士顿市议会议员和美国第一位黑人法官。哈佛法学院直到 1982 年才挂起他的图像，承认他在法学院的一席之地。文字记载里没有派克教授和帕森斯教授对鲁芬的评价。从帕森斯当时的言行和旁观者的评论不难看出，帕森斯一片深情地支持萨姆纳采取对南方各州比较强硬的态度，直到白人和黑人享有平等的选举权为止。从这个意义上讲，如果说鲁芬扮演了美国黑人民权运动先驱角色的话，那么，帕森斯和萨姆纳就是最先写背书支持的人。

美国南北战争是美国历史发展的一个分水岭，无论从政治、法律、人文、道德和种族关系的各个层面，都经历着深刻的社会变革，可惜，这么重要的改革机遇，被法学院"三驾马车"以维护平静与祥和的教学秩序为名给错过了。战争刚一结束，1865 年的秋季，法学院图书馆被入校学生包围得水泄不通，来自将近 30 个州（包括加拿大的省份）的 170 名新生开始战后的求学生涯，其中南方各州的学生占很小的比例。学生增加需要教员增加，战争期间的通货膨胀导致"三驾马车"工资收入减低，为此，校董事会首先把派克教授的年工资上涨到 3000 美金。作为权宜之计，又增加一名讲师名额，聘请理查德·亨利·达纳（Richard Henry Dana Jr.）（1815—1882）讲授国际法。达纳以主张废奴著称，当过逃逸黑奴安东尼·伯恩斯的代理律师。其实，当时更需要一名全职教授，但一时拿不出聘请教授的钱来。从学生的角度看，虽说 100 美金学费的标准已经实行 40 年没有变化，剑桥镇的生活费用却在悄悄攀升，法学院按照一学年 42 个星期的生活标准，19 世纪 40 年代一学年需要 200 美金生活费，其中租金 60 美金，饭费 120 美金，书本费 20 美金。1854 年生活费涨到 275 美金，1859 年是 325 美金，加上 100 美金学费，穷困家庭的学生很难承受如此沉重的经济负担。鉴于此，哈佛大学监事会于 1856 年向董事会建议降低学生生活费，遭到董事会拒绝。

为了解决学生住房的生活负担，帕森斯于 1857 年建议购买一座老旧的饭店，把它改建成学生集体宿舍。他看上紧邻哈佛广场布拉特大街的"布拉特之家"饭店，此地离现在的肯尼迪政府学院不远。饭店的业主于 1850 年以 47500 美金购得，1857 年出售价 2 万美金，价钱真划算！帕森斯立即向校董事会写申请报告，他在商业计划书中表示，如果购买这家饭店，可以向低收入家庭学生出租 67 间宿舍，每间每周收租金 61 美分，每个学生每周 1.89 美金饭费，吃住相加每周仅 2.5 美金。哈佛大学的财务主管否决了帕森斯的报告。后来，董事会提出可以替法学院预付资金，法学院必须紧随出资。三位教授接受了这一方案，于 1857 年 4 月签署了保证书。同年 9 月，众多学生入住"布拉特宿舍楼"。可惜具备政治眼光的帕森斯在商业方面一窍不通，他犯了一个预先可知的错误，他也不想想，如果很容易赚钱，饭店的主人为什么大甩卖呢？入住后才发现老旧的饭店需要不断整修才能保证正常运营，伙食费大大超支，使得破旧的"布拉特宿舍楼"的入住率越来越低。几年下来，维修费和运营费已经花掉 12000 美金，加上法学院购买饭店的 20000 美金，经帕森斯再三恳求，哈佛校方用 15000 美金把这座宿舍楼买走，帕森斯总算把包袱给甩掉了。可是里外里一算，投资这个项目一共亏损 17225 美金，把法学院购买饭店前的 16642 美金盈余都投进去，加上经营饭店那些年的学费收入也投进去，到 1860—1861 学年，法学院还亏 2532 美金，到 1866 年，法学院的账上已经没钱了。尽管战后入校学生增加，提升了学费的总收入，1867 年的账上余额仅有 710 美金。这样的经济状况，既无法聘请新的全职教授，也没有钱盖新房。懊恼之余，帕森斯只能自我调侃道，不管怎么说，我给哈佛大学贡献了一座房产，而且还压低了剑桥镇的房价呢！

这几年法学院投资宿舍楼的惨败，遮挡住了"三驾马车"的视线，他们既没有意愿也没有精力实施任何形式的教学改革。1868 年，年届 73 岁的派克教授已经任职法学院 20 年了，他刚一递交辞呈，董事会于当年 4 月 28 日很快就接受了。同日，担任密苏里州最高法院法官的内森·福尔摩斯（Nathaniel Holmes）（1815—1901）加入法学院教授行列，他 1839 年毕业于哈佛法学院，成为自沃士本之后第二位来自"本土"的教授。福尔摩斯教授在法学院担任罗亚尔冠名教授 4 年，教学方面没有什么特别的建树，人际关系处理得很好，他研究莎士比亚的著作反倒比他在法学院的教学生涯更为出名。

哈佛大学发展到这个程度有些骑虎难下。一方面，学院的规模越来越大，另一方面，此前的 24 年，先后经历 6 位平淡又缺乏激情的校长，一直处于维持局面的状态。如果照此发展，根本不可能超越欧洲那些领先的大学。时代呼唤着一个敢创新有担当的校长出现，这副重任落到前面提到的那位带领哈佛大学"护厂队"的化学助理教授肩上，他就是查尔斯·埃利奥特。最初，董事会对这位 35 岁的年轻人将信将疑，投票时 16 票赞成，8 票反对，哈佛大学监事会于 1869 年 5 月 19 日批准了对他的任命。接任校长职务时，他担任麻省理工学院的化学教授。当时很多人没有料到，埃利奥特竟然像翻烧饼一样，把哈佛大学翻了个底朝天，带领哈佛走进世界第一流大学的行列。埃利奥特校长和福尔摩斯教授的到职，为哈佛大学和哈佛法学院日后辉煌的大变革埋下了伏笔，此时，校内校外推动改革的呼声此起彼伏，哈佛大学监事会考察法学院后建议"推行全面的考试制度"。派克教授辞职后，帕森斯教授以 72 岁高龄接替了法学院元老的位置，他发现 35 岁的新任校长和他的思路完全相反，便以辞职相要挟，不料董事会马上批准他的辞呈，帕森斯于 1869 年 12 月 11 日宣布退休，埃利奥特校长轻而易举地送走了这尊大神。派克和帕森斯的离去，为一个非常重要人物的登场铺平了道路。此时，"三驾马车"只剩下沃士本一人，虽然年届 70 岁，却成为转折关头中唯一承上启下的人物，直至 1876 年 4 月退休。沃士本既能适应旧有传统的一套体系，又能快步跟上变革的步伐，这倒并不完全出于对新旧理念的认同，而是出于他对法学院的赤诚之心，为了法学院的发展而与时俱进。他的外孙塞缪尔·巴切德尔（Samuel F. Batchelder）（1870—1927）这样评价："沃士本教授将以高超的职业素养和卓越的人文关怀精神载入哈佛法学院的史册，他是一位优秀的导师、教父和启发者。"

四　对"三驾马车"的评价

客观地讲，"三驾马车"主导法学院的 24 年（1845—1869），前有斯托里教授留下的不可企及的标杆，中间经历着美国历史上最大规模内战带来的震荡，后有兰德尔院长再创辉煌的业绩，可谓时运不佳。应该肯定，三位教授都尽了最大的努力，让法学院在内战中保留下来，而且坚持 20 多年，都工作到 70 岁以上才离开岗位，这是很不容易的。观察家们和研究者对于这一阶段的评价褒贬不一，甚至对同一做法，也会带来截然相反的评价。

持肯定意见的学者认为，派克、帕森斯和沃士本使尽浑身解数各显神通，把法学院塑造成学习的殿堂，他们高超的教学水平深深地影响着每一个学生。用布朗大法官的话说，"哈佛法学院简直是天下无敌"。约瑟夫·乔艾特也说，"'三驾马车'管理的这一段是法学院的黄金时期"。难怪哈佛大学监事会视察组于 1864 年考察后对法学院表示"完全满意"。"三驾马车"竭尽全力把全国各地优秀的学子会集在法学院，逐渐把它转变成一个非学者型的教学圣地。在这样的氛围里，同学们更加关注以自我为中心的教育提升，以便适用毕业后的职业生涯。在这种氛围下，当年斯托里和格林利夫所倡导的以科学为目的的教学宗旨荡然无存。正如菲尔普斯法官所言，"这是一段对斯托里的逆反时期"。法学院图书馆里被斯托里精心挑选储存的外国法律书籍几乎无人问津，对此，布莱克法官坚持认为，学生们没有浪费任何时间，只不过学习的侧重点有所不同。约瑟夫·乔艾特也评论说，"只要谁想学什么，就一定能学到什么"。为了提升学术水准，"三驾马车"尝试用奖励的办法，优秀的作业可以得到这一殊荣，个别优等生还被挑选担任助教，不过这个助教只帮助教授做些研究和搜集资料的事情，并不担任授课工作。在这段时间里兰德尔也是法学院的学生，帕森斯曾经挑选他协助整理合同，正是这段参与教学的实践给兰德尔以灵感，促使他日后提出具有划时代意义的"案例教学法"。毋庸置疑，三位教授指导模拟法庭的演练，对法律教学起到很大的推动作用。

这一时期的教学存在着巨大的缺失和遗憾。派克教授辞职后，哈佛大学监事会派驻法学院的视察组提交了一份报告，表达出对法学院的现状和前景的担忧，这份报告直接促成了帕森斯的辞职。同期，由一组杰出律师组成的评审团也认为，"三驾马车"时期的教学是失败的，作为回应，派克教授像当年斯特恩斯教授那样极力辩解。但是，时间站在评审团一边。什么原因导致这一时期教学的失败呢？至少有两条原因。一是目光短浅，前期盲目地陶醉于斯托里的成功之中，后期被动地应付美国内战带来的挑战。二是墨守成规，没有敏锐地察觉出时代变迁的征兆，及时采取应变措施。"三驾马车"主导教学的20多年时间，法学院对斯托里时代的教学目录、学习课目和对获得学位的标准没有更改过一个字！法学院留存的档案里没有教授们开会记录的一个字！校董事会早就给法学院制定出一个总体框架，给予法学院管理方面很大的自由度，比如法学院可以自行决定如何安排学生的住宿，有权决定是否公开会议记录，执行各项纪律规定，推荐攻读学位的候选学生名单，建立图书管理制度，等等。可是在实践中，图书管理制度早在 1855 年就名存实亡了，具体管理全凭图书馆的门卫一个人说了算。法学院的教授们从来也不开会研究学校的事务。哈佛校方给法学院定的规矩形同虚设，这样涣散的局面怎么可能有效地面对美国内战以及战后重建的巨变？怎么可能及时应对通货膨胀和新型产业化的挑战呢？

1870 年 10 月，两位哈佛法学院的毕业生匿名在《美国法律评论》发文，言辞犀利地声讨"三驾马车"。文中说，"很长一段时间以来，哈佛法学院近乎给马萨诸塞州带来耻辱，之所以说接近耻辱，因为法学院有些课程还是好的，我们对此没有异议。但是，一所授予法律学位的学院竟然连最基本的考试都没有，无论怎么说对全美国的律师行业都是一种伤害。这种做法挫伤了法律学生学习的积极性，未经考试获得学位的毕业生，除了能在波士顿或剑桥镇混混日子外，简直一文不名"。这篇评论有些傲慢和夸大的成分，对此，派克教授的回应也博得一些人的同情。客观地说，考试仅仅是检验学习的一种手段，其他方面应该看教育的内容和方法是否深入人心，学生是否学到法律知识。仅就教学内容而言，哈佛法学院并没有降低标准。"三驾马车"的失误表现在故步自封，失去了向前迈进的激情。还有一组数据可以说明这一阶段教学的成败。法学院历来招生只注重学生的个人品行，其余一概不计。1865 年之前，法学院一直保持着三分之二的毕业率，也许受到美国内战的影响，1865 年至 1870 年的毕业率锐减到在校生的一半。这些年一直使用十分老旧的教材，仅在原有教材里加进教授的新著，还增加了一门仲裁课。这一时期对侵权的法律需求越来越高，可惜没有加入教材里。所有课程在交替学年里循环讲授，一切以完成教学计划为目标。这就留下一个漏洞，有的同学尽管连最基础的合约、代理和证据都没有学过，他只要在一年半的住校时间里上完所有规定课程，就符合获得学位的条件。法学院对学生上课没有必要的考勤制度，也不要求预习，也不规定考查作业，很多学生坐在教室里没有做任何课前准备。法学院没有规定获得学位必须经过考试，只要每学年的 3 个学期按时缴纳学费就行，法学学士学位除了比本科文学学士学费贵之外，拿这两个学位的难易程度区别不大。法学院也没有期末考核制度，学生们不用复习一年来学到的知识，这给学习较差的学生留下可乘之机，正如约瑟夫·乔艾特所言，"学生免掉考试，实际免掉的是考试前的临阵磨枪，这对现代教育伤害很大"。过于宽松条件下教出来的学生即便获得法学学士学位，也很难单独处理工作中的法律难题。法学院在给校长的报告也印证了这一点，文中写道："法学院的教学组织和授课内容无一改变。"随后几年的报告里仅增加一句，"对过去的报告没有补充内容"。法学院的这一做法一直持续到"三驾马车"时期结束。从宏观角度分析，如果认为法学院这种极端保守的做法独一无二，那就有失公允了。其实，当时美国各个法学院都这么做，维持现状以不变应万变的风气盛行，"三驾马车"很难跳出顽固的习惯势力。当批评者指责他们守旧不前的时候，"三驾马车"不过按照固有的教学思路办学，却在历史上留下如此尴尬的结局，确实令人遗憾。

有人曾经提出疑问，为什么迄今哈佛大学纪念堂（Harvard Memorial Hall）里没有纪念所有在战争中死亡的哈佛校友？对于这个问题，1995 年和 2011 年曾被几次提起，哈佛大学校友会的一个委员会提出过纪念所有阵亡校友的动议，遭到哈佛法学院非洲裔校友会强烈抵制。该会长写道，"哈佛大学没有任何理由纪念那些在南北战争中为维护奴隶制阵亡的校友，道理非常简单，正如哈佛绝不可以纪念为纳粹德国而战的哈佛校友一样"。哈佛纪念教堂（Harvard Memorial Church）的平板电脑里，保存着第一次世界大战、第二次世界大战、朝鲜战争和越南战争中所有阵亡的哈佛校友名单。在一位名叫阿道夫·桑瓦尔德（Adolf Sannwald）的哈佛校友名字后面，加上一处括注"敌方阵亡"，当年在哈佛神学院担任访问学者的这位牧师，二战期间返回德国加入希特勒党卫军后阵亡。但是，哈佛校方并没有采用相同做法保存日本战犯山本五十六的信息，山本从 1919 年至 1921 年在哈佛大学学习，二战中策划了偷袭美国珍珠港，由此引发美国对日本宣战。也有人支持把所有阵亡的哈佛校友列入纪念名册，以便公平地纪念那些失去生命的年轻的哈佛人。耶鲁大学于 1915 年设立的美国内战纪念堂里，罗列出所有阵亡校友的名单，普林斯顿大学于 1922 年也设立了与耶鲁大学做法相同的纪念碑。很显然，哈佛与耶鲁和普林斯顿大学的做法不同。

第七章

巨变的开始

（1870—1881）

一 兰德尔就任第一任院长

根据《功勋战场》一书的计算，1870 年至 1920 年，随着交通业、通信业和制造业的革命性变化，催生出美国经济的飞跃发展。这 50 年里美国国民生产总值增长了 6 倍，出现一批工业巨头和百万富翁甚至亿万富翁，这些变化推动着社会政策的修改，带动着慈善事业的兴起。1901 年，出生于苏格兰的美国钢铁大王安德鲁·卡内基（Andrew Carnegie）（1835—1919）以 4.8 亿美金价格售出他的钢铁公司，随后将几乎所有的财富捐赠给社会。石油大亨约翰·D. 洛克菲勒（John D. Rockefeller）（1839—1937）从 1901 年到 1913 年，共捐赠慈善基金 4.47 亿美金。这一时期，哈佛和美国其他大学纷纷走进成熟期。1920 年，哈佛大学在没有得到大笔捐赠的情况下，其捐赠基金首次跃居美国大学之首，此后 100 年（1920 年至 2020 年）这一纪录没有改写。下面两组数字可以说明当时哈佛大学接受捐赠基金的情况。1903 年哈佛接受最大一笔捐款 1135000 美金，1873 年企业家约翰斯·霍普金斯（Johns Hopkins）（1795—1873）遗赠 350 万美金设立霍普金斯大学，1885 年铁路大亨利兰德·斯坦福（Leland Stanford）（1824—1893）捐赠 200 万美金设立斯坦福大学（1891 年成立），电报大王埃兹拉·康奈尔（Ezra Cornell）（1807—1874）共捐赠 550 万美金和土地给康奈尔大学（1865 年成立）。第二组数据，1924 年哈佛接受最大一笔 500 万美金的捐款，同期芝加哥大学接受 3470 万美金，耶鲁大学于 1918 年接受 1800 万美金，普林斯顿大学于 1919 年接受 1500 万美金，哥伦比亚大学同期接受捐款数字更多。这两组数字说明，这一时期哈佛大学接受捐赠数额均少于上述大学。

埃利奥特校长主政的 40 年，确立了哈佛大学在美国全国的领先地位，引导哈佛成为财力最富有的大学。他做了 3 件事。第一，实施教学改革，推行课程"选修制"。第二，创立捐赠基金投资模式。第三，大胆选用兰德尔任法学院院长。关于捐赠基金，用埃利奥特自己的话叫"免费基金"，哈佛大学专门设立捐赠基金管理机构，放宽接受捐赠的途径，不只是把收到的捐款存入银行获得利息，而是投资到相关领域获取巨额回报。埃利奥特把捐赠基金的管理当成大学管理的重要组成部分，这大概可以解释为什么不少接受捐款的外部条件比哈佛大学好的学校，比如康奈尔大学、霍普金斯大学、斯坦福大学、芝加哥大学、耶鲁大学、普林斯顿大学和哥伦比亚大学，日后的捐赠基金都被哈佛远远地甩在后边。哈佛大学的教学改革和捐赠基金管理不是本书写作重点，本书要探讨的是，埃利奥特为什么选中兰德尔当法学院院长？

1869 年 10 月，刚刚宣誓上任的埃利奥特校长做了一件与所有前任不同的事情。当他仔细调查哈佛大学各个院系负责人的情况时，注意到哈佛法学院一直由资深教授代管学院行政事务，派克教授 1868 年辞职后，帕森斯教授短期代理管理学院后也辞职，按照"三驾马车"的正常排序轮到沃士本了。埃利奥特没有遵循旧规，他看中了一个人，一个他在 19 世纪 50 年代在哈佛就认识的一个人，此人名叫克里斯托夫·哥伦布·兰德尔（Christopher Columbus Langdell）（1826—1906）。兰德尔出生于美国新罕布什尔州一座贫瘠的农场，幼年家境衰败，依靠姐姐们的帮助，省吃俭用进入著名的菲利普斯－埃克塞特私立中学就读。他 21 岁时被哈佛学院录取，本想静心求学，校园里枯燥的学习和眼花缭乱的派对令他大失所望，花完所有的积蓄后，他于第三学期辍学到一家律师事务所学习法律。1851 年 9 月再次进入哈佛法学院时，他的经济状况依然窘迫，经常寻找免费的住处，像乞丐般地饥不择食，冬天的住处冰凉如窖，直到在哈佛法学院图书馆当管理员，并且担任帕森斯教授的研究助理，经济收入得以改善。他在法学院一边打工一边求学，用三年半时间以全优成绩毕业，这时他已经28岁了。1853年至1854年的一天，年仅19岁刚刚入校不久的埃利奥特去哈佛神学院找一位朋友，他看到一位年轻人一边听着帕森斯教授讲解合同法，一边做记录，隔了一会儿，这位年轻人如饥似渴地吃着一碗牛奶泡黑麦面包。他的直觉告诉他，这个人将来一定会成为一个天才。从此以后，19岁的埃利奥特和26岁的兰德尔成为好朋友。

1855年，兰德尔在纽约当律师，他很快地融入律师业务，完成从"乞丐学者"到精明强干的法律人士的华丽转身。1860年他的律师事务所搬入华尔街16号。在纽约工作期间，他参与推动给诉讼程序增加一项有效环节，即控辩双方庭审时提交一份详尽的书面摘要，代替口头说明那些盘根错节的商业交易关系，此举展现出他高超的法律素质和办案能力。19世纪60年代后期，他目睹了纽约有些顶尖律师和审判人员审案时幕后串通的过程。这一案件的主角威廉姆·特威德（William Tweed）（1823—1878）是纽约市第三大地产商，多家大公司和银行的董事，纽约大都会酒店持有人，美国众议院议员，他用纽约塔曼尼音乐厅做掩护形成利益链，暗中控制纽约市的财务来源，用各种不法手段换取政治支持，最终遭到刑事和民事起诉。为此他两次被逮捕，最后因肺炎死在狱中。此后，他被人描绘为"贪婪、腐败的城市老板的原型"。从特威德指环案里，兰德尔对纽约的司法腐败深感绝望，遂逐渐淡出纽约的律师圈。哈佛法学院的教育和在纽约办案的法律实践使兰德尔深信，如果立志成为一个合格的法律人，首先需要接受正规的法学培训。在法学教育里，必须强调法律科学教育，以确保日后服务于公众时维护公平和正义。国家的法律机器仰仗每一个法律人的精深的专业能力和正直守法的人品，而这些素质依靠在法学院求学时奠定。

时机恰好吻合。面对哈佛校园内外强烈的反对声，埃利奥特需要兰德尔这样的盟友协助推进他改革哈佛大学的宏大计划。此时，恰逢兰德尔在纽约心灰意冷，有意向教学领域发展。1869 年 11 月，埃利奥特专程奔赴纽约请兰德尔出山，两个人一拍即合，兰德尔接受埃利奥特的邀请，同意担任戴恩冠名教授并支持埃利奥特的改革计划。不料兰德尔在哈佛任职遭到十分强烈的抵制，校董事会表示反对，校监事会反对，哈佛法学院在职的教职员工反对，沃士本教授和内森·福尔摩斯教授采取不支持态度。质疑一方挑剔地说，兰德尔在纽约律师协会没有担任过主要负责人，不适宜担当哈佛法学院的大任。埃利奥特校长想从哈佛法学院校友里寻找支持者，结果得到不冷不热的反馈。对于反对声，兰德尔并没有在意，他拒绝了校监事会邀他共进晚餐的提议。他只专注于想干的事，不在乎周围的议论。最终，校董事会和校监事会妥协了，他们派人去拜访埃利奥特校长，同意批准任命兰德尔担任戴恩冠名教授。1870 年春季学期，兰德尔正式加盟哈佛法学院。

随着哈佛大学的规模逐步扩大，为了协助埃利奥特校长应对这一变化，1870 年 4 月，哈佛大学董事会决定在各个学院设立院长，其职责是"保存教员的记录，为教学提供各项准备工作，校长缺席期间主持学院的会议"。从字面上理解，院长仅仅充当校长派驻各个学院的秘书的角色，没有掌握多大的权力。这样的定位，对于本来就日渐疏远埃利奥特校长的沃士本和内森·福尔摩斯没有什么吸引力。同年 9 月，法学院开会选举院长，沃士本教授提议兰德尔担任，福尔摩斯教授附议支持，兰德尔弃权，于是，兰德尔不费吹灰之力顺利当选哈佛法学院第一任院长。当时谁也没有料到，埃利奥特校长先设立职位，后授予重权，以便让兰德尔放手实施他在法学院的改革。当资深教授沃士本发现法学院教员名册将兰德尔紧随埃利奥特排名第二越过他时，大呼上当上当，法学院被兰德尔篡权了，无奈为时已晚。无论出于什么动机，沃士本提议兰德尔担任院长都值得称赞，只有把

44 岁的兰德尔扶上马，他才有条件用 25 年的时间推行改革之路。

兰德尔担任哈佛法学院院长的 25 年时间里，在 5 个相互关联的领域实施了激进式的变革。这 5 个方面包括：第一，提高教学与研究的学术标准。第二，在课堂上推行创新式的教学法。第三，打破聘请老师的惯例，采用新方法强化师资管理。第四，冲破层层阻力，实施精英式的教学管理。第五，改变惯性逻辑传统，规范新的财务制度和招生方法。兰德尔改革的覆盖面之广，难度之大，称其为法学教育的一场革命一点也不为过。

二 合同法是突破口

其实，在兰德尔担任院长之前，英国和美国的大学里已经把不同类别的案例汇编成册，用来示范各个案例的法律条文的内在关系，作为课堂教学的参考材料和辅助手段。19 世纪 70 年代初期，兰德尔首次将买卖合同的案例整理归纳在一起，然后加上他的理论总结，作为正式教材使用。从传统法学教育的立场看，兰德尔教学不直接以讲解或背诵法学理论为主，这显然是离经叛道的。然而，兰德尔教学法对商业合同领域的法律教育做出了 4 点贡献。第一，他采用抽丝剥茧的方法，把凌乱复杂的合同关系清晰并且简化了，达到极其简约的效果。第二，把合同聚焦在要约、接受和对价这三个关键步骤上。第三，进一步明晰了销售与合同的区别。第四，丢弃合同交易中僵硬的意志论，引进讨价还价的灵活交易方法。兰德尔独创的判例书和指导性法律意见，深刻地影响着美国的法学教育，他关于合同和销售的判例汇集和指导性总结，使他与英美合同法黄金时期的法律领军人物齐名，这些专家有弗雷德里克·波洛克（Frederick Pollock）（1845—1937）、威廉姆·安森（William R. Anson）（1843—1914）和奥利弗·温德尔·福尔摩斯（Oliver Wendell Holmes）（1841—1935）（以下简称奥·福尔摩斯）。诚然，兰德尔在这一阶段的学术思想和关于法律渊源的认识与奥·福尔摩斯相左，两个人的复杂关系一直影响到 20 世纪。

　　兰德尔选择合同案例作为突破口绝非偶然。19 世纪 50 年代他还是一名法学院学生时，曾担任帕森斯教授的教学助理，深入研究并协助整理过 6000 多个案例，还认真阅读了帕森斯两卷本的巨著《合同法》，所以，当他在 19 世纪 70 年代选编合同案例的时候，选择 1852 年之前的有关案例早已胸有成竹，仅用很短的时间编成"合同案例"教材的前半部分，并于 1870 年 10 月首次使用。兰德尔编写的《合同法案例集》（1871）（*Cases on Contracts*）和《合同法案例选集：参考和引用》（1871）（*A Selection of Cases on the Law of Contract with references and citation*）有诸多闪光之处。第一，所有案例均按照发生的时间顺序排列，没有按照标的物的多少和涉案主体规模的大小排列。对此，兰德尔解释说，法律本身处于动态的变化中，依照时间顺序展示案例，有助于观察隐藏其中的法律雏形、发展和完善的过程，了解裁决形成的过程，理解法律原则和引用条文的逻辑关系。按照时间顺序从一个个活生生的案例中寻找法律，这是兰德尔创立案例教材的出发点。第二，每个案例除了列明标题和引述法律外，他很注意这起案件发生的历史背景、时间、地点和受理法院的名字。第三个亮点更加特别，与传统教学的归纳方法相反，他整理的案例里没有眉批和评论，而这正是斯托里教授使用教材和原著讲解必用的归纳方法。斯托里竭力把案件和适用法律衔接，把每一份教材都写满了批注，以求实现法律理论和实际案情的有机结合，并认为这是解释法律最有效的方法。帕森斯走得更远，他甚至认为，教材的地位不如对具体案件的归纳和批注。兰德尔的教学方法与斯托里和帕森斯截然不同，他不向学生明示每个案件的法律原则是什么，怎么样从原著里找到对应的法律根据，为什么采用这些法条，他把这些谜底留给学生自己去钻研寻找。对此，他称之为"不明示归纳法"。兰德尔在他编写的《合同法案例集》的标题页里，引用英国著名法学家爱德华·柯克（Edward Coke）（1552—1634）的拉丁语格言："抄近路等于浪费时间，顺流而下不如寻找源头"。兰德尔反潮流的教学方法在推行之初遇到强大的阻力，仅仅获得少数顶尖学生的认同。后来成为美国联邦最高法院大法官的路易斯·布兰代斯（Louis D. Brandeis）（1856—1941）是哈佛法学院的全优生，他在回忆中提到兰德尔曾经循循善诱的话："不要迷信于对教材的一知半解，要善于识破教材里那些经不起推敲的地方，要向爱德华·柯克那样，孜孜以求，寻踪追源。"第四，兰德尔特意把法院驳回的案件和对判决存在争议的案件收入合同案例集里。对此，很多读者包括法学教授表示不解，甚至认为这样做十分荒唐，他们不理解兰德尔的用意恰恰在于通过冲突和争议，引导学生探求隐藏在案例背后的推理，而不是急于找到适用法律的结论。如果法官驳回一个案件，重点研究驳回的法理根据和逻辑关系，而不是简单寻找依据哪条法律驳回的。如果同一类型的案件存在两种自相矛盾的判决，那就重点研究哪一个判决的推理更加站得住脚。兰德尔在他的案例集的开篇案例里，就如何分析推理做了示范。以上四点均说明，兰德尔的教育改革不是改良，而是革命。

1870年10月，兰德尔的《合同法案例集》刚一推出，奥·福尔摩斯立即在《美国法律评论》发文支持"这条崭新的学术方向"。1871年初，他又匿名写文称《合同法案例集》具有原创性和启发性，并且特别赞赏兰德尔的"不明示归纳法"，称其巧妙地掩藏了眉批和法官判决案件的形成脉络，这是一种非常高明的教学方法。赞扬之余，福尔摩斯提出两条建议，兰德尔均予以采纳。根据第一条建议，兰德尔在1871年修订时增加了13页的全文索引，索引的每一个条目专门解释规则，说明案情现状，并提示哪些可在类似案例中交叉使用。第二条建议针对《合同法案例集》隐忍不宣的特点，和一些案例过于细微繁杂的现象，福尔摩斯建议删除一部分自相矛盾和法理不清的判决。对此，兰德尔在 1879 年编辑第二版的序言里特别注明，本集有 25 例案件可不阅读。两个人在 19 世纪 70 年代一直保持着互相肯定对方的关系。兰德尔编著的《合同法案例集》完整版于 1871 年 10 月出版，它包括 1870 年版的内容，以及在此基础上添加附带条件的合同，还有索引和一个前言。前言对案例法做出革命性的评价，对编排做出分类说明。对于条块划分，除个别例外情况，《合同法案例集》对每个地区按照地理分布和时间顺序进行排列。兰德尔重视编写《合同法案例集》的历史背景，特别标明每一案件发生的地点、审案法院名字和案件的称呼。福尔摩斯对第一版的评价很高，同时也表示《合同法案例集》缺乏"手工分类方法"，对入学新生难度较大，如果没有教员辅导和辅助教材的帮助，初学者读来读去也找不到要领。比如一件关于石油的案例，索引里既没有石油类别小标题，甚至连合同这样大的类别标题也没有，租船合同和保险合同也存在相同的缺陷。

　　"手工分类方法"曾经被多名杰出的作家著书时采用。例如肯特在 1827 年采用，斯托里在 1844 年采用，塞隆·梅特卡夫（Theron Metcalf）（1784—1875）于 1867 年采用，斯蒂芬·马丁·利克（Stephen M. Leake）（1826—1893）于 1867 年采用，帕森斯分别于 1853 年和 1855 年采用，弗朗西斯·希利亚德（Francis Hilliard）（1806—1878）于 1872 年采用，乔尔·普伦蒂斯·毕肖普（Joel P. Bishop）（1814—1901）于 1878 年也采用过。他们探讨合同时用这种方法设定一些特定可操作的话题。例如把合同的各方当事人列进单独的一个类别讨论，酒铺老板们在合同里属于一类，醉汉们算另一类。花钱无度的人属于一类，海员们算另一类，奴隶、婴儿、妇女等等以此类推。直到 19 世纪 70 年代末期，哈佛法学院的约翰·C. 格雷教授（John C. Gray）（1839—1915）仍然按照合同的标的物、合同服务的领域、不动产合同和动产合同进行分类。即便再详细的分类，斯托里认为也很难把法律与实际案情有机地结合起来，加以清晰地阐述。正因为如此，19世纪才出现一小批像波洛克、安森、福尔摩斯和兰德尔这样的法学理论家，他们推出"概念化合同"的说法，把合同法的教育往前推进了一步。在这4人中，兰德尔又领先一步，被称为"美国合同法理论第一人"。正如福尔摩斯在1886年评价的那样，兰德尔倡导的高维度抽象的合同案例归纳法代表着对合同法教学的巨大贡献。兰德尔对自己为什么主张去繁至简解释如下，"事实上，法律原则比公认的要少很多，很多相同的原则披着不同的伪装出现，很多法律著作用不同的说法说同一件事，不明就里的读者容易误读。如果把法律要义精确地放到可以找到的合适地方，那就不会在繁杂不清的各种解释和分类数字面前不知所措"。兰德尔的简约化分类改变了流行多年的多样化分类。例如，斯托里在1844年有关著述里把法律要义分成77项，其中包含大项目和小项目，这些项目中用抽象分类有"相互承诺"项，用现实具象分类有"旅店老板"项，其实，这两种分类说的是一回事，相互重叠了。又如，帕森斯在1853年的著作里占用342页的巨大篇幅，专门用来把合同共同参与方进行分类，参与方从公司到仆人不一而足，太过烦琐了。

兰德尔对合同法的第一个贡献，表现在他首先采用简约方式编辑《合同法案例集》。第二个贡献表现在他从帕森斯对合同法比较繁杂的解释里，归纳出"要约、接受和对价"这3个简洁明了的要义。兰德尔在他1870年版《合同法案例集》里，前160页专门阐述"相互同意"即3要义的"要约和接受"部分，后245页讲"对价"部分。在英国和美国的合同法出版记录里，兰德尔首次归纳出"要约、接受和对价"这3个要义，引起奥·福尔摩斯教授接连赞叹，称还是兰德尔编纂的合同法"最具价值"。事实上，兰德尔把《合同法案例集》里用于讲课的内容，延伸到对"销售法"（买卖法）的专门解释，这在美国也属于首创。"销售法"在英国最早源自"商法"，当时，中世纪的商事法庭制定法律条文，用以规范在交易市场上的商品名称、公平交易等，确立商业行为标准。自 17 世纪起，普通法法庭渐渐取代商事法庭，法官审议买卖纠纷遂侧重依据合同法原则，并且重视当事方的主观意图。1677 年，英国议会通过"防止欺诈法"，该法对销售做出明确规定，用以救济买卖当事方的受骗者。19 世纪初，普通法融合了商法的内容，但更多来源自合同法，其中集许多案件的审判先例而成的"判例法"主导着对买卖欺诈行为的审判原则，并且完全从中世纪流行的"制定法"中脱离出来，"判例法"和"制定法"属于相对而立的关系。19 世纪上半期，美国法学界的著述里对合同法和销售法几乎没有任何区分。直到 1845 年，英国人科林·布莱克本（Colin Blackburn）（1813—1896）法官出版了第一本包含论述销售法内容的书，在这本书里，他详细论述了销售中涉及产权的法律问题。1868 年，美国犹太人犹大·本杰明（Judah Benjamin）（1811—1884）出版了第一本全面论述销售法的书，英美法律界自此将销售法与合同法区别开了，这本书名叫《个人财产买卖法专论》（又称《本杰明论销售》），被认为是英美法中关于销售法律的经典之作。

兰德尔于 1870 年发表《合同法案例集》第一卷上半部分，于 1871 年 2 月发表《销售法案例集》第一卷上半部分，同年 10 月出版《合同法案例集》第一卷下半部分，1872 年 5 月出版《销售法案例集》第一卷下半部分，并于此时计划分别撰写两本书的第二卷。他用合同法和销售法交替研究的方法，对两者加以详细清晰的分析和区别，这是他对美国合同法学的第三个贡献。奥·福尔摩斯教授先前称赞兰德尔编著的《合同法案例集》，此时又对《销售法案例集》赞誉有加。福尔摩斯注意到，《销售法案例集》汲取了《合同法案例集》搜集案例过于繁杂细微的教训，编排简洁有序。兰德尔还接受福尔摩斯的提议，对《销售法案例集》一书添加了索引。非常遗憾的是，从 19 世纪 70 年代中期开始，随着教学的需要，兰德尔的研究转向股权请求，加上法学院院长的工作负担加重，他没有写《合同法案例集》和《销售法案例集》的第二卷。他对衡平法辩护的写作完全按照《合同法案例集》和《销售法案例集》的模式，第一步，于1875年和1876年分两集发表《衡平法诉讼案例集》，又于1877年发表130页的提纲性的总结，最后于1878年出版《衡平法诉讼案例集》第一卷。19世纪70年代这10年，兰德尔和福尔摩斯教授关系融洽，相互认可对方的研究成果，兰德尔每发表一次新作，福尔摩斯教授鼓励他一次。兰德尔的《合同法案例集》一上市很快就脱销，出版社希望他尽快推出再版。

三 兰德尔与奥·福尔摩斯教授的分歧

在讨论兰德尔与奥·福尔摩斯教授的分歧之前，有必要区分这一时期哈佛法学院的两位福尔摩斯教授，一位叫内森·福尔摩斯，他1868年至1872年在法学院任教。另一位叫奥·福尔摩斯，他1882年至1883年担任哈佛法学院韦德冠名教授，但一生更多的时间担任法官工作，他与兰德尔之间的学术分歧并不完全在法学院校园里发生。1880年，奥·福尔摩斯教授开始公开蔑视兰德尔过分依赖正规的逻辑性的法律眼光，把它当作唯一的判断标准。对于这一标准，兰德尔并不讳言。一般说来，兰德尔对大到法理小到合同法的推理来自三个方面，即权威说法、逻辑推理原则和对司法与政策的分析。福尔摩斯于1877年对兰德尔发表《衡平法诉讼概要》（*Summary of Equity Pleading*）时采用上述三原则表示赞赏，那么，兰德尔为什么后来只强调逻辑的一致性，丢掉对司法和政策分析这一部分呢？解释这个疑惑，需要回到他当初接受在哈佛法学院任教时的初衷。尽管那时纽约的法律业务红红火火，但他看到法律业务存在着欺诈行为，眼睛里容不得沙子的他，一心向往校园里的学术生活，想通过培养更高素质的法律人才来抗衡法律界的黑暗势力，并大刀阔斧地实施法律教学改革。岂知刚一推行便遭到法学院多数教员、学生和校友的反对，引发了一片愤怒声，哈佛校外的观察家们也认为"案例教学法"简直贻笑大方，不成体统。然而，反对声丝毫动摇不了兰德尔的决心，站在美国大学发展历史最前沿的他坚定地认为，法学院培养的学生必须把立足点放在法律科学的教育上，法律科学的基石建立在任何法律决定必须严格依靠形式逻辑的基础上。他注意到以往很多判决由法律政策和虚构情节混合而成，他编写的判例法绝不像以往一些法官的判决那样，靠虚构的想象和法官个人对公平正义和政策法条的理解，如果任由这样判决的路子发展下去，必然走回纽约"塔曼尼音乐厅"司法腐败的旧路，那将损害法律科学教育的根基，扭曲法学院办学方向，曲解他创立案例法教学的目的，即判案不能依据法官的主观想象，必须按照法律逻辑行事。兰德尔把形式逻辑和逻辑的一致性作为判案的唯一标准。然而，即使兰德尔分析案例的时候，他并不把自己局限于形式逻辑，很显然这是一个悖论。奥·福尔摩斯对兰德尔推理模式的批评，似乎没有批评到要害上，兰德尔的推理更像对形与物的悖论，而这一悖论恰恰也是福尔摩斯对司法推理最闪光的地方，两个人又恰恰都承认法官判案时对形与物悖论的依赖。

　　兰德尔和奥·福尔摩斯的分歧很快就表现在对学术著作的评价上。1879 年秋，当《合同法案例集》第二版上市时，福尔摩斯教授把火力集中到兰德尔所写长达 131 页的"合同案例专题摘要"方面，福尔摩斯在赞扬之余指出，兰德尔"合同案例专题摘要"的长处和局限都很突出，福尔摩斯冷嘲热讽地批评说："摘要暴露出兰德尔思维习惯的弱点，优雅的法律，或者称用逻辑力量有机组合的系统，是兰德尔推崇的最高境界，也许兰德尔称得上现今最伟大的法律思想家。不过，如果兰德尔一心只对事物的表面联系感兴趣的话，那他一定会和哲学大师黑格尔发生冲突，最后落个伪黑格尔的下场。"奥·福尔摩斯之所以改变对兰德尔的评价，首先因为，兰德尔的"合同案例专题摘要"没有按照福尔摩斯建议编写《衡平法诉讼概要》的写法，而是保留了按照阿拉伯字母顺序排列专题索引的方法，这令奥·福尔摩斯不悦。其次，奥·福尔摩斯和剑桥镇的学术圈立场一致，他的法学观建立在原始实用主义基础上，并按此不断进化。在19世纪60年代后期，奥·福尔摩斯和兰德尔都极力探究现存抽象的法律原则的来源，他们都追溯到中世纪英国的令状制度和普通法的行为方式。大约1872年前后，奥·福尔摩斯开始提出，某些找不到历史溯源的法律原则生成于特殊历史环境，由此在过去的几个世纪里，法律拟制（legal fictions）应运而生，主导着法律原则和条文的制定。直到1877年，奥·福尔摩斯仍然推断，兰德尔在《衡平法诉讼概要》采用的历史观和行为观符合福尔摩斯的进化论。1879年7月，奥·福尔摩斯发现法律拟制说无法经得起时间检验，不能自圆其说，所以，法学家们才把法律原则的制定分成两部分，一部分是可以自圆其说的，其逻辑系统无懈可击；另一部分来自特殊历史环境形成的政策解读。大约1880年3月福尔摩斯得出结论，此时的兰德尔已经从1877年所持的法学观点倒退了。不管出于什么原因，奥·福尔摩斯这一具有深远影响的解读给人以一种印象，即兰德尔试图系统性地构建契约理论的几何形金字塔，为此不惜甩开历史环境因素和政策解读这一部分，只承认形式逻辑在合同法原则形成中的作用。

1880年初，兰德尔把附录整理成一本书单独出版，题名《合同法摘要》（*A Summary of the Law of the Contracts*），该书汇集了近十多年有关合同法、销售法和衡平法的精华。奥·福尔摩斯写了5行赞扬的话，并且表示将在以后更详细地回应兰德尔的这本书。1881年3月，奥·福尔摩斯将他的授课讲义整理成书以《普通法》（*The Common Law*）为题发表，书中有3章专论合同法。书的开篇即引述他自己1880年写过的话，"法律生命从来不靠逻辑，而靠经验"。紧接着展开他的理论，"法律规定来源自对历史紧迫需要的回应，随后不断进行理性的梳理，以达到法律拟制的逻辑连贯"。福尔摩斯点到为止，并没有把这个观点当成这本书的重点，话虽不多任何读者都明白福尔摩斯在挖苦什么人。作者引用9处兰德尔有关合同法的原话，3处持肯定态度，6处表面恭维实际否定，否定目标直指兰德尔精心编织的逻辑性分析方法。除了采用"引用原话否定原意"这种手法外，福尔摩斯还借用兰德尔具有独创性的见解，实际上间接肯定了兰德尔的某些做法。这是因为，首先，在福尔摩斯还没有对合同法进行深入研究之前，他需要借助其他专家的见解。其次，他非常尊敬兰德尔对"判例法"研究的深度。再次，福尔摩斯整理成书的讲义必须在1880年秋季讲完，这给他编书留下有限的时间。最后，兰德尔的《合同法摘要》刚刚于1880年出版，此时福尔摩斯正好处于写作《普通法》里3章有关合同法内容的时候，他参考兰德尔的书也在情理之中。对于合同法，兰德尔赞成"讨价还价理论"（Bargain Theory），反对"威尔理论"（Will Theory），也译"意志理论"。

从1870年到1920年的半个世纪里，美国的许多法律史学家把兰德尔定位于"古典法律思想"和法学界"僵化的形式主义"思潮的来源。法律形式主义对法律纠纷的判断来自客观演绎推理和不变的法律原则，作为法律形式主义的主要反对者，奥·福尔摩斯于1880年最早提出上述评价。兰德尔在《合同法摘要》展现出简约抽象的法律归纳方法，被福尔摩斯批评"就像欧几里得几何定理一样，仅从少数几个最初的前提，推演出合同法法律原则的金字塔"。事实上，《合同法摘要》并没有提出一个无须证明的公式，按照这个公式依次从基本概念推演到原则，再到法律条文。兰德尔解释说，《合同法摘要》按照字母顺序编排，并不要求读者按照字母顺序阅读，而且编排的内容仅仅选编了合同法案例的一部分。《合同法摘要》共分187个段落，26个标题，按照字母顺序汇集了各自不同的法律分析，其分类方法类似百科全书，以便《合同法案例集》里的案件都能在《合同法摘要》里找到对应的解释。简言之，它就像一个增补的小结，一个教学参考指南供老师和学生阅读。从某种意义上说，《合同法摘要》回应了福尔摩斯的指责，他宣称兰德尔没有讲义和讲师辅导，《合同法案例集》如同一道啃不动的"主菜"。兰德尔编辑《合同法摘要》，正是为了帮助读者更好地理解《合同法案例集》。

从狭义方面讲，奥·福尔摩斯指责兰德尔的法律观只根据逻辑的连贯性这个唯一的标准，这个标准建立在几何金字塔的基础上，又完全依靠演绎来律定。这种指责有失偏颇。因为，兰德尔从来没有凭空演绎出他的法律结论，不然，他为什么费尽心血编辑《合同法案例集》呢？而且出版《合同法案例集》后又写《合同法摘要》。兰德尔的结论来自案例，而不是先下结论再搜集案例。况且福尔摩斯曾一再推崇兰德尔的归纳法。兰德尔并没有依靠演绎方法来构思写作《合同法案例集》，书的目录分类体现出高度的抽象能力恰恰来自一个个单独的案例，这反过来说明，一个在纽约从事多年律师办案实践的作者和没有法律实践作者的区别。说穿了，福尔摩斯批评兰德尔"几何金字塔"和"抽象演绎"并非真意，他更在意兰德尔忽略了"法律之外的因素"，即公平正义和政策因素，按当时流行说法叫"公平合理"和"适宜便利"，他指责兰德尔的法律判断完全丢弃了这两个方面，并引述兰德尔的原话，"分析繁杂难解的案例与案件的实体正义和当事方的利益没有关联"。

其实，兰德尔说这段话有其历史背景。19世纪初，随着商业合同数量剧增，当事方所在的地理位置遥远，当事方处理合同纠纷越来越依靠邮递信件。例如，位于英国的制造商如何撤销位于埃及或美国密西西比的棉花种植主的购买合同？合同生效期始于何时？按照接盘人寄出接受合同的日期呢，还是发盘人收到接受合同信件的日期？这给法律实践增加了难度。

兰德尔用 7 页纸专门分析这一问题，对这一特殊时期特殊的法律难题，他认为法律不能柏拉图式地同情当事方的各种说辞，应该冷静地坚守符合逻辑的法律原则，这得益于他在华尔街 15 年的办案经验。此外，19 世纪法律界习惯于在审案时把道德义务和法律义务分开。最后，兰德尔的"无关联说"可能反映出普通法和衡平法的区别。一般来说，衡平法本身已经形成单独的合同判例法，衡平法在理论上关注公平，在合同纠纷的审判实践中，法庭却非常谨慎地使用补救措施。兰德尔更强调合同判例法的实践，而不是衡平法的理论。福尔摩斯指责兰德尔的"无关联说"，不过，福尔摩斯本人既没有详细分析兰德尔"无关联说"的原因，更没有认真研究判例法，福尔摩斯的《普通法》一书也许提倡用演化历程代替形式逻辑，然而他也没有身体力行用历史进化的方法分析案例。相反，倒是兰德尔分析了公平合理和适宜便利，这颇具讽刺意味，无意间形成他们两个人之间的悖论。客观地讲，兰德尔并没有忽视公平合理和适宜便利，他的缺陷表现在处理和权衡法律权威、法律原则、公平合理与适宜便利的关系上。兰德尔一生在衡平法、程序法和商法方面花费的精力远远多于合同法，法庭申诉时恰恰在这些领域更多地运用公平合理、适宜便利和自由裁量权，兰德尔讲课时经常强调这些。

关于奥·福尔摩斯对兰德尔形与物的悖论的批评，首先应该明确兰德尔的法律思维主要来自权威归纳、律定演绎和对公平合理以及政策解释的分析。不过兰德尔对公平合理和政策解释这一部分有自相矛盾之处，即所谓的悖论。他一方面身为戴恩冠名教授，对合同案例更重视原则性逻辑分析。他对外人讲，正义与政策无关紧要，拟制法律根本不存在，他不但删除公平和便利的内容，甚至试图说明正义、政策和原则性逻辑分析一样，都会导致判案的不确定性。因此，他尽可能缩小讨论公平问题和便利问题，不让它们成为合同案例研究的主题。另一方面，兰德尔也关注正义和政策这些议题，他对此的研究分析比同时代诸如威廉姆·R. 安森（William R. Anson）（1843—1914）这样的法学家更深入全面。凡谈到公正和政策，他更乐于照顾当事各方的便利和利益，其他法学家则倾向于就事论事，只援引之前讨论过的有关方的利益，比如在有关信件生效期的争议中只照顾到接盘人的利益。兰德尔试图把公平和便利与权威和原则协调起来，以图让权威归纳、律定演绎和正义与政策趋于一致，并且保持连贯性，而不是哪个吃掉哪个，而福尔摩斯于 1880 年的评论，恰恰忽略了兰德尔自相矛盾之处。应该承认，福尔摩斯识破兰德尔法律推演悖论的能力无与伦比，他找出了兰德尔言行不一和自相矛盾之处。对形与物的悖论的批评，显示出福尔摩斯教授对于法律推理独具慧眼。

具备丰富律师工作经验的兰德尔完全理解法律外在因素的重要，这包括公平正义、政策因素、适宜便利，他同时也意识到这些外在因素可能产生的法律空隙和法律腐败。作为一个法学教育家，他确信维护法律体系的公正取决于法律教育的高质量，即把法学教育提高到法律科学教育的高度，并且保持高水平教育的连贯性，这导致他走向法律思维的悖论模式。这看似自相矛盾，实为探索之举，理解这一点，对于认识他坚韧不拔地推行 25 年激进的法学教育改革至关重要。

第八章

课程改革和教学革命

（1870—1880）

一 改革课程顺序

1870 年之前的哈佛法学院和美国其他大学一样，新生入校先上"旋转木马"般的基础课，无论早入校还是晚入校，基础课循环往复，新生的学业不受早晚入校的影响。这样做的好处在于方便学生入校适应学习环境，也有利于扩大招生，缺点是耽误教学进度，学生白白花费时间重温以前学过的内容。此外，教学方法僵化死板的毛病也越来越凸显出来，尽管老师采用系列讲授的方法，挑选的讲义里包含需要学习的方方面面，已经越过了死记硬背原著的阶段，但是，正如埃利奥特校长指出的那样，"每年讲授同样的教材，教员虽然也讲案例，但讲的目的在于投学生所好，学生仅仅扮演一个旁听和记笔记的角色，既不参加练习，也不关心这些案例想表达什么意思"。由此可知，这个阶段法学院所讲的案例，并没有当作教学重点来讲，学生们也缺乏参与感。针对以上问题，兰德尔采取 3 项重新唤起学生学习兴趣的措施。首先，在他任教的民事诉讼法、合同法和衡平法课程安排里，分成必修基础课和选修高级课。其次，兰德尔发明笔试的方法，用来测试学生对特定的假设的复杂的法律问题的理解程度，除了记住法律条文外，还可以考查学生解决具体的法律案例的能力。最后，他从案例教学里发明了"归纳式教学法"。他用自己编写的《合同法案例集》推广案例教学法，这就要求学生除了阅读讲义还要阅读原始材料，除了分析原有命题外还要研究特殊的相互矛盾点。他鼓励学生自己找出问题，自己找出答案，欢迎学生提问，欢迎质疑老师的观点。他在课堂上随时纠正自己的判断，以自己为模特供学生琢磨，用这种前所未有的新方法，开发学生的独立思考能力和批判性思维能力。

从 1870 年到 1876 年，兰德尔首先在民事诉讼法教学中推行必修基础课和选修高级课的安排，通过对课程顺序的改革，力图达到提升教学水平的目的。他教民事诉讼法重视诉讼程序胜过案件实体，他把诉讼程序当成一个统一的整体讲解，而不是和别的题目混合在一起讲。他把诉讼程序和实际问题以及经验教训结合在一起讲，他反复告诫学生要把诉讼程序当作一种模式看待。1870 年之前，美国所有大学法学院用一年时间教民事诉讼法主要讲诉状，其教材来自布莱克斯通、约瑟夫·基蒂（Joseph Chitty）（1775—1841）和亨利·斯蒂芬（Henry Stephen）（1787—1864）的有关著作。提交诉状的技术含量很高，需要选对令状和诉讼程式，以便和原告的诉求吻合，否则起诉可能被驳回。整个 19 世纪上半叶，提交诉状成了民事诉讼律师独享的专业通道，在此通道里只关注争议事实和诉讼实体，忽略了管辖权、审理、判决和执行的程序步骤，法学院的教材和法律原著都很少提及诉讼程序。从 19 世纪 40 年代到 19 世纪 60 年代，哈佛法学院干脆把基蒂和斯蒂芬的民事诉讼法课标记为"诉状课"，直到 1870 年 2 月兰德尔接手哈佛法学院教职开始改变。其实，早在 19 世纪 40 年代，美国普通法有关提起诉讼的规则已经遭到批评，说它过于虚假、随意和神秘。1848 年纽约州首先采用"域码"方法来简化诉讼过程中繁杂的程序，把案件归类到"诉讼原因"统一编号，免除了律师绞尽脑汁起草符合原告实情又不被驳回起诉的烦恼。随后其他州纷纷效仿"纽约编码"，可是，直到 1870 年包括哈佛法学院在内的美国所有授予法学学位的大学，都没有把"纽约编码"编进教材里。

兰德尔在纽约从事 15 年律师业务熟知"纽约编码"，到哈佛任教后，他迅速改变民事诉讼法的教学方法，他对讲授诉讼程序情有独钟，花费大量时间编写和讲解衡平法程序，并且着重分析诉讼程序的技术性和特殊性，当他把案例教学法引进合同法和销售法时，他非常强调诉讼程序的重要，在课堂上讨论案例时特意引导学生多提有关诉讼程序的问题。1870 至 1871 学年，兰德尔撤掉"诉状的提起"这门传统基础课，改教"普通法的民法程序"。1873 学年至 1874 学年，他和新任命的助理教授詹姆斯·巴尔·埃姆斯（James Barr Ames）（1846—1910）共同讲"普通法的民法程序"。1874 学年至 1875 学年，兰德尔首开高级选修课"程序、逮捕和保释"，在这门课上他只提供案例，不提供教材。埃姆斯则向新生讲解斯蒂芬的必修课"诉状"，因为此时他正在抓紧编写他的第一本案例教材"提起诉状案例集"。1875 至 1876 学年，兰德尔一边采用埃姆斯的"诉状案例集"讲授"普通法民法程序"，一边教高级选修课"程序、逮捕和保释"，他把自己刚刚发表的著作《国王长凳法庭的诉讼程序形式》当成选修课的教材。后来，兰德尔又开设第二门高级选修课"纽约编码诉讼程序"，开创了在美国的法学院把编码诉讼程序列入学位课程的先例，当时就连身处纽约的哥伦比亚大学法学院也没有这样开课。1876 至 1877 年，兰德尔负责教必修课和两门选修课，1877 至 1888 年，埃姆斯接替兰德尔教一年级的必修课，兰德尔只教两门选修课。

兰德尔除了调整民事诉讼法的课程安排外，还做出对美国的民法教育具有深远影响的贡献，他把民事诉讼程序细分成 5 个阶段，第一是如何把被告推上法庭，第二是提交诉状，第三是民事案件的审判，第四是法庭判决，第五是执行判决。他对民事诉讼程序的 5 个阶段归纳方法在美国过去没有先例，并由此带来第二个革新效果，即不仅强调案件实体，而且更加重视诉讼程序问题。兰德尔预期程序法将逐渐与实体法脱离，成为重要的法律工具。在教学实践中，兰德尔刚开始推出课程改革时，多数法学院学生不能适应，原因在于很少有学生选择上他的高级选修课，再加上兰德尔推出的案例教学法与传统死记硬背的方法不同，他又不给提示和答案，全凭学生自己开动脑筋琢磨，多数学生对此非常反感。兰德尔打分比别的教授严格，这导致兰德尔的课冷冷清清。1877 至 1878 学年以后，兰德尔的选修课停止开课。尽管兰德尔极具远见地把实体法和程序法区分开来，但毕竟万事开头难，周围对他的批评声不绝于耳，他的课程改革举步维艰。作为第一任法学院院长，兰德尔还要面对学院机构改革和招聘改革，这方面的阻力也很大，这使他不得不放缓推动课程革新的步伐。但是，他没有退缩，继续加紧准备对合同法和衡平法教学的改革，最终形成了一套哈佛法学院课程新的体系。

二 建立考试制度

1870 年以前，美国所有的法学院和医学院都没有建立完整的书面考试制度，学生只要按时听课就可以获得法学学士或者医学学位。在 19 世纪 60 年代，少数大学采用口头背诵的考核办法，但正如哈佛大学校长埃利奥特所言，"口头背诵考试办法很难保证一套稳定的全面的统一的测试标准"。他于 1870 年 4 月说服哈佛校董通过决议，要求所有学位申请学生必须经过全面公开的考试测验。"公开考试"指书面考试的场合里必须配备监考老师。监考制度源自 19 世纪上半叶英国剑桥大学和牛津大学，旨在保证文科学术荣誉获得者经历过激烈的考试竞争。1850 年至 1879 年，这一制度又推广到中等教育机构。整个 19 世纪，英国把公开考试当成测验文科考生学术水平和文官制度职业资格的首要方法。哈佛法学院的考试制度与英国的有所不同，英国在剑桥和牛津大学设点，通过文科考试选拔公务员，这两所大学直到 19 世纪末并没有推行类似专门讲授普通法的职业教育，这导致英国大学的普通法教育一直比较薄弱。从 1850 年到 1950 年，英国很多最著名的律师并非大学毕业生。笔者 2019 年访问牛津大学，了解到牛津大学法学院英文称 Faculty of Law, 哈佛法学院英文称 Harvard Law

School。2011 年，时任牛津大学首任法学院院长蒂姆·恩蒂科特（Timothy Endicott）（1960—）（任职 2007—2015）介绍，牛津大学实行的学院制是一种联邦制，大学属于联邦一级，下属 30 多家学院，牛津大学法学院也是牛津大学各个学院中的一员。各学院给自己的学生开课，牛津大学也给各学院的学生开课，大学给各个学院的学生颁发学位证书，大学负责各个学院的考试，各个学院负责帮助学生准备考试。由此可知，牛津法学院和哈佛法学院的授课安排和考试管理有所不同，哈佛法学院的考试由法学院自己安排。我的研究显示，自从兰德尔担任哈佛法学院院长以来，哈佛法学院在法学教育和律师职业教育方面开始领先于牛津大学。牛津大学的历史早于哈佛大学，牛津大学法学院的成立晚于哈佛法学院。

兰德尔借鉴英国的公开考试制度，并把它引入美国大学的法律职业教育里。1870 年 9 月，兰德尔预言法学院的学位课程将出现考试潮。1872 年 9 月，哈佛法学院将考试列入每一门课程，这一年兰德尔告诉新生，如果想顺利进入二年级就必须通过年终考试。以前实行的凡入校前在律师事务所经历过师徒培训的学生可以跳级到 2 年级的做法也被废止了。对于兰德尔大力推行的考试制度，《美国法律评论》撰文表示支持，哈佛大学监事会也表示认可。法律观察家评论说，必须通过考试才能拿学位的做法，是 19 世纪 70 年代哈佛法学院最重要的改革之一。考试逼使学生更加勤奋读书，一位哈佛法学院高才生当年曾在他的笔记里写道，"千万要搞懂这个案件的法律关系，不然难以通过考试"。在推行考试制度的同时，兰德尔还改进了考卷提问的方法，从英国填鸭式死记硬背过渡到考查学生深度理解的能力。兰德尔显然注意到，就连剑桥大学数学荣誉学位那种烦琐的三重奏考试方法也饱受批评，被指责为"心灵体操"，意指就像反复做体操动作那样仅仅训练大脑的机械记忆能力。他还注意到有些法学院的考题里，连续出 15 道题测试学生死记法律定义或规则的能力。例如对于证据法的传统提问如下，"用口头证据证明修改一份书面合同的法律规则是什么？"刑法的传统考题如下，"婴儿的刑事责任是什么？"房地产法连续问 3 个问题："什么是不限制身份的人可以继承的财产？""普通法中表述不限制身份继承的词语是什么？""什么条件下发生这类财产继承？"埃德温·贝利斯（Edwin Baylies）于 1873 年出版的《法律学生的问答》集这类考题之大成，目的在于给毕业后单独从事法律职业的学生准备现成的答案。另一位作者莫里斯·道利（Morris Dowley）于 1878 年出版的《简明法律 500 问》（全称：简而言之，法律：包括对 500 个主要法律问题的简洁明了的答案）为哥伦比亚法学院学生应对考试提供了标准答案。

起初兰德尔出的考题也沿用这种方法，后来为了提高学生在具体场景寻找适用法律的判别能力，他很快地调整了出题思路。他用新的考试办法来配合他新的案例教学课程，即除了问法律规则的一般定义外，还加上特殊虚构的法律案件场景。例如他在 1871 年合同法的考题里出了一道有关邮箱定律的题，该题如下：合同提出货物于星期一从波士顿发往纽约，规定星期三上午 10 点接货方确认接受合同，不料星期二合同提议方发出撤销合同的信件，该信于星期三上午 9 点送达，当事双方的合同是否有效，为什么？如果合同成立，成立的时间是什么？关于汇票的考题，兰德尔在考题中这样问，如果 A 开出票据给 B，B 同时开出票据给 A，票据的金额相同，支付时间相同，双方交易的标的物相同，他们能否就这两张票据同时起诉对方，为什么？原告支付票据或者没有支付票据对于本案是否带来不同的影响？1873 年，兰德尔开始增加更加复杂的虚拟场景考题，把背诵定义题从 15 题减到 10 题。他给法学院一年级学生出过一道合同法考题如下：居住在波尔多市的 A 先生在纽约有一箱白兰地酒，他向居住在纽约的 B 先生提出以优惠价格出售这箱酒，并且已经将货寄出，B 向 A 致信表示接受报价，并迅速将酒按照不同的价格以丰盛的利润售出，卖完酒之后，他接受报价的信函没有到达 A 处之前，A 去世了。请问 A 与 B 之间的买卖合同是否成立？为什么？这是一份单务合同还是双务合同，为什么？兰德尔还出了一道题：承租人租用一条装着压舱物的船从伦敦开往牙买加，并接收一批退运的糖，承租人同意按照规定运价运送这批糖，条件是"必须在 6 月 25 日之前到达并准备好"，请问承租人必须运送这批糖吗？为什么？如果租约里规定"承租人必须在 6 月 25 日之前到达装货"，这有什么不同吗？为什么？

回顾一下当年在伦敦四个法学院（高级法院的辩护律师均须来自其中一间）举行模拟法庭的情形，再到兰德尔把案例教学和考试糅合在一起的方法，不仅大大地进了一步，而且空前地革除一新，对此，哈佛法学院多数学生既不适应也难以接受。兰德尔的考卷不让学生直接回答各项法律规定的内容，而让学生把法律原则和案例实情结合在一起。兰德尔的课只讲案例，堆积一大堆生疏的素材，让学生既学不到法律原则，又不明白案例的内涵，特别那些没有选修兰德尔课的学生，连考试都难以通过，令多数学生既失望又愤怒。相比之下，这些学生能通过其他教授的考试。只有少数认真听兰德尔的课，仔细钻研案例并且开了窍的学生，懂得兰德尔的用意，考试得到好的分数。学期结束时，多数学生认为，兰德尔的新方法既不可行也不可能坚持下去。他们希望兰德尔改弦更张，回到传统教学的道路上去。除了极少数兰德尔的追随者执迷不悟外，大部分学生认为兰德尔教学法是愚蠢而失败的。面对改革初试失败的压力，兰德尔没有动摇，他的顽强精神最终使哈佛法学院受益匪浅。正如后任哈佛法学院院长罗斯科·庞德（Roscoe Pound）（1970—1964）所言，"兰德尔所创立的虚拟案例考试法，培养学生从案例中寻找法律原则和解决法律问题的能力，代表着他教学改革最富有成果的一面"。至此，兰德尔以这种方式在全美国大学所有法学院开创了通过考试检验学习成果的新路径。

三 采用归纳法教学

19 世纪 70 年代初，兰德尔把归纳法引入案例教学法中，为美国高等教育增添了不少色彩。其实，归纳式教学法在美国早就存在。在菲利普斯预科学校读高中时，他深受英国哲学家约翰·洛克的影响。洛克认为，教员不仅要向学生传授课本里的内容，也要解释这些内容的来源，并且阐明它们如何从特殊走向一般。兰德尔采用范例来挑战学生的理解力，学习重点不在记忆课本内容，而在培养学习方法。洛克关于甩开书本内容的说教，令兰德尔在日后的实践中心悦诚服，这包括在哈佛学院读历史课的时候，在哈佛法学院的学生时代和别人讨论案例的时候，给帕森斯教授当助教的时候。在纽约当律师，他经常使用"纽约编码"，办理衡平法诉讼和涉及普通法的业务，都需要仔细研究案例。他回到法学院教书以后，结识了一些年轻的熟知实证研究方法的人，这些人有历史学家亨利·亚当斯（Henry Adams）（1838—1918）、政治经济学家布鲁克斯·亚当斯（Brooks Adams）（1848—1927）和杰出的哲学家昌西·莱特（Chauncey Wright）（1830—1875），莱特英年早逝，被查尔斯·达尔文（Charles Darwin）（1809—1882）称赞为他真正的信徒。

归纳法也被应用到其他领域。19 世纪中期，哲学家塞缪尔·泰勒（Samuel Tyler）（1809—1877）致力于研究培根哲学和哲学归纳理论，出版了《培根哲学话语》（1844 年），神学家詹姆斯·拉马尔（James La-mar）（生卒不详）发表《圣经的有机体：或圣经解释的归纳法》（1860 年）。对此，哈佛第一任教务长保罗·赫尔曼·巴克（Paul Herman Buck）（1899—1978）后来评论说，归纳法作为演绎法的对立面是一门新的社会科学，在19 世纪被当成具有前瞻性的研究方法。1870 年以后，崇尚科学的方法渗透到美国所有的大学，科学教学法风行一时。埃利奥特校长在其 1869 年就职典礼上，对新型教学方法大加赞扬，他鼓励摈弃死记硬背旧式教学法，以便给大学教育留下更多探索的空间。此后，不同门类的"教学法"成为许多著作必谈的话题，例如约翰·霍普金斯大学格兰维尔·斯坦利·霍尔教授（Granville Stanley Hall）（1846—1924）1883 年发表的著作《教学方法史》，回顾了归纳法和科学法在教学中的作用，强调科学归纳法应该成为心灵教育的准则，并且尽可能地把培根逻辑学引入教学原则中。这一时期有关教学法的书，还有查尔斯·麦克默里（Charles A. McMurry）（1857—1929）的著作《朗诵方法》（1898 年），詹姆斯·米尔恩教授（James M. Milne）（1850—1903）的著作《教学方法真实领域》（1897 年），鲁里克·内维尔·罗阿克（Ruric Nevel Roark）（1859—1909）的著作《教育方法》（1899 年），查尔斯·C. 博耶（Charles C. Boyer）（1860—1932）的著作《教学原则和方法》（1899 年），威廉·米利斯博士（W. A. Millis）（1868—1942）的著作《方法的运用和危险》（1902 年），以及詹姆斯·格林伍德（James M. Greenwood）（1837—1914）的著作《教学方法思考》（1904 年）。

哥伦比亚大学法学院院长威廉姆·基纳（William A. Keener）（1856—1913）1875 年在哈佛求学时是兰德尔的学生，他在《法律教育中的归纳法》（1894 年）一书中大力推崇案例法，指出这是把科学归纳法运用于法律教学的典范。到 19 世纪末，对归纳教学法的热情持续升温，这引起一些人的不安，担心这种一边倒的现象会带来教育理论界的迷失。密歇根大学的威廉姆·H. 佩恩（William H. Payne）（1836—1907）在其《教育学史》（1886 年一版，1890 年二版）一书里表达了这一担忧。A.D. 霍奇斯（A. D. Hodges）（生卒不详）于 1896 年提醒说，科学归纳法还很不成熟，它可能像电一样快速传输，受众群体却全然没有察觉。华盛顿大学校长也于 1912 年发出警告说，归纳教学法已经被教育改革家滥用了，它挤压了其他教学法的空间。问题在于，为什么挤压者能够掀起这么大的波澜呢？对此，哲学家和科学家们争论不休。长期以来，归纳法一直被视为演绎法的反面，英国哲学家威廉姆·惠威尔（William Whewell）（1794—1866）形象地总结为，演绎法从一般到特殊，归纳法从特殊到一般，美国大学的逻辑课反反复复讲解演绎法与归纳法的对应关系，一直当成正统教学讲义讲到20世纪中叶，只有查尔斯·皮尔斯（Charles Peirce）（1839—1914）是个例外，他不认可双方存在对应关系的观点，而主张双方没有关联，是独自存在的。

正当美国的教育学家和哲学家对逻辑课的教学争论不休时，兰德尔于1870年迅速决定采用归纳教学法，他这一具有前瞻性的决定，引领了随后的法学教育潮流，如果兰德尔当时犹豫不决，这个问题争论50年也不会有结果。要知道，1870年美国各个法学院都以讲解法学原著为主，对于多数法学教授而言，兰德尔的教学试验有些夸夸其谈，脱离当时的现实情况，很少有人预见到兰德尔会成功。1870年2月，哈佛法学院开会，出席者有兰德尔、埃利奥特校长、沃士本、内森·福尔摩斯和帕森斯教授，兰德尔提议法学院所有教授一律采用案例，不使用课本，推行归纳教学法。与会者都钦佩兰德尔的热情，承认他的案例教学有独到之处。然而，多数教授认为兰德尔的提议既不现实，又傲慢无知。沃士本、福尔摩斯和帕森斯公开反对在法学院全部采用案例教学，认为这将破坏法学院的教学传统，无法完成教学目标。当埃利奥特校长力挺兰德尔时，帕森斯回敬说："校长先生，如果您对法学院的教学知道得更多些，也许就不会……"据内森·福尔摩斯回忆录记载，会议做出决定，兰德尔继续单独试验案例教学，沃士本和福尔摩斯继续沿用过去的方法教学，批评者拒绝案例教学法，他们担心兰德尔新的教学法影响教学进度。

四 推行案例教学法

　　1870 年春季学期，在一片质疑声中，兰德尔在他开的两门课里同时采用归纳教学法。讲解汇票时，他出了这样一道虚构的案例题：我居住于纽约，从英国曼彻斯制造商约翰·布莱特处购买价值 1 万英镑的纺织品，我从布朗兄弟公司购买一张价值 1 万英镑的票据，并写明布莱特见票 60 日内付款，随后立即寄出，用以支付购买那批纺织品。我在布朗兄弟公司历来信誉良好。我按照惯例在汇票寄出的下一个外国邮递日偿付布朗公司那笔汇票金额，购买汇票当日我对这笔交易产生疑问，中止了付款，没有支付布朗公司票据上的金额。出票人和受票人之间，要么出现拒不接受汇票，要么出现拒不付款的现象，本案情况下，受票人拒绝接受汇票，布莱特起诉出票人。请问，起诉是否成立？其次，假定布莱特拥有一笔价值不菲的纽约债券，他寄给我 5 万美金并指示我卖掉那笔债券，把收益用汇票汇到他在伦敦的账上，我遵旨处理了那笔债券并且购买了一张汇票。请问，出票人在这笔交易中承担法律责任吗？通过虚构的案例，兰德尔要求学生分析其中的法律关系，通过争论评估对案件的裁定，不像传统的只记忆法律规定的教法。案例课不明示法律规定，靠学生自己从案例中寻找与之适应的法律规定，从特殊中寻找一般，与传统教学的逻辑顺序相反。

　　兰德尔顶着巨大的压力，忍受着课堂里寥寥空空的惨状，坚持把案例教学试验撑到这年春季学期的结束，终于引起更多学生的好奇，他们抱着试试看的心态，注册听兰德尔秋季学期开设的合同法课。他们不知道这门课怎么个讲法，只是收到兰德尔发给的案例，这些案例的眉批和提示语都被删除，同学们的任务首先抄写案例，然后通过自己翻阅参考著作，比较各种素材，通过讨论，探寻案例里隐藏的法律脉络和适用法律条文。对于多数学生来说，这一崭新的倒灌式教学法，颠覆了传统教学的固有模式。传统教学先讲条文和概念，死记这些抽象的东西，然后在实践中体会运用。尽管一开始大部分学生很不适应，但最终还是接受了，1870年秋季学期，戴恩楼的教室里开始充斥着案例教学革命的新气氛。

兰德尔很少公开介绍他创立的案例教学法。他在1878年的一封信里，比较详细地解释过一次，这封信后来被节选刊登在1895年《弗吉尼亚法律注册》期刊上，由此推断这封信是发给弗吉尼亚著名法学教授约翰·米诺（John B. Minor）（1813—1895）的。内容如下："所谓案例教学法，首先要按照课程科目搜集一批案例，用案例代替读原著。学生大约阅读10至12页的案例素材，每个学生都分发到一组案例，阅读案例时可以做笔记。然后，讲师叫学生分别讲述他们阅读的第一组案例的案情陈述，分析各自的疑惑之处，解释法官裁决结果以及判决理由。听完陈述后，教员就案例提问，如果这名同学的回答不完整，教员就让全班同学发言补充。如果问题十分重要或者存在争议，教员就让学生把所有意见都发表出来。学生可以不经老师提问径直反驳老师的观点，并且说出反驳的理由。讨论完案例后，教员针对要点做出评论，提出评判建议，鉴于同一案例存在不同判决结论，教员需要逐一解答。如果教员赞同一种意见，他必须反驳所有反对意见。如果他认为判决错误，他必须举证错在哪里。简而言之，教员需要明确果断地阐明他的法律观点，并且随时回答来自各个角度的诘问。"

案例教学法就像一片散落的积木，需要靠学生一片一片重新组合起来，在拼组积木的过程中学习法律，这就要求学生必须和老师主动地互动。它像猜谜语，也像侦破案件。实施案例教学，眉批和旁注发挥着很大的作用，兰德尔把旁注分成4类、第一类包括陈述性旁注、总结性旁注和要点性旁注，兰德尔采用引述拉丁成语、参考另一案例、援引权威的话以及案例难点释疑等旁注方法。第二类是提问式旁注，这包括说教式提问，用以测试学生理解程度并期待学生回答，也包括启发式提问，并不期待学生立即回答，希望学生再三思考。比如，"本案合同什么时候完结？为什么？""此案和其他案例有何不同？"对于第二类旁注，兰德尔经常加注"看他们（学生）如何反应"。第三种旁注，纯属兰德尔虚构，一类有意测试学生的知识面，另一类提问供讨论。例如，"父系未成年儿子是否承担父亲欠下的债务？如果是，有什么法律依据？""如果这个案例提交英国普通法法庭或衡平法法庭，能否受理？为什么？原告可否申请强制履行？"兰德尔解释他的第四类旁注为"异端意见"，分别用简洁明了的语言写着"正确""不是法律""不""对"或"错"，有时他给予细致的鉴定，"似乎做出决定的理由是错误的"，或者"这个正确的决定基于错误的理由"。兰德尔经常修正他的看法，划掉或改正他的评注，对此他并不隐瞒学生。

兰德尔之所以采用这种办法，他想挖掘学生自主分析问题的能力，判断和形成法律观点的能力，鼓励学生勇于向权威挑战。为达此目的，兰德尔要求学生阅读原始材料，不读现成的教科书。分析案例的矛盾点，不简单记忆一般命题。对于虚构复杂的案情，依靠自己的能力寻找答案。他把自己当成靶子，任凭学生连珠炮似地发问。他不怕揭自己的短处，当着学生的面改正自己的观点。尽管如此，推行案例教学法之初，法学院学生并不领兰德尔的情。一位学生这样描述他的感受："兰德尔不断地发问，我一头雾水。我相信，很多人没有仔细阅读他发的案例，仅仅带着耳朵来课堂听课，以记住法律条文为成功的标准，记得越多越成功。所以，老师越问问题，我越不明白，心想，我付了学费，上一堂听不懂的课，这法律不白学了吗？"另一位学生气愤地表示："兰德尔总让我分析、批判、探究、追溯，总鼓励不怕吃苦、追求准确、小心求证、反复诘问，让我无所适从。"事实上，兰德尔全新的教学法，在案例背后隐藏着非常严密的逻辑线，需要通过苏格拉底式诘问，不断引导学生接近案例提供的法律事实，再挖掘内在的法律关系，再寻求对应的法律原则和条文，最后形成法律意见。案例不过是兰德尔抛出来的绣球，引学生入彀。正因为有这么强大的逻辑关系的支撑，刚开始很难适应是正常的。难怪兰德尔新的教学法遭到来自法学院教授们、哈佛校友们和波士顿律师协会的一致反对，有一段时间，听兰德尔课的学生只剩下 7 个人。然而，坚持听课的这几名学生事后证明各个是精英，这几位被称为"兰德尔的人"或者"兰德尔实验品"的学生之间也经常互相嘲弄，他们后来分裂成兰德尔最坚定的追随者和反对者。

对于兰德尔艰难的处境，埃利奥特校长焦急万分，担心兰德尔顶不住巨大的压力。为此，他采取一项罕见的行动，把"兰德尔实验品"里的几个成员召集到校长办公室征询意见。校长说："我想听听你们对兰德尔课的反应。"一位刚听完 3 个月课的一年级学生强忍着惊恐的心情答："校长先生，我可以听沃士本教授朗读他写的房地产课的章节，我可以听帕森斯教授朗读他的著作，我知道上法学院必须读课本。可是，唯独兰德尔的课，我能学到任何课本里都没有的东西。"校长听完，只说了一句"谢谢你"。埃利奥特校长从学生对这件事带有结论性的判断得到答案，从此，他再也不担心兰德尔的课。校长的态度传到沃士本教授耳朵里令他十分诧异。尽管案例教学法逐渐被学生们接受，对兰德尔不尊重法官、法庭和惯例的批评声仍然不绝于耳。但是，对于苏格拉底式诘问的信奉者兰德尔来说，他乐于倾听反对声和质疑声，对于冷嘲热讽他不予以回击，仅报以轻蔑的眼神。关于这一点，可以从詹姆斯·巴尔·埃姆斯（James Barr Ames）（1846—1910）所做的案例旁注里得到印证。埃姆斯是兰德尔忠实的追随者，后来他接过兰德尔的大旗，在法学院继续推行案例教学法。兰德尔的另一名学生路易斯·布兰代斯（Louis Brandeis）（1856—1941）于 1876 年写道："埃姆斯是想证明绝大多数的美国法律人士对兰德尔教学法一无所知，一窍不通。"埃姆斯力挺兰德尔的行为，一时成为哈佛法学院的风向标，大家纷纷效仿，他们挑战传统的司法理念和规范，他们同认为他们傲慢无礼的那一部分哈佛同学决裂。当然，祸有祸根，债有债主，这些既固执又自负的学生全都是兰德尔教出来的。

五 兰德尔的教学现场

以1872年2月兰德尔讲授合同法为例。

案例选自兰德尔1871年10月编写的《合同法案例集》，该虚构的案例发生于1821年英国的一起合同争议案件，该案例直译为朗里奇诉多维尔案（Langridge V. Dorville）。这起占据120页篇幅的案例，旨在求证一项双务合同的法律约定是否支持当事一方宽延的诉求，换句话说，你向我支付一笔费用，用来换取我不起诉你，这种约定是否形成你我之间的有效合同关系？如果我的起诉缺乏事实依据和法律依据，那么我承诺不起诉你岂不毫无意义？这是否意味着我没有资格和你建立用钱换取不起诉的约定？这是否印证"建立在不符合起诉条件基础上的容忍根本不叫容忍"？再假设，如果仅仅对起诉条件存疑，那么，是放弃起诉对呢，还是应该尝试一下能否找到适用法律呢？也就是说，在法律适用与否有疑问的情况下，一种你付钱我不起诉的承诺是否构成双方合同关系？这个案例实际上在挑战是否允许法律存疑的问题。讲课采取兰德尔与学生对话的方式，首先从案例的中间阶段展开讨论，并由此回溯到案件发生之前，兰德尔提供的案例资料里有大量素材和注释，再回到争议焦点，对资料挖掘得越深，越容易找到适用法律，最后引申出此案法庭判决是否不妥？法庭在什么情况下做出有争议的判决的？

课堂对话如下：

兰德尔：先生们（作者注：此时法学院是男校），讨论案情之前，让我们先回顾一下，什么是"对价"？也就是"订立合同的唯一诱因"。对价有什么特定的含义吗？某某先生，请你回答。

学生一：我引用本案霍洛伊德法官的话来回答，他说，原告的任何行为，致使被告获利，或者导致原告付出劳动、受到损害，或者持续对原告带来不便，为了遵守当事双方约定的一种承诺所付出的代价，构成了合同法意义上的对价。

兰德尔：霍洛伊德法官对本案"容忍"的定义是什么？

学生二举手请求回答。

兰德尔：请讲。

学生二：我也引用霍洛伊德法官的话，他说，（容忍）延迟偿还债务的请求有利于被告……当局援引了这一理由。

兰德尔：你能否引述一下之前的戴维斯诉雷纳案件就这一方面的权威解释？

学生二：戴维斯继承一笔遗产，遗嘱中指定雷纳担任遗嘱执行人，后来，戴维斯打算就遗嘱继承事件起诉雷纳，雷纳以承诺偿还戴维斯当作延迟还款的对价条件，可是，雷纳一直没有偿付这笔钱，于是，戴维斯以雷纳未履行还款承诺为理由起诉雷纳。

兰德尔：你能否提出一个有利于戴维斯的判决理由？

学生二：雷纳用"容忍"作为他承诺的对价条件，如果延迟起诉这起遗产案件就足以构成对被告承诺还款的对价要件。

（课堂里窃窃私语，埃姆斯举手。）

兰德尔：请埃姆斯回答。

埃姆斯：兰德尔教授，上个月您刚说这个案件不能持续下去的。

兰德尔：是吗？埃姆斯先生，我说过吗？你能否给出一个理由？

埃姆斯：您说过，普通法里没有遗产继承案件，只有宗教法庭里有。

兰德尔：我改变主意了，埃姆斯先生。

[所有同学都笑了，埃姆斯在教材里加旁注：吉特（兰德尔的昵称）又变主意了。]

兰德尔：这是题外话，"容忍"诉案体现出对合同承诺的对价关系，现实情况并不像朗里奇案件那样简单，确切地说，在哪里？

学生一插话：在贝利法官看来，如果被告不承担义务和责任的话，对价在这个案件中就无法成立。

（沉默。）

兰德尔：并非如此，先生们，即使本案不存在诉讼请求的条件，对价关系仍然存在，这一点与史密斯诉蒙迪斯案没有区别，谁能说出原因？

埃姆斯：在史密斯案中，宽容与对价没有必然的关联，如果史密斯早知道不具备立案条件，那么，拘押就是非法的，因此，解除拘押也不构成对价。

兰德尔：是的，现在问题转向原告的法律常识，尽管有些法院认为史密斯诉蒙迪斯与别的案件有区别，认为原告对宽容的知识了解多少无关紧要，我认为，只要不具备立案基础，原告就无权继续诉讼下去。

（学生们猛记笔记，埃姆斯加注解：区别很重要。）

兰德尔：现在让我们讨论一下，在什么时候诉讼条件值得怀疑？这就把我带回到史密斯诉史密斯案，该案判决在学习朗里奇案件时饱受争议，史密斯案发生于1583年，我们曾第一次用该案讨论满足对价的基本条件。哪位学生愿意发言？

学生一：托马斯·史密斯临终前，为了他的孩子们能顺利继承他的遗产，委托约翰·史密斯保管他的遗嘱，委任约翰充当遗嘱执行人，他一旦去世，由约翰遵照遗嘱处置遗产，完成托马斯的孩子继承托马斯遗产有关手续。作为对价，托马斯授权约翰完成遗嘱执行内容，约翰承诺遵照遗嘱把托马斯的一片"习惯土地"交给托马斯的一个孩子，并完成这笔遗产的交接手续，用以支付这个孩子的教育费用。

兰德尔：为什么本案被告约翰同意担任遗嘱监管人并且按规定执行遗嘱？

学生一：正如瓦伊首席法官所说，委任约翰保管遗嘱意味着他将获得遗产处置权，托马斯的财产交由约翰处理，意味着约翰将得到利益和方便，可是，事实上约翰没有按照约定处置这笔遗产，这就是兰伯特起诉约翰的原因。庭审结果，瓦伊首席法官和艾利夫法官做出裁决，因为约翰没有从遗嘱执行中得到任何利益，所以，尽管他承诺执行却没有执行，约翰不受遗嘱执行协议的约束。托马斯用对价这一法律手段诱使约翰做出承诺，对价的条件仅仅为处置这笔遗产以换取托马斯一个孩子可以自由接受教育，可是，约翰承担执行遗嘱的工作却得不到报酬。

兰德尔：你能不能用自己的语言讲讲？

学生一：任命约翰掌管托马斯的遗产，却没有对他处置这笔遗产的承诺给予相应的对价。

兰德尔：再试试，我希望你讲得更明确些。

学生一：掌管这笔遗产所能得到的利益与处置这笔遗产所做的承诺之间没有形成好的对价。

兰德尔：学生二，请你分析一下法官裁决的理由。

学生二：正如瓦伊首席法官所言，如果没有证据证明违法，法律将按照每个公民守法行事。本案中约翰依照托马斯对他的信任，为托马斯孩子的教育开支处置相关遗产，且没有获取分文好处，故做出相应的裁决。

学生二：（举手）兰德尔教授，您认为根据约翰自我放弃遗嘱保管人权利的举动，构成他对合同对价的偏见，因而本案判决有问题。

兰德尔：是的。基纳先生，你能解释我为什么这样认为吗？

基纳：在我们早期的法律中，对价仅反映当事人的情义关系，这种情义就像债务一样，需要相互回报（quid pro quo）。时至今日，承诺人一旦做出承诺，尽管承诺不受合同约束，但只要他的行为构成对合同另一方的伤害，这就构成完整的对价。

兰德尔：完全正确。无论承诺人是否获利，只要他的行为（包括不作为）构成对被承诺人的伤害，就形成对价，是否对被承诺人带来伤害是检验形成对价与否的一条标准。

（埃姆斯举手。）

兰德尔：请讲，埃姆斯先生。

埃姆斯：如果约翰请求撤销对他的委任，他放弃了什么权利？

兰德尔：谁来回答？

（沉默。）

兰德尔：不错，约翰可以要求撤销对他的任命，这样做他需要付出劳动和费用，因为，放弃一种权利也构成伤害。

学生一：噢，这个案子是在这个概念之前决定的，所以没有把伤害也构成对价这一因素考虑进去，是吗？

兰德尔：是的，每一条法律原则都是一点一点汇集成的，它是几个世纪以来很多案件延伸的结果，逐步发展起来的，这就是我们讨论朗里奇诉多维尔案件时，对史密斯诉史密斯案件的判决充满疑惑的原因。基纳先生，请你说说霍利伊德法官如何定义这个问题。

基纳：让我们看看，法官认为，如果被告负有偿付责任，宽容的对价条款显然有利于他，此案与很多案件不同，因为在这里一个立案后的案子被放弃了，其成功导致质疑声不断。

兰德尔：为什么最后的成功遭到质疑？基纳先生。

基纳：　我不清楚。

兰德尔：　请看 290 页，注释 8。

基纳：　（读）朗里奇案的争议焦点在于，一个普通法法官审理当事双方受大陆法管辖的案件很可能是不熟悉的。

埃姆斯插话：　"判决受到质疑"意思是法官可能不熟悉案情涉及的大陆法体系。

兰德尔：　正确。

埃姆斯：　但是，不熟悉法律和对法律的质疑是两回事呀。

兰德尔：　太对了。

埃姆斯：　笔记注释里写不熟悉大陆法，并没有说质疑法律呀。

兰德尔：　好问题，埃姆斯，让我们再看看第 291 页里摩尔法官的看法。

埃姆斯：　摩尔法官说，无论写不写法律受到质疑，朗里奇案很难与很多别的案件一致，琼斯诉兰道尔案是最早提及（适用）法律受到质疑的案件。

兰德尔：　很好，埃姆斯，摩尔法官最早在哪里提到这一点的？

（一阵局促不安的沉默。）

兰德尔：　请翻到书本第 212 页，奥尔德森法官也这样说过。

学生二：　奥尔德森法官似乎同情摩尔法官的保留意见。奥尔德森法官问，仅仅为追求对价就放弃遭到质疑的法律的基础是什么？对法律一定要质疑吗？

学生三：　（插话）书的下一页，波桑奎特法官赞同说，对于法律观点存疑与否，学者见仁见智。

学生二：　（加入讨论）阿宾格男爵也赞同这一看法，如果要求法庭知道所有的法律，那有些太离谱了。

埃姆斯：　不过一些案件正如摩尔法官所言，法律是不容置疑的。

兰德尔：　是的，埃姆斯，但是，可否质疑法律需要依据事实确定。

埃姆斯：怎么知道是不是事实？怎么才能发现法律有疑点还是没有疑点？

（讨论中断，大家眼巴巴地等待兰德尔解释。）

兰德尔：判断法律是否存疑，法官会通过阅读著名法学家的著作寻找答案，结论可能是不同的。

埃姆斯：不过，兰德尔教授，如果审案法官心里明白，但法律学者著述里的观点不一致，怎么办？

兰德尔：尽管这个法官心里明白，但是，法律仍然可能遭到质疑，这要由事实决定，而不是法官决定，正如朗里奇案主审法官艾伯特所言，如果一项裁决自相矛盾，适用法律自然受到质疑。就我而言，埃姆斯先生，我用各种异端意见来提醒你们，目的在于防止你们照抄法律，鼓励你们寻找法律为什么是这样的。本节课我着重讲"对价"，通过这个题目了解案件当事方的观点，我的观点不过对法律存疑问题提供一点证据。

（课堂鸦雀无声，学生加紧记笔记。）

兰德尔：先生们，下课时间快到了，下一节课我们将讨论霍利伊德法官的观点：用放弃诉讼达到探寻法律存疑的目的是一个好的对价。

（下课了，学生们还在记录。）

第九章

创立法学教育新体系

（1870—1890）

一 法学教育新思路

本书第七章第一节提到，兰德尔从 1870 年上任哈佛法学院院长，就开始推进他在五个方面的法学教育改革，这包括授课方法的改革、提升师资素质、改革招聘教员的方法、设立一套精英管理结构和标准，以及在财务制度、招生制度和法学院文化氛围诸领域颠覆了前任的固有逻辑规范，到 1886 年，他的教学改革终于打开了局面，并且稳定下来。每当后人谈论兰德尔最为出名的案例教学法的时候，不应该忽视其他四个方面的改革，没有这些配套改革的支撑，案例教学很难突出重围一枝独秀。设想一下，如果他的改革举措得不到哈佛校方和法学院管理层的认可，案例教学法不可能拿到台面上试验。如果多数教授讲师的眼界和教学水平不高，仅凭他一人独闯案例教学，他孤掌难鸣很难坚持下去。如果法学院学生的质量不高、专业进取心很差，也很难与案例教学形成互动，导致改革流产。就兰德尔个人来说，之所以矢志不渝地追寻教学改革的梦想，因为他深知一套高素质体现公平正义的法律制度，至少有两个不可忽视的方面，一是法学理论所能达到的水平，二是法律人才所能达到的水平，而法律人才很大程度取决于法学院的教学水平，支撑他努力实现教学目标的信念来自他对学术民主的信心。

从常理讲，作为哈佛校长看中的法学院院长，兰德尔本可以按部就班开展工作，舒舒服服不必闯改革这条路，但兰德尔不这么认为。旧时法学院教授的收入直接来自学生交的学费，如果学费不足以保证教授的收入，他们还在校外当兼职律师或者干一份第二职业。兰德尔决心改变这种观念，他要把法学院教职改造成唯一的职业，当教授就当全职教授，不得兼职干别的工作。从美国内战到第一次世界大战这段时间里，在推动教授职业化方面，兰德尔始终站在最前沿。兰德尔认为，法学教育不仅仅把法律当成谋生的工具，更重要的在于，法学教育是科学教育，法律学生学习法律就是学习科学。按照科学方法培养学生的法律观，法学院承载着完成这一使命的教职和教德。法学院的教育革命，首先需要重塑教职员工的教育观，既然在法学院教书，心就应该放在法学院里，做到每一位教员是教学班里的排头兵，一心扑在班级里。法学院的教员，不仅需要丰富的法律实践经验和社会阅历，不仅会用法律，而且会学法律，会研究法律，会教法律。简单地说，他希望哈佛法学院的教员一心一意地从事法学教育工作，并且做好这项工作。

兰德尔从自己多年在纽约律师事务所工作的经历中，看到太多法律从业人员欺诈、投机、沽名钓誉和败坏名声的现象，他决定逐步减少任用无论资历再深法律知识再渊博的法官或律师，他宁可聘用法学院刚刚毕业缺乏实践经验却较少受到社会黑暗面熏陶的学生担任讲师。他认为，这些经他培养的法学院学子能更好地继承他的衣钵。兰德尔上任之初的两年里，埃利奥特校长曾经雇用法学院的讲师参加处理一些法律实际事务，兰德尔劝告校长此举不妥，埃利奥特校长虚心接受了兰德尔的意见。兰德尔始终感觉，法律实际工作与法律教学工作几乎相当于两个完全不同领域的事业，两者的工作动机、人才标准和荣誉归属完全不同，所以，两者很难交叉、共处，完全处在两个不同的世界里。

二　教员聘用和薪酬改革

兰德尔心里十分清楚，只凭他个人的力量，既无法抗衡传统的教学势力，也无法推行他的改革计划。为此，他紧紧地依靠埃利奥特校长，因为校长掌管着法学院教授的任命权，这一支持就支持了 20 年。兰德尔教学改革的突破口是案例教学法，实施改革的中坚力量主要靠法学院的教授和讲师。哈佛法学院选人的方法是，如果教席出现空缺，首先看看有无人推荐人选，或者他本人推荐，然后上报给校长，校长征询多位资深法学院教授、校董事会和监事会有关人员的意见后，取得初步共识，然后，哈佛法学院院方开会讨论，并以投票方式决定。如果投票获得通过，校长向候选人发出聘约。如果候选人表示接受，校长向董事会提出聘用建议。如果董事会批准，聘用候选人签订接受聘书的文本。聘请教授的整个过程不必报请监事会批准，但是，监事会有权监督整个过程并否决聘用协议。尽管兰德尔的用人标准遭到哈佛大学校友和法律从业人士的反对，他始终坚持挑选那些学业优秀的、刚刚毕业的、较少受到社会污染的青年学者，他的这一方法很快就见效了。内森·福尔摩斯教授事后回忆，1872 年春，埃利奥特校长到他家拜访时带去一条消息，为了哈佛大学的利益，校董事会决定接受他的辞呈，尽管福尔摩斯不想辞职，最终还是接受了校长的建议。

内森·福尔摩斯教授的"辞职"，为埃姆斯接任腾出了位置。埃姆斯 1868 年哈佛大学本科毕业，随后赴欧洲求学一年，后考取哈佛法学院成为兰德尔的得意弟子，以优异成绩获得法学学士学位。在法学院的第三年，埃姆斯担任教学辅导员和教员，并以 27 岁芳华年龄，在兰德尔强力推荐下、经埃利奥特校长同意，被董事会勉强批准、在监事会似信非信的质疑声中，担任为期 5 年的法学院助理教授职务，在美国开了一个人从未从事法律实务就担任教授的先河。沃土本教授反对用埃姆斯替换福尔摩斯教授的方案。哈佛大学监事会赴法学院考察小组也不无嘲讽地写道，即便聘请一个棒球教练，也需要既懂棒球规则，也会打棒球的人（作者注：埃姆斯棒球打得很好），言外之意，埃姆斯连个律师法官都没做过，怎么可能成为一个称职的教授（作者注：埃姆斯 1873 年获得律师资格，但终身没有执业）？联想到帕森斯教授和内森·福尔摩斯教授先后被迫辞职，更助长了反对派愤怒的情绪。反对派认为，兰德尔出格的用人方法破坏了哈佛法学院优雅有序的接任规矩，过去正是按照这一规矩指导着内森·福尔摩斯接替乔尔·派克教授。

毫无疑问，用人制度与薪酬和提升制度密不可分。校董事会、校监事会甚至校长更侧重考虑财务开支方面，出于这种原因，常常反对兰德尔拟聘请的人选。虽然埃利奥特校长坚定地支持兰德尔的用人制度改革，但在财务上紧紧把关，把聘请教授与教授的工资待遇直接挂钩，兰德尔每聘请一位教员都需要把工资待遇告诉对方，并且详细汇报给校方。埃利奥特细致到半日工作教员的薪酬也要经由他决定。到1890年，埃利奥特校长和董事会已经建立了一套不成文的教员薪酬制度和职称提升标准。埃利奥特校长在1890年4月23日的一封信中详述了教员的薪酬待遇："哈佛大学助理教授任职5年，年薪2000美金，5年到期如不续聘或者提升则自动解约。法学院助理教授年薪2250美金，如果一位助理教授工作出色，5年到期后有望晋升正教授，董事会不建议年轻的正教授立即得到与资深教授相同的工资。基于此，对法学院教员的薪酬待遇，董事会不做明文规定。在过去的20年里，法学院教授的薪水调了3次，分别为4000美金、4500美金和5000美金。5000美金是1890年新调的，我感觉法学院会先给新晋升的正教授4000美金，几年后涨到4500美金，再过几年达到5000美金，董事会对此不做硬性规定。"

哈佛法学院教员的薪金非常高。1890年，助理教授年薪是法学院学费的15倍，是普通公立学校老师工资的11倍，是非农业从业人员工资的5倍，是技术工人工资的2.5倍。正教授的薪金更高，是法学院学生学费的30倍，公立学校老师的22倍，非农业工人的10倍，技术工人工资的5倍。19世纪70年代，波士顿一位出名律师的年薪高出哈佛法学院教授2倍至

3倍，到1890年，法学院把任职10年教授的工资涨到5000美金，此时，纽约和波士顿大牌律师的年薪高出法学院教授3倍至4倍。哈佛大学的教授为了维持优雅的社会形象，需要雇人维护价值不菲的房子，也会出现入不敷出的情况。法学院的教授们时常抱怨物价上涨，购买力降低。这就造成了法学院缺教授却又因财务紧张无法聘任新教授的情况。埃利奥特校长可以动用的财力有限，却又不愿意明说出来，作为妥协的办法，他只能委屈了埃姆斯，虽然晋升助理教授，却只享受低工薪待遇。其实，埃利奥特在1869年推荐兰德尔替换帕森斯教授时就遇到财务吃紧的窘境，给纽约大牌律师兰德尔4000美金的年薪，确实委屈兰德尔了。低薪水也确实吓跑了1868年替换派克教授的候选律师，包括1869年替换帕森斯教授的其他候选人。但是，兰德尔没有计较工薪的多少。所以，埃利奥特面对兰德尔推荐埃姆斯，他要考虑3方面的难题，一是法学院财务吃紧，拿不出更多钱支付埃姆斯的薪水，只能先付他2000美金年薪。二是别的律师不愿意接受低薪水的教职。最重要的一点是，埃利奥特必须支持兰德尔的用人改革，这就是埃利奥特校长有苦难言、从牙缝里也要挤出资金支援兰德尔提升埃姆斯的原因。

从1870年到1900年，哈佛法学院聘任具备5年以下法律实践的教授呈上升趋势，与过去聘请具备10年以上法律实践教授的比例发生很大的变化。1870年，少于5年法律实践教授的比例为0%，到1897年这一比例上升到44%。在这些新生代教授里，除了埃姆斯外还有：威廉姆·基纳（1883—1890年任职助理教授、教授）、塞缪尔·威利斯顿（Samuel Williston）（1890—1935年任职助理教授、教授）、约瑟夫·比尔（Joseph Beale）（1890—1913年任职讲师、助理教授、教授）和詹斯·韦斯滕加德（Jens Westengard）（1899—1903年任职助理教授、1915—1918年任职教授），以上含埃姆斯按照姓名顺序担任讲师或助理教授的年龄分别是27岁、27岁、

29 岁、29 岁和 28 岁。兰德尔大胆启用新人的策略一直持续到 1900 年前后，等到他的改革已经形成气候时，才逐渐回归到聘请教授的传统方法。1890年 3 月基纳教授辞职，埃利奥特校长提名具备近 20 年法律实践经验的杰里米·史密斯接任，史密斯于 1861 年毕业于哈佛法学院，长期担任新罕布什州高等法院法官，其经历类似内森·福尔摩斯教授。史密斯缺乏教学经验，从法律实务转变到法律教学有一定的困难，埃利奥特校长在基纳教授递交辞呈的当天，未经与埃姆斯商议便致函史密斯提出聘请意向，此举令事先不知情的埃姆斯感到吃惊，他一直受益于并且坚定支持兰德尔启用新人的方法。其实，埃利奥特校长为此事先与兰德尔打过招呼，兰德尔熟知史密斯，两个人的私人关系十分融洽。只不过此时，兰德尔已经改变用人思路，他不再拒绝那些具备丰富的法律实践经验，并且愿意献身于法学教育的资深律师或者法官到哈佛法学院任职。史密斯是兰德尔主政以来第 5 位接受教职的人，他具备 15 年房地产法律实践，不计较埃利奥特校长提出的薪酬待遇，以 53 岁的年龄于 1890 年 4 月就任法学院教职。

1890 年春，埃利奥特校长推荐塞缪尔·威利斯顿填补第 6 个空缺的教职，这是自埃姆斯和基纳之后第 3 个助理教授职位。威利斯顿 1888 年毕业于哈佛法学院，他是《哈佛法律评论》的创办人之一，曾短期在联邦最高法院和一家律师事务所工作。威利斯顿迅速接受哈佛大学的邀请，并且于日后成为兰德尔在合同法领域的真传弟子，埃利奥特深知兰德尔不会反对这一提议的。哈佛法学院 1880 年毕业生尤金·沃博（Eugene Wambaugh）（1856—1940 年）的法律实践和法律教学经验俱佳，他在任教艾奥瓦州立大学法学院期间（1889—1892），竭力推广兰德尔的案例教学法。哈佛法学院一度设法聘请他到哈佛任教，因为埃利奥特校长和兰德尔院长不好意思说出他的年薪为 4000 美金，致使这次接洽流产。不过，沃博教授后来还是应聘到哈佛法学院担任教授，直到 1925 年从法学院退休。为保证等价交换的聘任原则，兰德尔不得不放弃沃博加盟的机会，改聘与埃姆斯经历相似的约瑟夫·比尔担任讲师。比尔 1887 年毕业于哈佛法学院，曾经帮助创办《哈佛法律评论》，他于 1892 年提升为助理教授。兰德尔于 1894 年宣布把聘用埃姆斯模式当成法学院招聘标准，但在实施时并不完全按照这一标准，法学院一直处于想聘请具备丰富法律实践经验和学术头脑的法官或律师，却又困于资金紧张拿不出高薪酬吸引这部分人的困扰之中。1898 年约瑟夫·布伦南（Joseph Brannan）（1848—1930）被任命为哈佛法学院教授。布伦南是埃姆斯的同班同学，25 年之前兰德尔就想聘用他，没有成功。布伦南毕业后返回俄亥俄州辛辛那提从事法律实务，并在辛辛那提大学法学院任教，在此期间，他心中一直保持着对哈佛法学院的一份不舍，终于在兰德尔、埃姆斯和埃利奥特校长强力支持下，如愿以偿重返哈佛任教，由此可以看出，对于那些长时间从事法律实践，并且被兰德尔欣赏的人才，兰德尔并不拒绝聘任。

与布伦南相比，另一位具备丰富实践经验名叫爱德华·斯特罗贝尔（Edward Strobel）（1855—1908）的人受聘就很不顺利，他在哈佛法学院学习成绩比较差，毕业后在纽约律师执业 3 年，之后又从事 15 年外交官的工作，为了避免法学院教授们的反对，埃利奥特校长未与法学院协商，径直向斯特罗贝尔发出聘函，并获得校董事会同意。尽管斯特罗贝尔接受聘约于 1898 年就任法学院国际法教授，仍然不能平息法学院教授们的愤怒，他们联名致信埃利奥特校长和校董事会，指出无论从聘请程序上，还是斯特罗贝尔的学术功底上，都不符合聘任标准，他们提请校方今后应该严格按照招聘教授的程序行事。为了回应校方这次独断的任命，哈佛法学院院方于 1899 年 5 月直接任命詹斯·韦斯滕加德（1871—1918）担任助理教授。韦斯滕加德在哈佛法学院成绩优异，以同年级第二名于 1898 年毕业，他担任 4 年助理教授后于 1903 年离开哈佛，从事了 12 年外交官工作，其间曾就任泰国政府外交总顾问，1915 年返回哈佛法学院任国际法教授，直至 1918 年去世。对于教学与外交工作的区别，韦斯滕加德愉快地回忆埃利奥特校长与他共进晚餐时说的一段话，"执业律师的名字永远刻在水里，当法学教授非常幸福，名字刻在陆地上。无论当教授还是做律师，在其执业生涯结束之前，谁也不敢自夸。你是一个例外，你在泰国的名声早已超过刻在陆地的程度了"。

总起来讲，兰德尔和埃利奥特校长在聘用教员方面思路比较接近，他们更看重候选人的学术素质，而不是他们的法律实践经验。兰德尔从始至终坚持一条聘任理念：到哈佛法学院教书，首先要把教学当成职业生涯。兰德尔的这一理念得到他在法学院长期的盟友詹姆斯·布莱德利·塞耶教授（James Bradley Thayer）（1831—1902）的强力支持。塞耶于 1895 年在美国律师协会发表的著名演讲时，重申了法学教授是一项新的职业的看法。1897 年，哈佛大学监事会赞扬了兰德尔聘任教员的理念。1898 年，久负盛名的英国牛津大学法学教授阿尔伯特·戴西（旧译戴雪）（Albert Dicey）（1835—1922）访问美国，对哈佛法学院把法律教学定位成一项固定职业的做法大加赞扬，称其"终于取得了胜利"。戴西教授 1863 年获律师资格开业，1882 年至 1909 年在牛津大学获任英国法教授，他深知把法学教授定位成一项固定职业的重要性。1901 年，埃姆斯教授重申，"法律教授是一项职业，不是业余爱好"。他指出，"在美国只有占总数 1/4 的法律教授全副身心地投入教学工作，其余 3/4 的教员则一边教学，一边从事法律实务，有的教员甚至兼职当律师的劲头远远大于当法律教员，这种状况必须扭转"。令人欣慰的是，从埃姆斯接任哈佛法学院院长到 1900 年兰德尔退休时，哈佛法学院已经完全按照兰德尔注重教员的学术素质的标准，将聘请全职全薪职业专一的法学教员形成一套制度，随后，哈佛法学院聘任教员的制度逐步传播到美国各个大学的法学院里。

三 "学院派"与"经验派"

从 1873 年到 1883 年，哈佛法学院还遇到过 4 次复制聘任埃姆斯模式的机会，但每次都代之以具备丰富法务实践的候选人。第一位是 1856 年哈佛法学院毕业生詹姆斯·塞耶，他毕业后经历了 18 年律师生涯，并且利用业余时间在文学刊物发表文章。此时尽管不是教员，他在学术方面已经对法律教学有所贡献，曾于 1870 年同意编辑詹姆斯·肯特所著第 12 版《美国法律评论》。他于 1874 年秋季应聘担任哈佛法学院罗亚尔冠名教授，于 1883 年转任韦德冠名教授直至去世。他是美国宪法学和证据法方面著名的权威学者。很显然，对于塞耶的任命，违背了兰德尔重视法律学术背景、偏爱年轻学者的用人原则。从财务方面讲，哈佛法学院用相对低一些的薪酬聘请年轻教授比聘请大牌律师省钱。塞耶曾于 1872 年拒绝过为哈佛学院本科生教学的聘请，原因是工资过低。他最初也不想接受哈佛法学院低薪酬的邀请，对于普通家庭出身的塞耶来说，当律师所获得的收入更具有生存保障。在担任哈佛法学院教职的 20 多年时间里，他始终处于教学和写作的纠结之中。教学可以实现崇高的信仰，但只能拿到固定工资。写作可以带来稿费收入，却可能影响教学。塞耶是兰德尔主政时期对薪酬抱怨最多的教授，在他不断催促下，埃利奥特校长终于在 1890 年把哈佛法学院教授的工资涨到 5000 美金。

第二位是 1861 年哈佛法学院毕业生约翰·奇普曼·格雷（John Chipman Gary）（1839—1915）。1874 年秋季，哈佛法学院拥有兰德尔、沃士本、埃姆斯和塞耶 4 位教授，沃士本教授已经年迈即将退休，法学院的财务状况允许聘请第 5 位法学教授，以便逐步过渡到接替沃士本。埃利奥特校长和兰德尔希望找一个类似埃姆斯那样学术素质出众、年轻又富有闯劲、坚定支持兰德尔改革的人，他们提议破格提拔布伦南担任这一教职。布伦南于哈佛本科毕业后，出国学习德语和罗马法，1871 年入学哈佛法学院，1872 年获得法学学士学位，之后留校继续学业并兼职辅导讲授德语和罗马法，成为在哈佛大学开设罗马法课程的绝佳人选。布伦南不仅学习成绩优秀，而且对兰德尔案例教学法坚信不疑。不承想这一提议遭到 75 岁高龄感觉日益被边缘化的沃士本教授强烈的反对，他提出让格雷接替他的教职。格雷于 1862 年取得律师资格，他认为林肯总统不享有发表《解放黑奴宣言》的宪法权力，同时又认为，奴隶制的失败导致美国陷入国家危机之中。在南北战争中，他参加了北方阵线与南方反叛军队作战，并于 1864 年在战斗中负伤。1865 年退役后在波士顿成立一家律师事务所，1869 年开始兼职在哈佛法学院任教。格雷创办了《美国法律述评》（*American Law Review*），（作者注：此美国法律述评与肯特的美国法律评论是两回事，前者是一本杂志，后者是一本著作），他日后成为美国物权法专家。来自波士顿商业望族家庭的他与美国法律界和社会精英阶层联系十分密切，他的同父异母的兄弟霍拉斯·格雷担任美国联邦最高法院大法官。身为哈佛法学院 19 世纪 40 年代毕业的校友，霍拉斯曾经预言兰德尔将毁掉哈佛法学院，这当然令兰德尔不悦。兰德尔反对格雷接任空缺的教职，无奈哈佛大学董事会否决了对布伦南的提议，于 1875 年 3 月任命格雷担任斯托里冠名教授。这项任命再次证明传统的综合职业素质的考量压倒了兰德尔创新式的用人标准。与塞耶教授不同，格雷教授任教后从未抱怨过薪酬待遇过低，因为他担任法学院教授之前提出过一个条件，必须允许他继续经营他的律师事务所，再加上他的家境殷实，没有后顾之忧。

　　上面的两项任命反映出当时兰德尔和埃姆斯的处境。客观地讲，塞耶和格雷的学术水平均比较高，他们教课的热情都高于沃士本，但沃士本已经无心恋战，他视塞耶和格雷为他的盟友。1876 年 4 月沃士本辞职后，兰德尔刚想提出动议，反对方立即推荐查尔斯·S. 布莱德利（Charles S.

Bradley）（1819—1888）接任沃士本，布莱德利 1840 年至 1841 年在哈佛法学院求学，随后从事律师职业，并于 1866 年至 1868 年担任罗得岛州高等法院首席法官。他曾在 1868 年和 1869 年 2 次拒绝接受哈佛法学院的聘任。他于 1870 年担任哈佛法学院编外讲师，他对法律学术研究和讲课的兴趣不大。埃利奥特校长和兰德尔反对提名布莱德利，格雷新近加入法学院，可能出于躲避矛盾的原因，没有发现他就此事表态的记录，为人随和的塞耶是布莱德利的堂兄，他没有提反对意见。这件事情真正的幕后推手是时任哈佛大学董事会董事的乔治·比格罗（George Bigelow），他于 1829 年哈佛本科毕业，通过他父亲师徒式培训进入法律行业，曾于 1860 年至 1868 年担任马萨诸塞州高等法院首席法官，他还是沃士本教授商业上的合作伙伴。比格罗强烈反对兰德尔的用人思路。在比格罗的带领下，哈佛校董以多数票通过对布莱德利的任命。尽管在法学院担任教职对布莱德利来说薪酬太低，由于他之前的法律生涯获利颇丰，而且他希望能继续保持原有的收入水平，于是他接受聘请于 1876 年 6 月就任教职。对布莱德利的聘任，又一次阻断了埃利奥特校长和兰德尔院长重学术轻实践的聘用计划。1877 年 3 月，埃姆斯用辞职回应了对任命布莱德利的反感，哈佛董事会考虑到兰德尔的教学改革已经实施 7 年了，生米也煮成熟饭了，为了保持法学院教学和改革的连续性，遂于埃姆斯提交辞呈当年 6 月提升他为教授，用这种方法挽留住埃姆斯。

兰德尔对任命布莱德利一事也十分不满，他在 1876—1877 年和 1878—1879 年两个年度总结报告里抹掉了布莱德利的名字。对于受聘一事，布莱德利本人应该满意了吧？事实上，布莱德利一直对当教员的低薪待遇耿耿于怀。早在他兼职当讲师时，他曾经向埃利奥特校长发牢骚："当兼职老师占用他太多从事法律实务的时间，所得到的报酬微乎其微。"他就任法学院教授后，仍然坐火车往返于波士顿和罗得岛州普罗维登斯市之间，在火车车厢的座位上把讲课的提纲写在信封的背面。他一直没有放弃罗德岛那边的法律工作，直到 3 年后他坚持不住，最终选择放弃法学院的教职为止。布莱德利的突然离职给兰德尔的用人原则加分不少，就连哈佛董事会也不得不承认，聘请布莱德利的决策是一次失误。兰德尔对此用讽刺的语气表示，沃士本退休后，本来可以等一等，但是，有人急于推荐杰出人才并赶忙填补这一空缺，结果适得其反。1879 年布莱德利的离开，使得哈佛法学院教授人数又降到 4 人。之后的几年，恰逢入学人数下降，学费收入降低，法学院没有再聘新教授，直到 1882 年埃利奥特校长得知，一笔冠名教授捐赠基金有望到账，他马上亲自与奥·福尔摩斯联系，询问是否愿意加入哈佛法学院。埃利奥特校长这一举动令人感到困惑，一方面他公开表示赞成埃姆斯模式，聘请新近毕业品学兼优的学生当教授，另一方面，他违背自己的承诺，在挑选奥·福尔摩斯这一问题上，没有支持兰德尔的用人路线。

于是，第 4 次复制埃姆斯模式的机会又被错过了。1882 年奥·福尔摩斯年届 40 岁，已经从事 15 年法律实践工作，并利用业余时间编辑詹姆斯·肯特第 12 版《美国法律评论》，还担任《美国法律述评》杂志的编辑。他于 1881 年出版的《普通法》一书尚未引起太大关注。他的经历不仅与塞耶和格雷相似，而且他是格雷的朋友，塞耶的同事。埃利奥特校长认识到聘请任何新教授，必须穿过塞耶和格雷这道壕沟，奥·福尔摩斯又与塞耶和格雷相熟，这 3 个人容易形成天然联盟。除此之外，埃利奥特校长还有一层考虑，此时哈佛法学院正面临生源减少，新的捐赠基金尚未落实，如果聘请奥·福尔摩斯，便不难利用他在波士顿律师界的影响力获得捐助。于是，埃利奥特校长打着奥·福尔摩斯的旗号，在他的朋友和支持者当中寻找资助，不料福尔摩斯收回应聘的承诺，这令埃利奥特颇感尴尬，他这种通过人脉关系找门路的做法也引起质疑。到底是根据学术能力和业务才干选拔教职呢，还是利用私人关系招聘教授？埃利奥特校长打着已经筹到冠名教授基金的幌子，说动奥·福尔摩斯接受聘请，然后又打着福尔摩斯的旗号去筹集冠名教授资助，奥·福尔摩斯耳闻后自然不悦。此外，经塞耶教授提醒，奥·福尔摩斯也做好了接受教职就要降低薪酬待遇的思想准备，这大概可以解释福尔摩斯一度收回应聘承诺的复杂心理。

埃利奥特校长未经与兰德尔和埃姆斯商议，私下与奥·福尔摩斯接洽聘请一事，从程序上说是失策的，但埃利奥特也有难言之隐，因为他知道2 年前福尔摩斯发表攻击兰德尔第二版《合同法案例集》的文章，他不愿在兰德尔面前提起一个羞辱过兰德尔的人。果不其然，奥·福尔摩斯拒绝应聘后，在 1882 年 1 月法学院院务会议上，埃利奥特问大家，谁有办法找到资助福尔摩斯担任冠名教授的捐款时，会议死一般的沉静。会后兰德尔表示，不可能找到这笔捐赠，埃姆斯同意兰德尔的意见。塞耶教授却十分积极，表示让他试试看。几天后，他从哈佛法学院一位叫威廉姆·F.韦德（William F. Weld, Jr.）的校友那里获得消息，韦德刚刚继承一笔遗产，愿意资助这项冠名教席。1882 年 1 月 17 日，韦德向哈佛大学财务司库爱德华·胡珀（Edward Hooper）递交一张 9 万美金的支票。同年 2 月 11 日，哈佛大学董事会批准奥·福尔摩斯为第一任韦德冠名教授，年薪 5000 美金。埃利奥特校长第 2 次向福尔摩斯发出邀请，福尔摩斯接受担任韦尔德冠名教授的任命，并提出一个附加条件：哈佛大学允许他随时辞职改任法官。他的教职从 1882 年 9 月开始，为了让他平稳过渡到教员生涯，法学院向他预支了 6 个月的薪酬。其余教授每周承担 7 个课时教学量，福尔摩斯只需花费四个半课时。在 10 年时间里，哈佛法学院接连聘请 4 位不符合兰德尔和埃姆斯用人路线的教授，这使兰德尔颇具失败感和边缘化感。

1882 年 12 月初，奥·福尔摩斯突然提出辞职，以接受马萨诸塞州高等法院法官职务，埃利奥特、塞耶和格雷感到无比震惊，一致认为福尔摩

斯的做法令人无法接受，兰德尔不得不紧急调整，亲自接替教福尔摩斯原
定下学期的课，他用对待布莱德利同样的办法，在1882—1883学年报告
里抹掉福尔摩斯的名字。40多年后，埃利奥特校长回忆这件事时表示，"兰
德尔一直没有原谅福尔摩斯教授这一令人作呕的行为"。身为院长的兰德
尔，在生源下降、经费紧张的情况下，为福尔摩斯做了如此大的照顾，他
还不领情。从1870年到1890年，聘请"经验派"还是"学院派"，在哈
佛法学院一直争论不休。奥·福尔摩斯突然辞职，对"经验派"的塞耶和
格雷震动不小，对埃利奥特校长打击也不小，他当初赞成兰德尔所持的"学
院派"用人路线，中途倒向"经验派"，福尔摩斯突然辞职令他非常不悦，
转而又支持兰德尔。他开始认识到，兰德尔的用人思路比他原来想象的深
刻得多。挑选教员，首先看他对学院是否忠诚，是否全心全意地献身于教
学事业，其次才考虑他的法律实践经历。如果一个人的心不在法学院，那
他很难拒绝外面世界的吸引。三心二意教学的教授越多，对法学院的伤害
越大。痛定思痛，在福尔摩斯提出辞职2周后，埃利奥特校长按照聘请埃
姆斯的标准，提议威廉姆·基纳担任法学院助理教授。基纳于1877年自
哈佛法学院毕业，留校继续深造一年后，在纽约从事法律实务4年，他于
1882年12月28日接受这一教职。

　　谁承想，埃利奥特校长在程序上又出错了，这次他事先征询兰德尔的
意见，却忽视了塞耶和格雷两位教授。1883年1月2日，在法学院4位教
授出席的会议上，埃利奥特宣布他对基纳的提名和基纳接受教职的情况，
会后受到来自塞耶和格雷强烈的抗议。哈佛本科生学院院长法廉·惠特
曼·格尼（Ephraim Whitman Gurney）（1829—1886）也加入抗议的行列，
尽管他是埃利奥特校长的首席顾问。格雷在给埃利奥特校长的信中，痛斥
兰德尔的"愚蠢无知"，格雷认为，"法学院必须由具备丰富法律实践经
验的老师任课，如果多数老师不了解法律世界里正在发生的事情，仅凭书

本知识教学，将会把法学院引向地狱"。格雷预言，"兰德尔仅凭个人喜好决定聘任标准，终将毁掉法学院。他只看重学习成绩好的，不重视具有实际法律经验的，那个叫什么基纳的，我以前根本没有听说过，拿得出来值得信任他的证据吗？兰德尔搞一套法学院近亲繁殖的用人方法，用法学院新近培养出来的学生教法学院的学生，却对社会上大量称职的法官律师视而不见，兰德尔犯下一条致命的错误"。塞耶走得更远，他干脆越过埃利奥特校长，直接向 5 位哈佛校董之一的约翰·昆西·亚当斯抱怨此事。亚当斯同意塞耶的看法，他随即告诉埃利奥特应该尊重格雷、塞耶的意见，允许他们寻找具备法律实际经验的候选人接任奥·福尔摩斯。1 月 9 日，埃利奥特校长暂时撤销了对基纳的邀请。

此后 5 个月的时间里，哈佛大学监事会、董事会、校友会和法学院的校友们，齐心合力寻找一位既有法律实践经验，又享有职业声誉的人，先后推荐了纽约的约瑟夫·乔特、新罕布什尔州的杰里米·史密斯和波士顿的路易斯·布兰代斯等人，其中没有一人甘愿放弃报酬丰厚的法律业务加入法学院。无奈之下，哈佛校董于 5 月 14 日任命基纳就任 5 年任期的助理教授，年薪 2250 美金。哈佛监事会的监事们怀着十分不情愿的心情，认可了这一任命。这一轮聘任争论，兰德尔和埃利奥特胜出。亚当斯事后致函塞耶说："两种聘任思路各有各的道理，法学院目前因生源下降经费紧张，聘任不起大牌律师来当教授。另一方面，我本人更倾向找一个具备丰富经验的更称职的人来接替福尔摩斯的遗缺。"在英才和经费面前，最终经费说了算，就连基纳这样刚毕业不久，从事几年法律实践的人，也对低薪酬感到不满。他提出给他涨一些薪水，以便从拮据不安的生活担忧中解脱出来，法学院没有答应他的请求。直到 1890 年校董批准教授薪酬涨到 5000 美金，可名单里没有基纳，因为他于 1888 年刚刚晋升教授资历不够，基纳有感于当初被告知一旦升任教授立即提高薪水的承诺落空，一气之下辞去教授职位，转投哥伦比亚大学法学院，在那里他很快获任院长，并且把哈佛法学院的案例教学法和其他改革措施推广到那里。总的说来，从 1870 年到 1889 年，哈佛法学院一共聘用过 7 位教授，其中只有埃姆斯和基纳按照兰德尔的重学术、轻实践的标准聘任，这还是在经费紧缺聘不起大牌律师的情况下做到的。

四　法学院教学管理的改革

　　除了对聘用制度的艰难探索外，兰德尔也在提高法学院的学术业绩方面立了一些新规矩。尽管这些新规被一些人指责为"高傲难及"，兰德尔确信法学院只有培养出完整有效并且素质极高的法律专业人才，才能向社会司法管理提供高质量的服务。兰德尔的理念，无论从教学方法还是教育实质，都颠覆着法学教育的根基，激起来自各个方面强烈的反对。批评者认为，如果兰德尔表现得"更绅士一些"，可能可以避免这场冲突。无奈兰德尔不改初衷，没有任何妥协商量的余地，这下子可惹怒了更多的反对者，他们包括法学院的学生、教授、校友和律师。以后的事实说明，正因为他没有向"那批温文尔雅的老教授群体"屈服，用他顽强的毅力和韧劲，没有表现得"更绅士一些"，才能取得成功，否则改革无从谈起。他顶着压力推行令人不适应转变，推行从培养绅士到培养职业法律人的转变。

　　教学管理改革之难，首先表现在授权问题上。1870 年兰德尔就任法学院院长之初，埃利奥特校长负责监督聘请教授和决定教授的薪酬，兰德尔的职权被限制在负责招生、指导学生日常学习并决定免修事宜。学院教学规章由全体教员集体决定，兰德尔对此仅仅扮演为教授们服务的角色，比如为教职员会议做准备工作。他不享有一人决定重大决策的授权，这意味着每项改革的提议如果多数教授反对是无法通过的。兰德尔怎么绕开这个障碍呢？这要归功于埃利奥特校长，每次学院行政会议他都参加，每次会议上他都带头支持兰德尔的动议，埃利奥特做到这一点并不容易，他背后受到董事会的直接制约和监事会的间接监督，不能随心所欲地支持兰德尔。所以，一切操作取决于埃利奥特和兰德尔的双簧表演，怎样相互默契协调步调、怎样安抚反对他们的"绅士们"。兰德尔在他的工作权限内推进改革的步伐较快，新生一入校，他马上找每个人谈话，详细询问他们的学习背景，提醒新生法学院的课难度很大，他们不一定能坚持到底。事实就是如此这般地捉弄人，很多新生学着学着开始打退堂鼓。为了拢住新生，兰德尔禁止教员随意增加课程，即使部分学生要求，也禁止开设与法律无关的生僻难懂的课，以便减轻学生的负担，更加专注于他推行的案例课。他调阅了沃士本等老教授给新生慈父般的职业性演说文本后，叫停了法学院历来举行的新生欢迎致辞仪式。此外，兰德尔说服法学院停止了由"海外绅士们"评定的学生论文奖，改成由法学院教授们评定的奖学金制度，到1875年共8名学生接受了奖学金。兰德尔还重新规划了核心课程，减少了诉状、家庭关系和遗嘱这类比较具体的内容，增加了民事诉讼、侵权这类概念化范畴。以上这些表明兰德尔将"绅士化"转变为"学术化"给法学院带来的变化。

兰德尔一生无论求学时期还是职业生涯都十分重视图书馆建设。他曾经帮助菲利浦·艾斯特中学、哈佛法学院、纽约法律研究所、波士顿法律图书馆和美国其他大学的法学院，协助这些机构与英国书商建立联系。回到哈佛法学院后，他发现图书馆缺乏资金，管理混乱，图书保管很差，很多藏书不翼而飞，被学生抄写教材时顺手牵羊。这种状况立即引起兰德尔的注意，他在1872—1873学年报告中写道："哈佛法学院区别于其他大学的基本特征在于图书馆，这包括它在学院生活里扮演的角色，直接或间接对教学和学习发挥的作用。往积极方面发展它可以代替一部分教学功能，往消极方面发展它可以耗尽学院的资源。如果没有一个像样的图书馆，法学院就会丧失一个重要的特点，甚至失去存在的价值。"兰德尔把图书馆提升到学术教育心脏的地位。于是，从他上任伊始的 1870 年秋季，便立即着手提高图书馆的经费预算，聘请了法学院第一位全职图书管理员加强图书管理，限制使用一部分核心藏书，停止把藏书作为赠予物品使用。由于兰德尔提倡从原始资料里寻找抽象归纳的方法，图书馆的使用率大大提高了。囿于资金限制，兰德尔于 1873 年捐出他自己一半的薪水购买图书馆藏书，其中有 98 册法律报告书，这些报告书都是兰德尔指定的必读资料。为了防止有人再次顺手牵羊，兰德尔索性用自己的钱买足了法律报告放在图书馆，让学生几乎人手一册当工具书使用。兰德尔和这位叫约翰·海姆斯·阿诺德（John Himes Arnold）的图书管理员一起讨论图书馆管理办法，阿诺德尽心尽责在法学院图书馆工作了 40 多年，协助兰德尔实现了改革图书馆管理的目标。

行文至此，简要介绍一下哈佛法学院图书馆。哈佛法学院图书馆是目前世界上法律学术机构里藏书最多的图书馆。法学院于 1817 年成立时承诺向法学院学生提供图书馆服务，该"图书馆"当时位于斯特恩斯教授的办公室里，图书馆预算为 681.74 美金。1820 年拥有 584 册图书，1841 年拥有 6100 册，1910 年拥有 120600 册，1988 年发展到 145 万册藏书。2009 年图书馆再次重组，开始引进数字藏书。据阿诺德图书管理员回忆，"哈佛法学院图书馆于 1817 年成立时的启动资金为 500 美金，法学院图书馆于 1826 年进行了第一次图书分类，当年共有 1752 册藏书。1834 年进行第二次分类，共有 3500 册藏书。1841 年分类时拥有 6100 册藏书，1846 年再次分类时拥有 12000 册藏书"。哈佛法学院图书馆自成立后几经搬迁。1832 年，搬到戴恩楼，1883 年移至奥斯汀楼，1906 年至 1907 年之间，迁到兰德尔楼的南翼，1948 年，兰德尔楼的北端扩建成三层图书阅览室并存放珍贵藏书，1960年，法学院国际法图书馆建成，拥有近百万册书籍。目前，哈佛法学院图书馆划分成 4 个服务型分支，其中图书数据收集分支最为亮眼，最终为了实现每个家庭与哈佛法学院图书馆连线阅读的目标。

法学院图书馆里的善本收藏馆藏有 10 万多册从 15 世纪到 20 世纪的珍稀书籍、13 世纪以来的早期手稿以及小册子、宽面读物和其他形式的收藏品。藏书包括英美法、欧洲大陆法、俄罗斯和苏联以及中国法的文笔资料。契据馆藏书量众多，有 1000 多个英国契约文本。手稿包括教授讲义及其注释、律师业务笔记、学生笔记、摘录本、贵族权利主张、判决书、法官意见、法庭案卷、诉状先例和令状。宽面资料指 18 世纪至 19 世纪英国公开处决死刑犯时的死亡演讲和血腥谋杀的记录，图书馆保存了 500 件从 1707 年至 1891 年英国对纵火、殴打、伪造、偷马、谋杀、强奸、抢劫和叛国等罪行的处决资料。法学院图书馆的法律文献来自购买、捐赠和交换等途径，例如法学院于 1913 年在拍卖会上购买了英国收藏家乔治·邓恩（George Dunn）（1865—1912）私人图书馆中的法律书籍和手稿，法学院通过随后对邓恩藏书不断添加，现有大量 1601 年之前英国的法律书籍，其中包括 1482 年英国第一本法律论文集第一版的副本，以及 1485 年英国第一部法规印刷版的两个副本。亨利·埃斯三世（Henry N. Ess）（1921—2000）对哈佛法学院藏书亦有贡献，作为 1944 届哈佛法学院学生，他主编第 57 卷《哈佛法律评论》时对收集法律书籍产生了兴趣，在随后的半个世纪里不断从各种拍卖行和英国与美国的书商那里购买，他在纽约曼哈顿三居室公寓的每一面墙壁，都按主题排列着落地书架，上面摆满 3 万多本各类图书，他去世后把自己精心收藏的 400 多种英国 1601 年前的法律书籍捐赠给哈佛法学院。1931 年，哈佛大学收购了德国一位王子坐拥125000 册藏书的私人图书馆的一部分，并将购买的 12500 册政治和法律类书籍移交法学院图书馆。

　　兰德尔的教学管理改革还表现在他对课程设置的调整上。法学院实行两年制课程时，教授按照循环安排的科目教课，学生入校时循环到哪一课就从哪一课开始，两年学制内不论学没学过都跟着循环课程学一遍。兰德尔于 1871 年 9 月向教授们提议，取消"循环制"授课，把课程按照一年级和二年级学年分开上，二年级的课程完全以一年级的课程为前提。沃士本和内森·福尔摩斯教授起初反对这一做法，因为这一变化打乱了他们已经习惯的教课程序，会给教员和学生带来不适，鉴于埃利奥特校长支持兰德尔的意见，沃士本和福尔摩斯不得不默认这种改变。1873—1874 学年法学院一年级课目表上，首次出现"五大课程"的提法，这五门基础课分别为物权法、合同法、侵权法、刑法和民事诉讼法，当时谁也没有想到，"5大课程"一经问世竟然延续 100 多年！对于二年级的课程，法学院教授们一致决定只规定两门必修课，一门是塞耶教授的证据法，另一门是兰德尔的衡平法管辖权和诉状请求，剩余时间交由学生自由选课，这正应了埃利奥特校长的那句话，"自由选择是大学教育的标志"。兰德尔对课程设置实现了一项革命性突破，极大地提升了法学教育的预期值。埃利奥特校长敏锐地捕捉到这一变化，他认为 19 世纪 70 年代初期，哈佛大学里没有任何一所学院实施类似法学院这样的课程改革，法学院已经把哈佛医学院远远地甩在后面。当时哈佛医学院教学标准依然停留在录取新生数量和医院实习质量上，不太重视学业方面的改进，这可能与医学院缺少一位兰德尔式的院长有关，当时医学院院长不足以冲破医学院资深教授群对改革的抵制。正是从这时候起，埃利奥特校长开始唠叨一句话，"法学院是哈佛大学各个学院里办得最成功的，也是美国所有法学院里最成功的"。

　　尽管埃利奥特校长对兰德尔的改革赞誉有加，也挡不住法学院在教学转折中出现的巨大分歧和争议。持续 16 年的争议可以分为两个阶段，从 1870 年到 1876 年，反对声音主要来自沃士本教授，争议焦点表现在兰德尔所坚持的学业优秀能否当成衡量法学院教学和学习成就唯一的标尺杆。兰德尔倡议的两项改革诱发了沃士本激烈的反对，一是建立期末考试学分制，另一个是报考法学院必须具备大学本科毕业的同等学历，这一反对声直到沃士本教授退休为止。第二阶段从 1876 年延续到 19 世纪 80 年代中期，这个阶段兰德尔和埃姆斯一方遭到格雷和塞耶一方的反对，尽管 4 位教授对学业优秀是办学成功的标准看法一致，但对学业优秀的含义理解却不同，而且格雷和塞耶不认可兰德尔有权确立这一标准，尤其当兰德尔再次改变教学管理方法，把学位制延长到 3 年和设立荣誉学位的时候，双方矛盾愈加激化。综上可以看出兰德尔每前进一步，都招来对他改革的目标和方法一片反对声，批评者把他描述成一个傲慢的、顽固的、不惜改变现存规则达其目的的人。

五 评分标准和招生制度的改革

埃利奥特校长上任伊始便呼吁"建立严格的期末考试制度"，以此检验学生学业的好坏。兰德尔与埃利奥特所见相同，他紧跟埃利奥特的步伐，在法学院推行期末书面考试，并伴之以兰德尔特色抽象复杂的考题。此前美国所有大学的法学院和医学院都不把书面考试当成授予学位的条件，在哈佛法学院除了埃姆斯外，沃士本教授偶尔采用最简单的测试方法，其他教授都不赞成这一改变。内森·福尔摩斯、格雷、塞耶和布莱德利只要求学生记住定义、解释和法律规定，就连当时被称为"进步法律思想家"的尼古拉斯·圣约翰·格林讲师（Nicholas St. John Green）（1830—1876）也不例外。虽然考不考试由各个学院自行决定，但是每个学院都要评定学生的学习成绩，用什么标准评定？对此哈佛校内争论不休。在英国殖民地时代，哈佛学院主要依照学生家族血统、社会地位、个人行为、性格特征外加学习表现作为评定标准。在 19 世纪 20 年代，哈佛大学和其他大学建立了数字评分制，也称"绩效考评制"，一个学生的学习成绩由他学习表现、个人行为、是否违反宗教和操行品德综合起来打分。1870 年，兰德尔带领法学院率先实行书面考试单一评分制度，排除了考试成绩之外的其他因素，大大简化了衡量学习成绩好坏的标准。客观地讲，哈佛法学院旧的考评制度比较宽松，学生们缴纳学费听听课，死记硬背一些法律条文，教授们稍微抬抬手，就让学生及格过关，在这样宽松的气氛下，学生们还有时间学习一些与课程无关的知识。但是，法学院的改革家们不这样认为，他们的目的是让每个学生拿出全部精力脱胎换骨地经受法学教育的炼狱，毕业后成为高素质的法律人。

对于教学标准松和紧的争执一直不断，1871 年 6 月中旬，埃利奥特在自己家里召集法学院的教授们开会，沃士本和内森·福尔摩斯提出动议，将及格线定在 60 分，学生只要每门功课达到 60 分即可获得学位。兰德尔和尼古拉斯·格林坚决反对，他们提议 70 分为每门课的及格线。双方势均力敌，谁也说服不了谁，僵局之下埃利奥特发话反对 60 分的动议，会上通过了兰德尔的提议。一计不成，再生一计，第二年沃士本和福尔摩斯重提分数问题，他们建议把 70 分作为总考试成绩的及格线，也就是说，有的课考试可能低于 70 分，但只要总平均分数达到 70 分，就可毕业授予学位，这个动议又遭到否决。沃士本和福尔摩斯还不死心，他们提议只要每门课达到 65 分便可及格毕业，埃利奥特、兰德尔和格林再次封杀了他们的提议，自此，每门功课 70 分达到及格线的标准再次被确认下来。对于及格线的宽紧，兰德尔也做过妥协，1874 年一、二年级的课程重新划定后，二年级的及格线确定为平均分数 70 分，而不是要求每门课必须达到 70 分。

兰德尔和沃士本的争论还表现在是否应该建立"级配曲线"（grading

curve），以及如果学生考试不及格，院长和任课教授是否有权去掉不及格分数？对此在 1875 年 7 月校务会议上投票决定，"任课老师有权在一定比例内对不同水平的学生划分不同的标准"。这一妥协对打分宽和打分严的教授都适用，每个教授都有权灵活处理哪些学生可以通过及格线，或者不能通过，比如沃士本教授直到 1876 年离开法学院之前，通常给学生打接近 85 分，兰德尔则打 65 分，要知道这个时期每门功课的及格线是 70 分，沃士本认为多数学生可以通过考试，兰德尔认为多数学生应该不及格！沃士本在任时 80% 一年级学生通过考试线，他一离校，通过率马上降到 70%。沃士本之所以对学生的要求宽松，因为他坚守大学培养绅士的学术传统，考试成绩并不是培养成才的唯一标准。正因为如此，他不仅不为自己给学生打分宽松感到惭愧，而且主张衡量一个学生的成绩，其他方面的特质高于他的学习成就。根据法学院记载，1876 年全院学生及格率达到 65%，1877 年仅为 40%，1878 年 50% 的学生及格。沃士本教授离校后，所有教授平均打分率偏低，兰德尔和埃姆斯打分低于及格线，塞耶、格雷和布莱德利打分高于及格线，出现这种情况首先因为塞耶、格雷虽然接受兰德尔的"考试是决定学业的唯一标准"的改革，但是，他们不愿被贴上对学生心慈手软、教学态度不够严格的标签。格雷于 1886 年 3 月 11 日致埃利奥特校长的信里解释说，"兰德尔给的分数最低，其实我给的也很低，如果给低分对法学院的发展有好处，我十分乐意照这样去做"。1876 年以后出现的低分通过率说明，没有绝对正确的及格线。在现实教学中，无论及格线定在什么尺度，老师打分时都会向这条线靠拢，只不过兰德尔和埃姆斯有意不让学生通过及格线，塞耶和格雷通过给高一点的分数，想方设法让学生通过及格线。

关于招生标准，之前美国所有法学院招生都不要求入学考试，不需要提供之前学习过的课程表，只要求年龄 19 岁以上，道德品行端正。兰德尔大大提高了入法学院的门槛，要求学生必须具备大学文学学士学位，才有资格报考法学院的法学学士学位（此时哈佛法学院尚未设立法学硕士与法学博士学位），就连美国律师协会直至 1896 年前也不建议入学法学院必须具备高中以上学历，更何况大学本科学位了。兰德尔对招生制度的改革有违传统，理所当然地遭到强烈的抵制。兰德尔不在乎反对声，毅然强推招生改革。1875 年 2 月，由埃利奥特、兰德尔、沃士本、埃姆斯出席的法学院会议上（塞耶缺席），投票通过下列决议："自 1877 年秋季学期开始，哈佛法学院只向接受过大学教育的考生开放，经过验证的文学学士获得者可直接进入攻读本院法学学士资格，没有文学学士文凭的需要通过入学考试，合格者方可进入法学学士候选名单。"敏锐地察觉到美国法学教育史上的这一重大变化，埃利奥特校长迅速将法学院改革招生标准的消息告诉哈佛大学校董们，董事会仅用两天时间迅速批准这一改革。为了表达对兰德尔的支持，董事会于当年 5 月决定授予兰德尔法学荣誉博士学位，并在 1875 年 6 月的毕业典礼上向兰德尔颁发荣誉博士证书。

如同其他改革一样，兰德尔提高入学门槛的做法过于激进，带来了一片质疑声。从程序上讲，埃利奥特校长知道校监事会肯定反对，所以没有事先会商监事会。兰德尔的强推也惹怒了法学院的教授们。监事会派驻法学院工作组在 1875 年 12 月的年度报告里，批评法学院的招生改革和包括案例教学法在内的其他激进变革。很显然，帕森斯和沃士本的幕后推动，加上一批有影响的校友们的不满情绪，起到推波助澜的作用。同月月底，埃利奥特校长召集兰德尔、塞耶、埃姆斯以及格雷在他家开会讨论监事会工作组批评法学院一事。沃士本以 1876 年即将退休为由没有到会，塞耶做了长篇发言，他首先驳斥了工作组的报告为旧传统辩护，忽视了法学院在考试、图书馆建设和其他诸方面的进步，随后把矛头转向兰德尔，他罗列了兰德尔的种种"问题"。他认为尽管兰德尔和埃姆斯大力推行的案例教学法值得称道，但潜伏着巨大的危险。对于聘请教员，他认为具备法律实践的律师远比只有教学经历的人强。关于兰德尔主张提高招生门槛，他并不认为是明智之举。他举例说，美国联邦最高法院大法官约翰·马歇尔（1755—1835）并没有上过大学，马萨诸塞州高等法院首席法官勒缪尔·肖（Lemuel Shaw）（1781—1861）自 1800 年哈佛学院毕业后没有上过哈佛法学院，他们不照样成为法律界的翘楚？如果允许让马歇尔法官这样没有大学本科学历的人入读法学院，只会给法学院增辉加色，为什么要实行一刀切的招生政策呢？塞耶进一步指责说，我虽然同意招生考试的规定，但是，兰德尔曲解了法学院招生简章的含义，简章里规定，"本院教学面向接受过大学教育的考生"，塞耶理解为除具备本科学士学位者免考外，入学考试提供给非大学学士学位获得者入学的机会。而兰德尔却曲解为所有考生需要具备达到本科学士学位的水平，入学考试的目的就是测试他们达到与否。塞耶认为，接受过本科教育和达到本科学士学位，两者的含义不同，兰德尔不顾大家的反对，坚持按照他的说法解释招生考试简章，他完全曲解了大家的意思。

在埃利奥特校长家开会的 4 天后，哈佛大学监事会工作报告委员会致信埃利奥特，其批评语气与塞耶的用语一模一样，什么法学院招生改革不明智啦，什么事前没有报批监事会啦，哈佛大学监事会决定 1876 年初开会研究这件事。面对压力和责难，法学院的改革者没有动摇，埃姆斯致信埃利奥特校长说，"美国最顶尖大学的监事会反对法学院提出的招生考试方法，真令我无法理解。即使马萨诸塞州的律师们也认为只有一种解释：对于法学教育来说，监事会秉持了倒退的态度"。埃姆斯的信十分巧妙地把兰德尔提倡的学术质量与职业律师的素质联系在一起。埃利奥特校长没有理会监事会的批评，继续在哈佛大学各个院系推动法学院采用的招生入学考试方法。谁知一个月后法学院的情况出现逆转，1876 年 2 月底，法学院行政会议通过投票否决了兰德尔对入学考试的单一解释权，代之以模棱两可的表述："自 1877—1878 学年开始，没有获得大学本科学士学位的考生，需要通过令人满意的入学考试成绩方可录取。"兰德尔对入学考试定义在必须达到相当于大学本科毕业的程度，这是一个统一的硬性的标准，而法学院通过的招生考试标准定义在"令人满意"这个具有伸缩余地的标准，两者的区别在这里。看到法学院有所松动，监事会于同年 4 月撤销了对法学院所做出的批评的决议。但是，反对兰德尔的一方依然不依不饶，迫使法学院把一年级及格线改成平均分数为 65 分，而不是每门功课 65 分，并且加上一句灵活处理的话，"在著名教授特许之下，不及格的一年级学生仍然可以升级"。法学院情况出现逆转，因为沃士本、塞耶和格雷所占据的多数票，压倒了兰德尔和埃姆斯的少数票。当沃士本即将退休，讨论接替人选时，哈佛董事会和监事会一致强推查尔斯·布莱德利，以便阻止改革派翻盘，尽管埃利奥特、兰德尔和埃姆斯坚决反对布莱德利接替沃士本，仍然无济于事。达到目的后，哈佛监事会工作组于 1876 年 11 月宣布，"哈佛法学院目前情况良好，全体教员和学生对法学院充满着忠诚和热情"，双方以这种方式暂时休战。查尔斯·S. 布莱德利哈佛法学院毕业后创办一家律师事务所，1866 年至 1868 年担任罗德岛州首席大法官，属于绅士型法律专业人士，聘请他担任布西冠名教授巩固了保守阵营与改革阵营的对抗。兰德尔仍然处于少数地位，好在布莱德利不怎么管法学院的事，不像沃士本那样处处阻挠兰德尔。此后一段时间里，对兰德尔设计的"具备大学本科教育"申请入学要求的指责声也慢慢消失了，直到 1893 年法学院取消攻读法学学位申请人的入学考试为止。

截至 1876 年 6 月，兰德尔成功地建立了以考试成绩划线的学业评判标准，这条标准既适合招生录取，也适用于在校学生的学期考评。法学院教授们的分歧并不在于是否应当把学业优秀当成首要标准，每一位教授都希望自己的学生学习成绩好，分歧在于标准定得高和低，深与浅，比如是否只看学习成绩，是否需要考试，考试及格线的具体分数是什么等等。

六 改善财务管理

如果说从 1870 年至 1876 年兰德尔推行第一批改革冲击波的话，这主要包括 1870 年至 1873 年把课程大循环改成一年级和二年级课目分开、建立书面考试制度和推行案例教学法，以及从 1875 年至 1876 年规定考生需要具备大学本科学位，如果没有学位必须通过入学考试的规定，那么，随着沃士本的离开，兰德尔又马不停蹄地强推第二拨改革措施，这主要包括"学业优秀"的标准是什么，兰德尔力争对这一标准的解释权。上述变化已经给兰德尔带来不少麻烦和矛盾，他索性一不做二不休，又提出两项教学改革措施，一是把读学位年限从 2 年延长到 3 年，二是建立荣誉学生的竞争赛道。反对声一如既往地从程序和实质方面泛起，指责兰德尔破坏了现有的教学秩序，催生了对标准矛盾不一的解读，兰德尔把自己当成教学标准的仲裁者，实际上在为他那不受欢迎的案例教学课找台阶下，并且为他的"精英革命"（meritocratic revolution）辩护。延长学业的改革尽管增加了一道新的学习成绩竞争轨道，但最初却没有遭到什么反对，包括嘲笑兰德尔改革的校外人士。其实早在 1873 年埃利奥特和兰德尔就开始呼吁延长学制，直到 1876 年 2 月法学院才得以投票通过。考虑到对招生标准的分歧和接替沃士本人选的争议，埃利奥特推迟到当年 4 月才告知校董事会投票结果。在此之前法学院允许 3 年级学生到律师事务所实习，只要年底前返校通过期末考试就可获得法学学士学位，这种变通方法平息了一些人对法学院过分看重学习成绩、忽视法律实践的不满情绪。哈佛董事会认可了之前 3 年级学生可以实习的变通方法，并且批准了兰德尔比较严格的不得实习的学制方案，兰德尔的方案自 1879—1880 学年开始执行。

那么，把学制延长到 3 年的缘由出自哪里？事情发生在 1876—1877 学年兰德尔与法学院其他教授之间对课程安排的分歧。除了宪法、法律适用和遗嘱课外，兰德尔拒绝对他教二年级学生衡平法管辖和辩护课做出调整。尽管塞耶做出让步说他可以放弃教二年级学生证据法课，留出时间让兰德尔开课，兰德尔仍然拒绝了塞耶的好意，因为他有难言之隐。虽然兰德尔的教学水平公认一流，不知是他给学生打分太严，还是他的教学方法难以适应，反正那一学年他的选修课几乎无人问津，而选修别的教授课的人数高出兰德尔 5 倍。沃士本和格雷等人认为，兰德尔的课本来面就很窄，如果为保证兰德尔的课而牺牲其他教授的课是不公平的，选兰德尔课的人数减少将会影响法学院的生源，而且兰德尔推行考生必须具备大学本科学位的招生标准和延长学制的做法，将令更多的年轻人望而却步。即便那些学习成绩好的法学院学生，面对教授们对课程安排争论不休也感到茫然，1872 年波士顿大学法学院的成立又抢走了一些生源。凡此种种，都影响法学院学费的收入。照理说，一个法学院如果学费低但课程不难，比较容易吸引考生。但是，埃利奥特和兰德尔反其道而行，他们采用延长学制的方法等待入学率的转机，并且调高法学院的学费，以便增加学费收入。1869 年，哈佛法学院的学费是 100 美金，1872 年涨到 250 美金，1875 年是 300 美金，1878 年是 350 美金，1879 年是 450 美金，从 1869 年二年制的 100 美金，涨到 1879 年三年制的 450 美金，10 年时间提高到 4.5 倍！还有一个有趣的现象，每当兰德尔推出比较严格的教学改革措施，学生入学人数就下降，然后再慢慢回升，例如 1870 年到 1873 年，改变课程安排、推行书面考试方法和案例教学法，入校人数从 165 人下降到 117 人，1876—1877 学年回升到 199 人，提高招生标准和延长学制后，1882—1883 学年又跌到 138 人，1886—1887 学年再回升到 188 人。面对生源的大起大落，埃利奥特和兰德尔虽然可以动用储备金应急，但需要制定长远的财务战略。

　　除了法学院内部的问题外，外部情况也在变化。1877 年，位于纽约州的哥伦比亚大学法学院和奥尔巴尼法学院的文凭特别吃香，因为此时纽约州是美国的首富州。当年 9 月，纽约州高等法院颁布新规，凡在纽约州律师事务所实习 3 年者可以获得律师资格，其中 2 年可以用在纽约州的法学院学习时间折抵，这两所法学院的毕业生可以直接拿到纽约州的律师资格。这一偏袒纽约州法学院的做法对哈佛法学院十分不利，致使准备毕业后在纽约执业的考生纷纷转投纽约州的法学院，照此趋势，纽约州的法学院有可能阻断斯托里当年为哈佛法学院打造的执美国法学院之牛耳的道路。形势不容乐观，兰德尔在其年度报告里抗议纽约州偏袒本州法学院的做法，哈佛大学埃利奥特校长紧随其后，于 1878 年 3 月致信纽约州高等法院首席大法官，指出法学教育和律师执业资格的考量应该超越来自市场方面的商业压力，为了照顾纽约州的法学院，把加入律师行业的门槛降低到"手艺人"的程度，并为此降低学费，降低教学标准，完全是一种倒退行为。兰德尔和埃利奥特一致认为，法学教育不应该预设任何自私偏袒的先决条件，任何一家法学院都应该提供一个自由发展的学习环境，让考生自己判断每个法学院的优劣，不可以制定针对外州的歧视性条款，应该允许全美国的法学院公平竞争，由每个学生自己决定取舍，通过公平竞争胜出的法学院，自然会吸引更多考生，其财务能力也会越来越强。在这里，埃利奥特和兰德尔展示出一种新型的把教育纳入市场环境公平竞争的理论，一种比较合理的通过竞争创造学校财富的理论。

　　兰德尔和埃利奥特支持的，是以市场为导向不附带任何照顾的由学生自由发展的教育模式，该模式保护了美国各个法学院的公平竞争环境，保证了由此涌现出令人信服的顶尖法学院。在这种模式下，高质量的法学院得以吸引最杰出的法学教育家任教，杰出的法学教授吸引来学业优秀具备潜力的考生，法学院知名度提升后尽管提高学费，仍然吸引大量考生，法学院财力得以不断壮大，由此形成一种可以用客观标准评价的良性循环的教育形态。通过公平竞争，非纽约州法学院的毕业生凭借优秀的学业仍然可以在纽约找到顶尖律师所的工作，其中也包括籍贯纽约在外州法学院上学的学生。到 19 世纪 80 年代中期，哈佛法学院 3 年制毕业生在各个律师事务所供不应求。19 世纪 90 年代初期，哈佛法学院的毕业生在美国整个法律界十分抢手。20 世纪 90 年代初期，美国哥伦比亚大学、耶鲁大学和芝加哥大学的法学院纷纷效仿兰德尔新式办学财务战略，即提高教学标准，改变教学方法，让考生感到在该校学有所值，因此乐于支付高额学费。在此期间，哈佛医学院和商学院也采用法学院的财务管理模式。兰德尔的一整套教学改革不仅纵向深入到美国各个法学院，而且横向影响到整个教育领域。然而在 19 世纪 70 年代后期，当兰德尔和埃利奥特大声呼吁提高教学标准将带来教育繁荣时，多数大学没有响应，认为他们两个人在说梦话。那时，哥伦比亚大学法学院继续秉承传统的低标准低学费管理模式。即使到 19 世纪 90 年代初期，美国第一所医学院，也就是霍普金斯大学医学院为了迎合捐款人担忧提高入学门槛可能导致生源下降的心理，也不要求考生必须具备大学学士学位。

正因为认识到提高教学标准与财务增收的互动关系，兰德尔极力推动设立荣誉课程。经过两年时间讨论，兰德尔终于和其他教授就三年学制课程达成一致意见，规定二年级学生每周必须上满 8 个学时课，其中包括兰德尔一小时的衡平法管辖权，三年级学生需要从 9 门课里至少选修 6 门，其中包括兰德尔 2 小时的衡平法程序和 2 小时的民事诉讼。课程的调整说明兰德尔做出让步，把他原来教二年级的衡平法课移到三年级，三年级学生需要至少选一门兰德尔的课才能满足 6 个学时的要求。为了鼓励三年级学生选修兰德尔的衡平法程序课，法学院决定凡选修这门课的学生有可能获得优等荣誉称号（荣誉分成优等、特优等、最优等），至此，哈佛法学院建立了可以由教授自己决定授予学生荣誉称号的制度。但是，兰德尔并不满意这样的妥协，他极力想把他教的衡平法管辖权和诉状程序课当成学习成绩优秀的标准，为此，他建议以选修课形式成立"普通班"上他的衡平法课，另外成立"荣誉班"每周教 3 小时他的衡平法，用他衡平法的教学专长来衡量学习成绩。兰德尔的建议引起格雷等教授的惊奇和反感。1878 年 6 月，格雷致信塞耶难掩愤怒地写道，"尽管有些学生没有被选上兰德尔人为划分的衡平法荣誉课，但他们别的课都学得十分优秀，把这样的学生排除在学业优秀荣誉之外，我表示反对。这种做法只会带来对法学院的谴责和嘲笑"。多数教授认为，不管兰德尔怎样评价自己的教学水平，也不论他具备怎样高的知名度，把他自己的专业划定为学业最高荣誉，显然有违于公平无私的学术准则。经过反复讨论，法学院最终达成一致意见，普通班的学生需要在二年级和三年级修满 14 个学时的选修课，平均分数达到 60 分的方可获得学位。荣誉称号的学生需要在相同的学时平均分数达到 75 分，方可获得带有荣誉称号的学位。

格雷教授和塞耶教授始终不赞成把衡平法课当成衡量学习优异与否的标准。他们认为，兰德尔有意加重衡平法课的学时，强调衡平法课的重要，这种想法过于狭隘，不能反映出法学院教育水准的全貌。此外，仅仅因为衡平法课考的成绩好，就可获得荣誉学位称号，这实际上降低了荣誉学位的分量。为此，两位教授采取 3 个步骤予以抵制，第一，他们建议把平均 75 分改成每学年成绩 75 分。第二，他们建议把荣誉学位 75 分的标准再往上提高。这两条建议的目的，都是为了减少上兰德尔主推的荣誉学位课的人数，把获得荣誉称号的人数控制在极小的范围。第三，塞耶提出设立最优等荣誉学位。兰德尔的荣誉学位只针对衡平法课，最优等学位涵盖更多课程，可以弥补兰德尔只用一门课决定荣誉学位的不足。对此，兰德尔回应道，从逻辑上说，最高荣誉学位蕴含了荣誉学位的内容，但是需要法学院表决通过才能设立。此时布莱德利忙于校外律师兼职业务，无暇顾及这个话题。埃姆斯和埃利奥特站在兰德尔一边。于是，塞耶的建议无疾而终。哈佛法学院在 1878—1879 学年的三年级课程表上，登出开设普通课和荣誉课的消息，得到《美国法律述评》杂志的积极评价。从此，普通课和荣誉课双轨并行开课的教学方法得以流行。到 1882 年 6 月，尽管入学人数下降到 138 人，兰德尔仍旧坚持高标准的教学要求，把二年级和三年级的普通课和荣誉课各增加 2 小时。

七　法学院校友会的成立

1882 年哈佛法学院入校人数急剧下滑后开始逐步回升，面对兰德尔教育体系的不确定性，加上 1882 年春对威廉姆·基纳任命的事争论不休，导致很多具有影响力的资深校友对捐赠基金按兵不动。詹姆斯·塞耶教授曾经成功地募集到韦德冠名教授基金，这次为图书馆募资却困难重重。在波士顿地区，哈佛法学院校友只捐出几百美金。在纽约城，像约瑟夫·乔艾特（Joseph H. Choate）（1832—1917）这样著名的校友每次仅捐几百美金，倒是那些年轻校友们对母校热情十足。1882 年 3 月 27 日，校友维克多·莫拉维茨 （Victor Morawetz）（1859—1938）致信塞耶提议："考虑到年轻校友对母校热情很高，却收入很少的现状，仅凭年轻校友的捐赠无异于杯水车薪。为什么不能以法学院或兰德尔院长的名义，向全体校友，主要针对那些有所成就的富有的校友发起募捐呢？"这封信应该是最早呼吁成立法学院校友会的声音了。这里顺便介绍一下莫拉维茨，他出生于马里兰州巴尔的摩市，他的父亲来自奥地利，15 岁那年父亲把他送到德国和瑞士学习 3 年，他在西班牙游历一番后，进入哈佛大学法学院，能讲流利的西班牙语、德语和法语。他于 1880 年刚当律师时每次法律咨询只得到 10 美金报酬，后来，他出版了《私营公司法》一书，这本书被公认为这一领域有影响的著作。此后他搬到纽约继续律师业务，曾经替安德鲁·卡内基（Andrew Carnegie）（1835—1919）赢得铁路官司，逐渐成为一名出色的金融家和律师。

即便兰德尔亲自出马募集资金，法学院老校友们也不买他的账，再加上 19 世纪 80 年代初的经济萧条，更给校友捐赠添加了困难。正如一位年轻热情的校友乔治·坎菲尔德（George F. Canfield）（1854—1933）试图在芝加哥校友中募集 1 万美金的计划失败后，于 1882 年 4 月 19 日致塞耶教授的信中所说，"我发现越是那些老校友，不但不愿意捐款，还一个劲儿地批评法学院办的叫个什么啊，路越走越歪"。法学院在美国其他大城市如费城、旧金山等地的募捐活动也相继失败。正当大家一筹莫展之际，转机终于来了，它没有来自哈佛校友，而是一个跟哈佛毫不相干的人。事情由位于哈佛广场附近的戴恩楼引起，这座在风霜雨雪中耸立 50 年的教学楼虽经 1845 年扩建，教室设计容纳 35 名到 50 名学生，可此时一个班已经扩大到 180 人了。戴恩楼一层的图书馆也变得拥挤不堪，根本无法适应兰德尔设想的开放式阅读严密式管理的需要。这时，一位名叫爱德华·奥斯汀（Edward Austin）的"隐士"出现了。他曾经居住在波士顿市灯塔大街 45 号，从住处步行几分钟便可抵达波士顿中央公园。奥斯汀先生是一位富商，他的生意涵盖货物航运、棉花贸易、铁路经营和保险业务。一次偶然的机会，他看到埃利奥特校长在年度报告里提到法学院教学楼存在资金缺口，便于 1881 年 1 月与校长联系，表示愿意捐赠 10 万美金为法学院建造一座新的教学楼，新楼需要用他的姓冠名。哈佛校董迅速接受了这笔捐赠，在哈佛校园里征集出一块地，这片地的一部分早先归哈佛医学院一位叫奥利弗·温德尔·福尔摩斯（Oliver Wendell Holmes Sr.）（1809—1894）的教授所有，这个名字是不是很熟悉呢？是的，他是老福尔摩斯，他的儿子小福尔摩斯就是本书前面经常出现的与兰德尔发生论战的那位法官和教授，他们父子俩同名同姓。当时，法学院的学生经常在这片地上开展体育活动，所以也叫"福尔摩斯操场"，此外，奥斯汀又拿出 3000 美金搬迁费，协助福尔摩斯家庭迁离此地。投资的钱和盖楼的地方落实后，哈佛大学聘请著名设计师亨利·霍布森·理查森（H.H. Richardson）（1838—1886）规划出奥斯汀楼的设计图纸。施工工程在推进时超出预算，奥斯汀又追加了 3.5 万美金。为了修建奥斯汀楼，法学院把所有积蓄用于装修这座罗马复古风格的豪华建筑，它的中央入口以三重拱形框架构筑，拱门石材使用浅色的俄亥俄砂岩，厚厚的檐口上刻着醒目的座右铭。奥斯汀楼的一层有三个大型教室，其中一间较大的阶梯教室可容纳 150 人听课，阶梯教室依照兰德尔惯用的苏格拉底式案例教学法的格局设计建造，这一建筑风格后来风靡美国各个大学。二楼是图书阅览室和模拟法庭室，同学们在模拟审判庭里举行各类诉讼程序的演练。奥斯汀楼按照 400 人的设计规模于 1883 年 10 月投入使用，大大缓解了法学院图书馆和教室的需求压力。

1886 年，法学院的财务状况开始好转，入校学生急剧增加，从 1882 年 138 人跃升到当年的 188 人，学院又开始向兴旺迈步，连兰德尔也如释重负，感叹"改革再也不是一个问题了"。同年 7 月，一批坚定支持兰德尔改革的法学院新老校友，在路易斯·布兰代斯的提议下，开始筹建法学院校友会。为配合这一行动，兰德尔组织印制了一份法学院校友名录，分发给每位校友。1886 年 11 月哈佛大学 250 周年校庆期间，500 多名法学院校友齐聚一场精心准备的晚宴，正式宣布成立哈佛法学院校友会，这一举动为哈佛其他院系树立了榜样。颇具喜剧色彩的是，晚宴主讲人竟然是兰德尔的宿敌、时任马萨诸塞州高等法院大法官的奥·福尔摩斯！不过这次福尔摩斯带着满腔热情扑面而来，他在发言中高度赞扬兰德尔的案例教学法。当兰德尔站起来准备讲话时，响起了一阵经久不息的掌声，振奋人心的欢呼声此起彼伏，此情此景让一向沉稳老练的他也颇感意外，15年来习惯了人身攻击和贬损质疑，其中最无情刺耳的反对声就来自法学院的校友们，兰德尔一时还反应不过来，"这不是在耍我吧"，他暗自寻思着。此时的兰德尔如释重负，如同走出监狱重获自由一般。事实胜于雄辩，反对声、质疑声终于被兰德尔改革的巨大成功给压制住了。

树倒猢狲散，成功聚人才，法学院校友会正是在兰德尔的改革取得巨大进展时成立的。兰德尔的法学教育改革成果主要指：要求考生具备学士学位或同等学力。调整固有的课程安排并延长到三年学制。采用归纳式案例教学法。学生升级和毕业必须通过书面考试，考题采用虚构的案例。设立荣誉学位制度，鼓励学生上进。建立教员职业考评制度。把图书馆由教科书堆积处改造成学术研究的地方。建造奥斯汀教学楼。成立一个覆盖全国的校友会。除此之外，埃利奥特校长和兰德尔院长独创的财务经营模式也功不可没，他们主张，法学院过去以自由职业为导向的招生和培养标准必须向市场商业压力为导向的方向转变，为此必须提高法学教育标准以适应市场的需要，高标准的教学必然培养出高素质的适应市场要求的学生，在法律服务市场表现优异的毕业生，必然会影响一拨又一拨的年轻学子慕名而来，使法学院的财务管理走向一条稳定的良性循环的道路。

当兰德尔发言时，在众多鼓掌中有没有塞耶教授和格雷教授呢？他们两位一直反对兰德尔傲慢固执的改革。如果客观理性地分析，改革建立了一套无趣的标准来评判学生的学习成果，人们指责兰德尔想通过改革建立他的个人学术声望，也许兰德尔觉得应该用他的衡平法课决定法学教育的标准，这些现象给人一种完全推翻传统法学教育的印象，一个真正的绅士绝不会赞同这种不文明的改变传统的做法，但同时，一个真正的绅士也绝对成就不了兰德尔式的变革。

第十章

兰德尔改革的成败

一 巩固改革成果

兰德尔从 1870 年到 1895 年担任 25 年院长，从时间上划分，1870 年至 1876 年属于教学改革艰难探索阶段，1876 年至 1886 年这 10 年属于改革的攻坚立足阶段，1886 年至 1895 年属于改革的定型见效阶段。

1870 年，兰德尔刚刚就任院长时，法学院当年入校学生 165 人，当年74 人获得法学学士学位。1882 年，入校生降至 138 人，当年仅有 19 人获得法学学士学位，此时，批评者可以振振有词地说，入学人数这么少，获得学位的人这么少，足以证明改革受欢迎的程度之低。然而到 1892 年，入学人数飙升到 405 人，当年获得学位者回升到 73 人，很多人惊呼"不可思议"，埃利奥特校长用"成就非凡"来表达他的感叹，因为这不仅反映出学生人数的增长，而且说明学生素质的提升。此时，哈佛法学院来自全美国的新生 70% 以上拥有大学本科学位，更多新生愿意住校 3 年潜心攻读法学学位。正如埃利奥特校长在 1869 年的就职典礼所预言的那样，"哈佛制造"将成为美国高等教育的一个转折点。到 1890 年，无论从教学质量、学生素质还是毕业后在法律领域的表现看，哈佛法学院都不愧为最顶尖的法律学府。尽管 1890 年之前，美国其他大学的法学院还在观望或者质疑兰德尔开创的教育体系，但是，从那以后几十年时间里，越来越多的法学院采用兰德尔模式。兰德尔模式包含以下方面：严格按照学术标准聘请教员；提高招生标准；调整课程，延长学制；用归纳教学法培养一年级新生；课堂上采用"苏格拉底式"诘问方法为难学生；加强考试难度；给学生的考试打分偏严；严格按照学业表现决定学生的名次。兰德尔的改革具有更加广泛的适用性，兰德尔模式则更带有他本人的特色。终于，兰德尔的改革在生死考验面前，打了一个彻底的翻身仗，吸引到一批又一批最优秀的法律学子，并且奠定了哈佛法学院处于领先地位的基础。兰德尔的表现，没有辜负埃利奥特校长当初力排众议挑选他，通过他抓法学院这个典型的一片苦心，到 1895 年兰德尔退休时，当年入学新生达 475 人，法学学士获得者达 106 人。

正如埃利奥特校长所言，刚刚毕业的法学院学子的现身说法对招生最具有说服力。19 世纪末期，恰逢美国法律服务领域发生重大转变，随着工业革命的迅猛发展，极大地刺激着商业交易行为的多样化，由此带动为商业和贸易交易提供法律咨询的业务大大增加，导致律师业务从出庭诉讼转移到在律师事务所办公室里提供非诉讼咨询，这就需要快速更新律师的法律词汇和专业知识，兰德尔的案例教学法顺应了这一历史潮流。此时，路易斯·布兰代斯位于波士顿的律师所和保罗·克拉瓦斯（Paul Cravath）（1861—1940）位于纽约的律师所最先意识到这一点，他们优先聘请来自精英大学的具有本科和法学院双学位并且学业优秀的毕业生。1893 年，哈佛大学的年度报告也证实了这一说法，"领先的律师事务所最欢迎那些获得荣誉学位的法学院学生"。此后，聘请最优等法学院毕业生成为美国各大律师事务所不成文的规定，布兰代斯在致兰德尔的信中干脆直截了当地说，"聘请哈佛法学院的优等生已经成为我的律师所的惯例"。这就带来一个有趣的问题，既然哈佛法学院在斯托里时代已经开始领先了，那么，兰德尔时期的领先与他的前任们的领先有什么区别？本书前面讨论过，哈佛法学院在美国率先推广的模拟法庭教学法，适应了那个时期美国诉讼业务的需要。然而在兰德尔时期，模拟法庭教学法大大地让位于案例教学法，而案例教学法既适用于诉讼，也适用于非诉讼律师业务。此外，兰德尔比较关注并且极力推动法学院学生各类俱乐部的法律研究，而在此之前，哈佛法学院各种学生俱乐部侧重训练法庭辩论的口才。处于法律前沿的律师所很快能嗅出那些具备现实需要专长的毕业生，以及从法律理论功底更深厚的法学院出来的毕业生，这不仅说明兰德尔办学的独到之处，也看得出他洞察法律服务市场需求变化的先见之明。

然而，意识到改变并且执行改变并非一帆风顺。模拟法庭发端于中世纪时期英国的律师学院，18世纪中期，哈佛法学院引进这种行之有效的教学法，在帕森斯教授、派克教授和沃土本教授的引导下，发展到每周6个模拟法庭开展活动的规模。当塞耶教授19世纪50年代在法学院求学时，他积极参加模拟法庭的活动并撰写诉状、法庭陈述和判决书，从中获益匪浅。当了教授后不但继承这一传统，而且劝告每一位学生"要虔诚地参加模拟法庭训练，因为它提供一个把所学知识运用到实际律师业务的最佳机会"。到了兰德尔担任院长时期，美国的公司律师业务剧增，法庭诉讼业务开始让位于非诉讼业务。兰德尔在他1879年度报告里，已经对模拟法庭在教学中的重要性提出质疑，这大概与他在纽约从事律师业务时向公司客户提交法律咨询意见书的经历有关。经兰德尔提议，哈佛法学院形成决议，于1879至1880学年暂停了模拟法庭活动。事实上，由教授们参加指导的模拟法庭，已经从1870至1871学年的32场锐减到1877至1878学年的16场。暂停模拟法庭一方面因为学制延长导致教授们分身乏术，另一方面，兰德尔和埃姆斯比较关注学生法律俱乐部的法律研究工作，再加上案例教学课程占用了学生大量的时间，更重要的原因在于兰德尔和埃姆斯不重视模拟法庭。当1880至1881学年重启模拟法庭活动时，格雷教授指导了四场模拟开庭，塞耶指导两场，埃姆斯指导一场，兰德尔没有指导过一场，这一数字反映出他们对模拟法庭的态度。1897年哈佛法学院再次中止了模拟法庭活动。

与此同时，美国其他大学开始接受"用高标准教学，打造出更具有吸引力法学院"这一自相矛盾的教学理念。自相矛盾在这里指入学门槛高、学生在校受煎熬、学费出奇的贵，怎么可能吸引学生呢？1904年，耶鲁大学法学院院长亨利·W. 罗杰斯（Henry W. Rogers）（1853—1926）向时任耶鲁大学校长建议，耶鲁法学院考生必须具备大学本科学位，因为公众的心理期待是，拿到大学本科学位后再经过法学院培养出来的学生所受教育更加完严谨完整。但是，耶鲁大学校长对这一说法仍然将信将疑，直到1912年，耶鲁法学院终于采纳考生须具备大学本科学位的招生标准，并且允许法学院教员不经特批可采用案例教学法讲课。埃利奥特校长在其1889年的报告里，十分形象地描述了兰德尔给哈佛法学院带来的旋风般的变化，"兰德尔院长20年任期中，法学院发生了翻天覆地般的变化，随时充斥着风险，对兰德尔的批评声不绝于耳，弄得法学院人人提心吊胆。然而最终的事实证明，兰德尔主导的改变非常明智，风险没有导致灾难，批评有些言过其实，焦虑被成功化解，近4年终于收获了胜利的果实"。到1895年兰德尔退休，"兰德尔旋风"刮得有点收不住车，越来越多的新生蜂拥而至，奥斯汀楼显得不够用了。1892年，一年级新生人数太多，不得不分成两个班上课。学生人数暴增，逼迫法学院不得不考虑减少入学和在学人数，例如取消9月份的考试，这样就阻断了上年6月考试补考不及格的学生留级的通道，减少在校生人数。

法学院自1877年开始，入学考试加试用拉丁文或其他外国语测试对布莱克斯通《英国法释义》的理解程度，这门考试的难度大大超过哈佛医学院、牙医学院和兽医学院入学考题，到1888年，212名考生中99人不及格。尽管如此，法学院于1891年和1892年两次通过决议，继续提高这门课的考试门槛，旨在阻断那些想混进法学院又不想获得学位的考生，同时不鼓励那些"特殊学生"（法定非攻读学位学生）入校，对于已经入读的"特殊学生"每年需要通过三门考试才能升级。那些借体育专长之名混进哈佛的人，因为通不过这些考试而与法学院无缘了，凡此种种均为一个目的，减少和控制入学和在学人数。对于正常入校的本科学位获得者，法学院严格界定学士学位只包括文学士不必通过入学考试，理学学士、哲学学士等其他学士学位获得者的语言能力，需要兰德尔本人亲自鉴定批准后，方可踏进攻读法学学位门槛。1893 年春季哈佛法学院通过决议，将具有"值得尊敬的学位"获得者规定为入学必备条件，自 1896 年秋季正式执行。批评者认为，这是对其他学士学位的歧视，殊不知兰德尔也是无奈之举，他本意为了压缩入学人数，缓解奥斯汀楼的承载压力。不料想，入学门槛越高，慕名而来者越多，1897 至 1898 学年入学新生达 551 人。对此，兰德尔怀着胜利的苦涩心情写道，"尽管我们尽力提高招生标准，以便控制新生数量，涨势仍不见退潮"。新近接任兰德尔院长职位的埃姆斯也惊呼，"本来打算减少 50 至 100 名新生人数，谁料想又增加了 80 人"。哈佛监事会工作组考察奥斯汀楼的现状后报告说，"奥斯汀楼的拥挤状况已经到了极其危险的程度"。作为回应，法学院院方提议为加大缩减录取率的力度，对于同样获得学士学位的考生，按照更严格的等级标准择优录取，哈佛校方为避免学位歧视，否决了这项建议。

哈佛法学院在 19 世纪 90 年代，既享受兰德尔教育改革新体系的胜利果实，学院知名度有了，教育水平提高了，生源再也不用发愁了，学院收入稳定增长了，又饱尝突如其来的胜利带来的苦恼，法学院首次遇到怎样才能减少入学人数这个难题。精心挑选尖子考生的招生方法，带来自相矛盾的两个结果，一方面学生均处于比较高端的水平，他们之间比较容易融会贯通，和谐相处，另一方面，拥挤的教学环境让教授们不堪重负，给学生的学习和生活造成不便。对于哈佛法学院的新气象，远在英国牛津大学的艾伯特·迪西（也译戴雪）教授于 1899 年 2 月 14 日致信埃利奥特校长，"哈佛法学院的做法令人羡慕"，他还提到，牛津大学法学院准备采用哈佛法学院的做法。

二 正义与英才

"贤能主义"也译"精英主义"（Meritocracy）一词首次出现于 1958 年。从词源角度看，这个词的信息量很大，学而优则仕源于古代中国孔子的教育理念，通往仕途的机会取决于考试成绩和学习表现，在茫茫众生里皇帝并不知道哪些人适合做官，通过精英教育实现精英管理不失为一种明智的选才办法，科举考试将学而优则仕的通道制度化了。在美国，书院式的培训与职场工作通过大学联系在一起，特别是 19 世纪中叶以来，随着工业化快速发展，美国的大学教育越来越发挥其承载知识和输送人才的作用，反过来说，工业革命又促使教育的专业化、工具化、制度化和组织化。1958 年 5 月，原籍德国的美籍犹太裔政治学家汉娜·阿伦特（Hannah Arendt）（1906—1975）率先提出这个定义，但却没有使用"英才"这个词，她在"教育的危机"（1954 年发表）一文中，对比英语国家寡头政治通过学校教育和考试培养，而非通过出身和财富决定输赢，她注意到英国寡头政治的金字塔，来自通过小学教育到高等教育层层筛选，而美国不太在乎一个人小学或中学在哪里上的。寡头政治与左翼右翼无关，即使英国左翼工党政府，它既不是无政府主义，也不是民主主义，而是寡头主义。阿伦特分析这种现象时并非赞扬或批评政府的政策，她从教育的角度观察寡头政治，在这里已经隐含了教育精英和管理精英的意思。之后，英国社会学家和政治家迈克尔·邓洛普·杨（Michael Dunlop Young）（1915—2002）创造出"贤能主义"这个词，并在《精英主义的兴起》（1958 年发表）一书中使用。他把一个拉丁词的词根加上一个希腊语的后缀拼写出这个貌似端庄的词，用来讽刺现代社会以学识论高下、凭考试定终生的用人政策。显而易见，他不屑于"贤能主义"，并把它当成反义词使用，谁承想，从 20 世纪中期到 21 世纪，"贤能主义"成为十分走红的用语。

很多人认为现代民主与贤能主义十分接近，阿伦特却提醒说，"贤能主义与平等的原则和平均主义的民主有矛盾"。有人认识到迈克尔·杨在讽刺着什么，却误解了讽刺的真正含义，这些人认为把贤能主义运用到学术领域的多个层面，例如将考试制度化，以此作为选拔人才的标准，这样的贤能主义有歧视非精英群体之嫌。可是，迈克尔·杨对贤能主义的批评并不是说它被过度使用或者歪曲使用了，他不无讽刺地说，贤能主义太过完美地被使用了，它十分精准地把原来处于底层通过考试选拔上来的人精英化了，他们确实绝顶聪明智慧无比，贤能主义的罪过在于通过考试把原处在底层最具革命素质、最有可能推翻万恶的资本主义压迫阶层的人招安了，因此，贤能主义可以有效解决人才选拔、社会分工、公平竞争等社会问题，却忽略了更加重要的社会正义的问题。

19世纪90年代的哈佛法学院沉浸在兰德尔改革的胜利喜悦中，教员和学生都处在绝对客观公平竞争的环境中，一切都预先公布透明操作，不夹杂任何个人色彩，对学生的家庭、社会地位、肤色、经济状况一视同仁，这在19世纪末期的哈佛还算"正义"之举，而且与哈佛大学传统意义上的"绅士"学风互相匹配，甚至比那时候还有进步。事实上，法学院的教授们一直在不同场合尽其所能帮助学生，在一次讨论发放奖学金的行政会议上，兰德尔强忍着情绪声调沙哑地说，"我不愿意看到任何学业优秀付不起学费的人中途退学"。说这段话的时候，兰德尔可能想到1849年他在哈佛大学经济窘迫，不得不离校在律师事务所打工，挣到钱后赶快又回校复学的心酸往事。埃利奥特校长更是求贤若渴推崇英才的典范，在他担任哈佛校长时期，慕名前来哈佛求学的外地学生络绎不绝。哈佛校园内，来自新英格兰地区以外的学生明显感受到新英格兰地区学生的学术优越感。当时在哈佛读书的威廉·杜波依斯（W. E. B. Du Bois）（1868—1963）写道，"新英格兰地区的学生主导着并且执行着学院的大小学生事务"。杜波依斯后来成为美国著名的社会学家、历史学家、民权运动家、多产作家，他是哈佛大学第一位非洲裔博士学位获得者。

兰德尔治下的新体制在对待族群种族方面比过去更具有包容性。法学院的学生构成在此前一直非常保守，恪守白（人）男（校）新（教徒）的"纯洁正统"传统。兰德尔任内向同为白种人的异教徒犹太人开放，路易斯·布兰代斯是犹太人校友的杰出代表，他于 1875 年在法学院求学，之后创办了闻名于世的布兰代斯大学。此外，哈佛法学院不顾《美国排华法案》（1882 年）的禁令，坚持录取亚裔学生。根据哈佛大学新闻办公室 2004 年 2 月 26 日发布的新闻公告，1871 年至 1872 年，日本明治政府在政治家岩仓智美（Iwakura Tomomi）的领导下，向美国派遣 50 名人员，研究并学习西方的管理经验。代表团访问波士顿时出席一个盛大的欢迎宴会，埃利奥特校长参加了宴会，奥·福尔摩斯还热情洋溢地读了一首诗。第一批上哈佛法学院的亚裔学生就来自这个团体，其中一人叫 Inouye Yoshikazu，他于 1872 年至 1874 年在法学院求学并获得法学学位，返回日本后无法适应那里的生活，26 岁自杀身亡。另一人叫 Megata Tanetaro，他学成回国后成为日本财务省税务主管。根据哈佛法学院安守廉教授（William Alford）（1948—）的介绍，第一位到哈佛法学院留学的中国学生名叫张福运（Chang Fuyun）（1890—1983），他来自清华大学庚子赔款留美预备班，1911 年进入哈佛大学，1914 年获得文学学士学位，1917 年毕业于哈佛法学院并获得法学学士学位，归国后曾先后在北京大学任教，在交通部、外交部任职，1927 年，担任国民政府财政部第一任关务署署长，他还是联合国大会中国代表团成员。1874 年到 1924 年这 50 年里，从哈佛法学院毕业照里辨认，一共有 20 名来自亚洲的学生，这个数字不包括亚裔美国人。哈佛法学院第一位亚裔美国毕业生叫邝友良（Hiram Fong）（1906—2004），他 1932 年入读哈佛法学院，1935 年获得法学博士学位，后来成为首位亚裔美国联邦参议员，首位参选美国总统的亚裔人士。1910 年之前，共有 9 名非洲裔美国人入读哈佛法学院，路易斯·鲁芬（Lewis Ruffin）是哈佛法学院第一位非洲裔学生，他于 1869 年获得法学学士学位。同期与其他大学相比，哈佛法学院招收的非洲裔美国学生还算多的。波士顿大学法学院也不示弱，1889 年入行的 53 名爱尔兰裔律师中，36 人毕业于波士顿大学法学院（Boston University Law School），1874 年至 1920 年，共有 77 名女生毕业于波士顿大学法学院。

兰德尔、埃姆斯时期的哈佛法学院，在招生方面似乎对种族和肤色比较开明，对不同的性别和宗教则比较排斥。哈佛法学院在 1910 年之前完全不招收女生，严格说，1950 年之前大门一直向女生紧闭。1894 年成立的毗邻哈佛校园的瑞德克利夫女子学院（Radcliffe College），其前身是 1879 年设立的"哈佛女子附属学校"，自成立以来一直呼吁哈佛大学接受该校女生听课，希望该校授予的学位与哈佛大学的学位具备同等效力。在法学院 1896—1897 学年一次院务会上，有人提出瑞德克利夫女校的研究生想上哈佛法学院的课，对此，除兰德尔弃权外，所有教授均表达了同意但不情愿的矛盾立场。会议达成一项折中方案，哈佛法学院的老师可以到瑞德克利夫学院讲课，但不授予女生哈佛法学院的学位。又经过许多年努力，直到 1963 年该校终于取得女生享受哈佛 – 瑞德克利夫联合文凭的待遇。在女性争取入读哈佛法学院的历史上，有两位人士值得一提，一位叫弗朗西丝·基（Frances A. Keay），她于 1899 年拿到布尔茅尔学院（Bryn Mawr College）学士学位后报考哈佛法学院，被告知可转读瑞德克利夫女校，在那里她可以听哈佛老师的课，参加哈佛的考试，但不能获得哈佛的文凭。这实际上等于给她提供一次"特殊学生"的机会。尽管兰德尔反对这项提议，瑞德克利夫学院很快同意了法学院的提议，两所大学承诺对媒体保密，不料格雷教授说漏了嘴，对《波士顿先驱报》记者透露，"如果那个布尔茅尔学院的女孩被录取，下学期她将来上课"，该报迅速以"联合办学的一步"为题将此消息刊登出来。埃利奥特校长闻讯大为不悦,并立即发文澄清,"这篇报道情况并不属实,纯系误导公众"。埃利奥特传递的信息非常明确,弗朗西丝·基不是哈佛法学院正式的学生。另一位叫卡罗琳·库克(Caroline Cook),她连续拿下韦尔斯利学院(Wellesley College)文学学士和波士顿大学法学院(Boston University Law School)法学学士学位后,于1899年报考哈佛法学院。同年9月30日法学院院方讨论库克申请一事,即将退休双眼几乎失明的兰德尔一口气提出8条理由,反对接纳库克入学。塞耶驳斥了兰德尔的观点。埃姆斯将大家的意见汇总后同意比照弗朗西丝模式处理,哈佛校董以"准备不足"为由,否决了法学院同意两位女生入学的决定。此时,弗朗西丝·基已经转投宾夕法尼亚大学法学院,在那里读完法律专业,于1907年搬回剑桥镇,成为哈佛法学院图书馆管理员。库克也没有上成哈佛法学院,她于1900年投身律师行业,是第一任马萨诸塞州女律师协会主席。

埃利奥特校长对《波士顿先驱报》的公开反驳,令两位被拒绝的女生感觉哈佛大学的决定来自校长本人,其实不然,埃利奥特校长一直支持哈佛大学向女生开放,他持之以恒地呼吁了30年,鼓励哈佛医学院采取一切可能招收女生。那么,兰德尔是不是拒绝两位女生的幕后黑手呢?尽管只有兰德尔一人不支持这两位女生入学,但法学院在埃姆斯院长的主导下毕竟通过了接纳女生的决议,并且上报给哈佛大学董事会,这说明哈佛法学院并没有卡住这两位女生。问题出在哈佛大学董事会,董事会否决法学院决议的表面原因有两条,其一,认为法学院已经取得长足的进步,需要稳一稳局面,此时不宜在招生政策上做新的调整,以防带来连锁反应。其二,为了压缩新生规模,减轻法学院人手不足设施跟不上的压力。从男女平等的立场看,这两条原因都站不住脚,真实原因是那个时代男权主义盛行在作怪。下面专门分析一下这个问题。

三 男权情结

哈佛大学特别是哈佛法学院在招收女生方面比较保守，这一方面与其几百年以来所坚守的男校传统有关，另外也反映出当时哈佛大学流行的男权主义倾向，即使身为法学教育改革家的兰德尔，面对女生入校的合理要求，也没有表现出应有的前瞻眼光。他当院长和任教期间一直反对接纳女生入校接受教育，这点在 1899 年 9 月 30 日会议备忘录里充分反映出来。在这次会议上，已经卸任院长职务的兰德尔教授，引述了哈佛大学的前辈们确立的竭尽全力教育男生的宗旨，他认为，只有坚持这条老路，才不辜负哈佛大学的传统和使命。他回忆道，1883 年修建奥斯汀楼的初衷不包含招生扩大到女生的目的，成立瑞德克利夫女子学院已经为女生提供了受教育的场所，哈佛法学院不应该接受女生。兰德尔用严谨的逻辑反诘道："一旦哈佛大学创建者订立的原则被改变，哈佛大学就不成其为哈佛大学了。即便其他公立大学招收女生，也不适用哈佛这样的私立大学。即便把哈佛大学改成公立大学，修改建校原则也需要广泛征求社会公众的意见。女生进入法学院，很显然是冲着当女律师来的，哈佛法学院至今没有检验过这种说法的可行性。"备忘录还记录了兰德尔在会上如下发言："哈佛法学院不具备招收女生的可行性，原因在于法律不适合女性的意识，与其他学科相比，法律最不适合女性。文书秘书工作最适合女性，她们具备这方面的天赋，可是，法律文秘工作并不需要到法学院专门培训，她们在工作中自然就学会了，因此那种让女生到法学院上学的说法是完全错误的。"兰德尔据此提出，女生学法律不仅不会进步，反而会损害她们的人生，耽误她们的时间，浪费她们付学费的钱，纯属无效投资。

兰德尔排斥女生学习法律的想法，来自他长时间的学术观察。在推进案例教学法的时候，他目睹了他的学生从反对到接受再到成才的过程，他由此得出结论，一个合格的法律人才，需要经过法律实践、逻辑训练、口才演练和法学理论的系统教育，特别需要口头辩论的训练，对此，所有的男性，白人、犹太人、亚洲人、拉丁美洲人、土著美洲人、非洲裔美国人，经过训练均可以达标，唯独女性不适合。兰德尔对女性不存在偏见，他成长在被女性包围的环境，他的母亲、姐姐和妻子均受过良好的教育，对他帮助很大。事实上到 1890 年妇女在同等教育的环境里，在诸多学术领域里已经超过男性，兰德尔承认这个变化，他对女性的偏见，恰恰来自这方面的忧虑。兰德尔一直信守那个年代在美国盛行的维多利亚价值观（Victorian Culture），即男性的社会分工是工作挣钱和政治活动，女性则以养育孩子和家务劳动为主。然而工业化和城市化的急剧发展，给维多利亚价值观带来巨大的冲击，女性在获取受教育的权利后，继续追求新的社会分工，这包括从事以往由男性垄断的工作、参与政治活动和性的解放。维多利亚·伍德霍尔（Victoria Woodhull）（1838—1927）引领了这一潮流，她不到 35 岁时第一个以女性身份竞选美国总统，主张女性拥有自由恋爱和性的权利，被公认为白人女权主义的标志性人物。坚守维多利亚文化的一方，以号称"道德太监"的安东尼·康斯托克（Anthony Comstock）（1844—1915）最为典型，他反对淫秽文学、堕胎、避孕、赌博、卖淫、彩票等有伤风化的行为，推动国会于 1873 年批准"康斯托克法"，该法禁止所有涉及性的刊物通过邮寄传递，导致 3000 多人因违反这一法律被捕，他还创立了"纽约制止恶习协会"，用以监督公共道德不受侵害。后来担任美国联邦调查局局长的约翰·埃德加·胡佛（John Edgar Hoover）（1895—1972）年轻时特别崇拜他。坚守和反对维多利亚价值观，反映出那个时期新旧价值观的冲突，兰德尔选择站在保守价值观阵营一边，他对女性在法律领域超越男性的趋势和担忧，可能是他反对哈佛法学院招收女生的深层次原因。

维多利亚价值观深深扎根于哈佛法学院，美国小说家和文学批评家亨利·詹姆斯（Henry James）（1843—1916）于1862年至1864年在哈佛法学院念书，他于1886年发表的小说《波士顿人》里有如下描述："整整一代人被女性化了，男子气概被踢出世界，代之以女性主导的、神经质的、歇斯底里般的、叽叽喳喳的本末倒置的年代，一个空洞无物的、虚假温柔的、夸大关怀的、娇惯敏感的时代。"19世纪60年代哈佛大学经历过宗教意义上仁慈男性向男子气概方面的转变，更加崇尚刚毅、强势并且健壮的男性形象。19世纪80至90年代，埃利奥特校长和一批精英教授们认为，学术竞争有利于塑造男性气质，他们创造出"学术男子气概"（Scholarly manliness）这一词汇，力图把哈佛大学打造成不分种族、社会地位和经济背景的民主化的学术贵族园地。哈佛校风从仁慈男人到男子气概再到伟岸男性，一步步地朝着强化男性在哈佛地位的方向发展，使得哈佛校园里盛行的男权主义和社会上汹涌而至的女权主义发生激烈的碰撞，即便颇有声望的男性教授想帮助女性也屡遭失败。伊丽莎白·比尔（Elizabeth C. Beale）在瑞德克利夫女子学院求学期间以"班上的律师"著称，1915年2月她向哈佛法学院提出允许录取女生的请求，遭到哈佛大学董事会的拒绝，而他的父亲约瑟夫·亨利·比尔（Joseph Henry Beale）（1861—1943）长年在哈佛法学院任教，曾于1902年参与创办芝加哥大学法学院，并被哈佛大学"借给"芝加哥大学，在那里的法学院担任2年院长，此时他正在哈佛法学院担任罗亚尔冠名教授。眼睁睁看着女儿被拒绝，无奈之下，比尔教授与同事一起于当年秋季创办"剑桥女子法律学院"，该学院使用和哈佛法学院一模一样的教材，他的女儿被这所学院录取。1965年，这所女子法律学院和另一所学院合并，成为"新英格兰法律学院"（New England School of Law）。

兰德尔从不发表鼓吹男权主义的言论，也不担心男女混班会破坏苏格拉底式教学和课堂讨论，更不担心女生的出现分散男生学习的注意力。他反对女生入校主要因为他的学业优秀论和学术男子气概论不谋而合，而且他极力提倡的严格考试制度与崇尚男权至上的思潮特别合拍，用英国牛津大学和剑桥大学学生的话说，"严厉的考试可以测试考生的性格，塑造圣洁男性的庄重感"，这种风尚鼓励学生通过残酷的学习竞争获得成功后的男性自豪感。兰德尔特别津津乐道于创造竞争和搏斗的公平的学习环境，他写道："如果一个班里有5人家庭富有，另5人学习能力强但交不起学费，那我一定向后者提供奖学金，让他们公平竞争，否则家庭富有的学生绝不情愿穷小子超过他们。"兰德尔狠抓学习竞争的目的在于让学生毕业后适应男性主导的法律行业，他认为，当学生时就缺乏男子气概，到了职场肯定会败下阵来，在这个领域里容不得存有女子娇滴滴的柔弱性格。总之，维多利亚价值观给女性进入法律领域预设了很多障碍。如果说兰德尔的案例教学法带来什么副作用的话，那就是他越发坚信，案例教学法只适合男生，不适合女生。他在扮演伟大的法学教育改革家角色的同时，也扮演了极力阻挠女生进入哈佛法学院的角色。在对待是否接纳女生入校的问题上，埃姆斯、布雷南和比尔教授持比较同情的态度，而信守绅士伦理的埃默里·沃士本和杰里米·史密斯（Jeremiah Smith）仍然以男子气概为自豪。

四 宗教歧视

新教（Protestantism）又称基督新教，系基督教中不属天主教体系的宗教，"新教"一词对应宗教改革前的"旧教"。新教的词源（protestatio）为拉丁文"抗议"之意，源于1529年神圣罗马帝国宣布马丁·路德为异端后引发的强烈抗议。马丁·路德、加尔文、慈运理等发起的宗教改革运动诞生了新教，与天主教、东正教并列为基督宗教的三大教派，新教强调

"因信称义"，新教以《圣经》为其信仰的唯一依据，反对天主教的教宗制。新教教内主要宗派包括信义宗、归正宗、圣公宗、浸礼宗、重浸宗、循道宗、再临宗，以及后来出现的五旬节运动、灵恩派等，现时全球共有10亿新教教徒，其中包括5亿多传统教派和4亿多独立教会信徒。因历史发展的原因，汉语习惯以基督教直接称呼新教，事实上，基督教包括天主教、新教和东正教，都奉圣经为经典。截至2020年，百度文库统计显示，全球76亿人里，新教、天主教和东正教组成的广义基督教徒约22亿人，伊斯兰教约13亿人，印度教约12亿人，佛教约4亿人，东方传统信仰约13亿人，合计64亿人，其余为其他或无信仰人数。美国清教徒（puritan）属于新教里的公理宗，信奉约翰·加尔文"唯独圣经"的主张，提到清教徒一般指居住在美国这一支新教徒。

哈佛大学在1636年创建时，具有浓厚的清教徒色彩，当时，哈佛学院一度朝着神学院的方向发展。哈佛神学院（1816年成立）和哈佛医学院（1782年成立）及哈佛法学院（1817年成立）是哈佛大学元老级的研究生学院，没有这三所学院，哈佛学院无法升格为哈佛大学。清教徒具有排斥其他宗教的倾向，在很长一段时间里，哈佛大学招生面向清教徒学生，不欢迎天主教徒学生，最终导致1863年成立波士顿学院，与哈佛大学分庭抗礼。从1906年到1922年，犹太裔学生大量涌入哈佛大学，为此哈佛大学制定"犹太裔学生限额"，导致1948年布兰代斯大学成立，以这种方式回击哈佛大学歧视犹太裔学生的做法。20世纪20年代，哈佛大学对同性恋学生采取排斥态度，导致两名学生自杀。1893年春季，哈佛法学院开始执行歧视天主教徒学生的做法，由兰德尔主导的提高入学门槛的招生改革，把天主教徒本科毕业生划入另类单独审查。兰德尔列出一份优先考虑录取的大学和学院的名单，其中涵盖65所拥有文学学士学位的大学，暗示这些大学的学士获得者符合法学院入学门槛，天主教大学或学院不在这份名单里。有些善于钻空子的学生，大三时从天主教大学转学到哈佛上大四，毕业获得哈佛大学文学学士，然后申请入读哈佛法学院。为堵塞漏洞，法学院向哈佛大学招生办公室提交那份涵盖 65 所大学的名单，希望招生办接收本科生转学时考虑这个因素。法学院的做法意味着排除全美大约 60 所天主教大学毕业生进入哈佛法学院的机会，这里面包括学术名声优秀的 24 所天主教耶稣学院。以往每年哈佛法学院招收 20 名左右来自天主教大学的毕业生，到 19 世纪 90 年代逐渐下降到 10 名，哈佛法学院的这一做法，打击了天主教大学学生的就业前景，影响了这些大学招生的吸引力，损害了这些大学的利益。哈佛法学院的这份名单引起天主教派激烈的反弹，波士顿地区一家主流天主教报纸，为此致函哈佛大学埃利奥特校长，质问名单中为什么排除天主教大学？埃利奥特回复说：“哈佛大学没有任何反天主教势力，不存在对天主教的偏见，兰德尔的名单，仅仅是从学术角度考虑的。”埃利奥特同时称：“从学术角度考量，天主教大学不能和基督教大学或非宗教大学相提并论。”听到这番话后，那家天主教报的主编一气之下，在头版头条刊登出兰德尔名单和埃利奥特校长的辩词。

事发几周后的 1893 年 7 月中旬，具有天主教耶稣会背景的乔治城学院院长哈文斯·理查兹（Havens Richards S.J.）（1851—1923）致信埃利奥特校长，抗议哈佛法学院的名单把乔治城学院排除在外，并随信提供一份乔治城学院的考卷和课目，表明他们的教学水平一点儿也不差。埃利奥特校长与哈佛法学院研究后，把乔治城学院、波士顿学院和位于马萨诸塞州伍斯特市的圣十字学院添加到名单里，这 3 所都是天主教学院。末了，埃利奥特校长告诉理查兹院长：“您寄来的课目和考题清晰无误地表明，您的学院和基督教大学和非宗教背景大学根本没有可比性。”最后，兰德尔为哈佛法学院制定的可考虑录取大学名单里，天主教大学只此三家，这还是理查兹力争的结果。从 1893 年到 1897 年，可考虑录取拥有文学学士学位的天主教大学，仅增加圣母大学（诺特丹大学）。1897年8月，美国圣约翰大学一位优等毕业生致信埃姆斯院长，提出应该把圣约翰大学加进哈佛法学院列出的名单里，埃姆斯院长回复说："法学院不需要增添任何天主教大学到名单里了，即便已经在名单里的乔治城学院、波士顿学院和圣十字学院，并不因为这些学院的学业多么优秀，主要为了避免宗派主义的嫌疑。"事后，埃姆斯独自决定重新审查天主教大学合格与否的问题，他询问哈佛大学招生办，哈佛本科四年级的学生里有无乔治城、波士顿和圣十字这3所学院的毕业生，当告知没有后，埃姆斯在名单里划掉波士顿学院和圣十字学院，仅保留乔治城学院，埃姆斯的这一举动遭到乔治城、波士顿、圣十字学院3位院长和美国天主教大学校长的强烈抗议。

埃姆斯这边正与几家天主教大学争论不休时，埃利奥特校长又出来火上浇了一把油，他在《亚特兰大月刊》上发文称天主教大学是美国大学教育倒退的一个例证，此举引来美国天主教界一片声讨，纷纷谴责哈佛大学和埃利奥特校长是"偏执狂"，对反天主教情绪起到推波助澜的坏作用。争论双方各执一词，互不相让。埃利奥特校长看到吵不出结果遂退出论战，看到波士顿学院院长把他们两人的信件全文照登在《波士顿环球报》上，埃利奥特干脆中断与波士顿学院院长的交往。然而，哈佛法学院继续我行我素，1900年6月，兰德尔以教授身份最后一次出席院务会议，在这次会议上，法学院通过表决，否决了一位属于天主教的圣约瑟夫大学学士学位获得者读法学院学位的申请。从1893年到1904年，法学院又在考虑录取的名单上添加50所学院或大学，这50所大学里只有两所天主教大学，即1894年添加的圣母大学和1900年添加的曼哈顿学院，加上过去在名单里保留的乔治城学院，在189所学院名单里仅剩3所天主教大学。1904年，哈佛法学院停止公布这份名单，考生如果询问自己的学位是否符合入学标准，一律建议找法学院秘书私下打听，秘书手里握有那份内部名单。

　　埃利奥特校长并不歧视天主教徒学生，整个 19 世纪 90 年代，哈佛大学共招收 300 名天主教徒学生，这在美国当时所有大学里人数最多。天主教大学对哈佛大学不满，主要来自兰德尔拟定的那份名单，以及埃姆斯上任后与天主教大学的公开争论。从哈佛大学的角度，它追求学术优秀的贤能主义，不符合这个标准的学生自然被排除在外。从客观效果看，哈佛的这个高标准既用来阻止女生入校，又排斥天主教徒学生报考，这不是歧视又是什么呢？天主教大学和哈佛法学院的这场争论，因为法学院提供的这份名单引起天主教大学的抗议，而抗议针对着整个哈佛大学，这引起哈佛大学招生办对法学院不满，也引起法学院其他教员对兰德尔、埃姆斯和塞缪尔·威利斯顿（Samuel Williston）（1861—1963）教授的不满，因为他们 3 人或者起草或者参加修订了那份名单。这到底是一场正确和错误的争执，还是正确与正确之间的误解，对此，仁者见仁智者见智。客观分析一下，哈佛大学和天主教大学之间的分歧来自下述 3 方面。首先，双方的书信联系各带情绪，有时表达的意思自相矛盾，比如埃利奥特和兰德尔都说，他们不反对天主教徒学生，谁优秀就选拔谁，但他们又公开反对天主教教义，对天主教大学心怀偏见。而天主教大学方面也揣测不透，到底因为自己的学生学业不够标准呢，还是仅仅因为自己学生天主教大学受教育的背景不受待见。其次，双方各自规定课程的重点不同。埃利奥特曾致信希望天主教大学减少古代课程，增加自然科学一类的现代课程，兰德尔主导的哈佛法学院却要求考生懂得拉丁文，没有要求现代课程。既然哈佛法学院不要求现代课程，天主教大学就认为，他们的课程符合哈佛法学院入学标准。事实上，此时美国的天主教大学已经意识到新教文化在美国的主导地位，为了让自己的孩子更适应美国社会，他们有意送子女进入非天主教大学。他们还有一个难言之隐，天主教大学的课程修改，需要经罗马教廷批准，因而无法顺应哈佛大学的要求。这就带出来第 3 个分歧，双方教育目标不一样，以埃利奥特为代表的哈佛大学认为，教育的目的是培养学生的思维自主性和自由探究能力，因此，他力主用实验室方法讲解自然科学，积极推广选修课制度。天主教大学认为，本科教育的目标不是让学生自主思维和自由探究，而是把已知的真理灌输给学生，用答疑释惑的方法让学生学到知识，哈佛大学那种任由学生选课的方法是教育无政府主义的表现，是新教推崇的精选主义（electivism）在教育领域的渗透和应用。

很显然，站在埃利奥特校长和哈佛法学院的立场看，天主教大学的教学方法守旧低效，哈佛早已不屑一顾。早在 19 世纪 60 年代，当埃利奥特访问欧洲时，就对天主教的仪式和说教十分反感，他曾写过："我讨厌天主教就像我讨厌毒药一样，天主教堂里一副盛气凌人的样子，让我感到沮丧和难堪。"他还写道："天主教堂灌输的一套说教总和现代精神格格不入，天主教不理解自由、公正、开朗和求真的意义，天主教确立的正统信仰与社会政治自由完全背道而驰。"兰德尔于 1899 年在《哈佛法律评论》发表的文章里，更加露骨地宣称："我真希望那些在西班牙与美国战争中留下来的西班牙殖民者永远无法成为美国公民。"对于哈佛法学院的宗教偏见，乔治城学院院长理查兹愤怒地表示："持天主教大学学位申请被拒绝，持新教大学学位申请获得批准，真是岂有此理。"波士顿学院院长蒂摩西·布罗斯纳汉（Timothy Brosnahan S.J.）在 1897 年致理查兹的信中抱怨说："哈佛法学院的名单里有比我们差的学院，很显然，哈佛法学院带有偏见。"哈佛大学招生办负责人也承认，哈佛法学院名单里有的学院的教学水准不如波士顿学院。1893 年法学院的名单显示，确实有几所特别小的非天主教学院，而且这些小学院确实有被录取进入哈佛法学院的学生。资料显示，埃姆斯当院长以后，1893年至 1904 年这一阶段，对天主教大学的考生更加不留情面，尽管哈佛法学院坚称择优录取，对考生不存偏见，仍然不能令天主教大学信服。

19 世纪 70 年代到 80 年代这 20 年，许多学生还可以找到各种空隙进入哈佛法学院，再混出个毕业证证书或学位。到 1900 年情况大变，哈佛法学院不仅堵塞了各种漏洞，而且对考生标准的要求不断加码，美国各地顶级的律师事务所竞相争夺哈佛法学院的毕业生，哈佛法学院校友占据了美国法院、律师事务所、立法机构和执法机构的要害位置，1990 学年至 1991 学年录取新生暴增到 655 人，哈佛法学院办学成功已经世人皆知。成功也带来新的苦恼，学院有限的设施和师资力量应付不过剧增的新生，这迫使法学院不得不想方设法限制和减少入学人数。在这一背景下，女生和天主教大学的学生成了牺牲品，但是，这些情况均不构成性别歧视和宗教歧视的理由。

五 对兰德尔教学方法的批判

美国范德堡大学（也译范德比尔特大学）（Vanderbilt University）法学院前院长爱德华·鲁宾（Edward L. Rubin）（1945—）于 2007 年发表专题论文，题名"兰德尔的（教学）方法有什么问题以及如何处理这些问题"，比较罕见地评价并批判兰德尔教学法。鲁宾教授毕业于普林斯顿大学本科（1965—1969），是耶鲁大学法学院法律博士（1976—1979），此后在宾州大学法学院和加州大学伯克利分校任教，曾任中华人民共和国行政法顾问，是一位宪法和行政法专家。这篇长达 46 页的文章，24 页为正文，22 页为注释，作者旁征博引，颇下了一番功夫。

鲁宾的论文认为，21 世纪初期与 19 世纪中后期相比，美国各个法学院除了基础设施没有大的变化外，法律概念在变化，法律实践的性质在变化，学术探究的性质在变化，法学教育的理论在变化。如果法学教育不与时俱进，死守固定的教学模式，将会遭到淘汰。19 世纪 80 至 90 年代，美国处于巨大的社会和思想变革时期，新的法律教学模式、法律概念、法律学科和教育理念呼之欲出，兰德尔设计的教学改革，基于培养"像一个律师"的标准，以实现到著名律师所挣大钱的目标，这一套教学体系适应当时美国工业化、现代化的需要，对旧有的教学传统造成巨大的冲击。然而用现在的思维方式理解，兰德尔的创新没有超出西方文艺复兴时期、中世纪时期以及古希腊和古罗马时期的框框，兰德尔就像一个披着大主教外衣的形式主义者，被困在他所设定的教学化石中。该文指出，兰德尔和埃利奥特校长制定的法学教育总体框架应该肯定，目前不需要改动，比如招生以本科学历为前提、法学院实行三年学制、考试制度、课程分为基础课和选修课、严格招生标准以及把案例当成教材，这些改革的成果至今应该承认并且执行。问题出在教学方法上。兰德尔所倡导的苏格拉底式案例教学风格，偏重设置普通法教学课程，这些做法适应那个时期的需要。今天继续沿用1914年之前兰德尔的方法，很难实现法律理论与现实的结合，用此方法讲解的理论逐渐与社会脱节，已经落后于时代了。如果再这样继续下去，无异于精挑细选的一大批法律高才生，却让他们用吉卜赛人的冒险方法办事。诚然，现实情况下，美国各个法学院用兰德尔模式可以为本校创造更多的收入，教授的薪水和学生的就业之间尚可保持平衡，似乎可以维持现状。然而，这种想法非常危险，如果以为兰德尔当年超前的设计，可以沿用到现在一成不变，那是对所有人的愚弄。

一、该文从3个方面分析了兰德尔教学法的缺陷

（一）关于普通法课程设置

普通法作为基础课的设置是否过时呢？需要视情况而定。比如1870年兰德尔安排讲授封建社会的土地法，如果今天仍然这样安排显然过时了。1902年芝加哥大学法学院对课程设置发生过争论，恩斯特·弗伦德教授

（Ernst Freund）（1864—1932）主张，法学院一年级的基础课应该减少普通法课程，增加国际法、宪法、税法等选修课的分量。鲁宾认为，工业化国家法学院的基础课应该多讲成文法。鲁宾的文章列举以下事实，美国于1887年颁布《州际贸易法》，1914年订立《反托拉斯法》《联邦贸易委员会法》和《联邦储备法》，工业化催生行政国家的来临，伴之以新政、民权、环境和消费者权益保护，逐步取代联邦和州两级普通法的大部分内容。国家级别的法学院应该教司法管辖权，教国家法规的范本，而不是教普通法。现在，行政机构解释法律的情况越来越多，行政国家的司法裁决要求更多地了解法规，而不是普通法。鲁宾举例说，在雪佛龙公司诉国家资源委员会案中，复审法院基于尊重有关代理机构法规而做出裁决，显示出熟知法规的重要性。从一定意义上说，立法机构负责立法，行政机构辅助立法，行政机构解释法律法规，其权威甚至高于法官。鲁宾认为，法院不是理解现代法律的关键，立法机关和行政机构才是理解现代法律的关键。

兰德尔的案例教学法有个固定模式，即先杜撰一个案件，通过查找原始资料搜集证据，运用苏格拉底式推理方法，寻找适用法律形成判决结论。用这种教学法培养像律师一样思考的学生，在以判例法为主导的法律环境里绰绰有余。可是，兰德尔生活的时代，没有遇到全球化，也没有碰到国际人权、环境气候变化、法庭调解机制等新情况，现代行政国家却遇到了这些变化，形势的发展，迫使人们改变了对法律概念的理解，改变对法律目的和功能的理解。法律已经变得越来越实体化，也越来越碎片化，先前的判例或法规不一定适合现今英美法的权威解释，苏格拉底式的逻辑推演也不一定形成最佳判决，越来越多的成文法和法规条例在判决中的地位大增，政策分析对形成判决日显重要。

回顾西方法律形成的过程，中世纪时期圣托马斯·阿奎那（St. Thomas Aquinas）（约1225—1274）推崇的自然法理论认为法律是上帝的事情，上帝授权法官行使平息止纷的工作。随后的变化使自然法理论越来越世俗化，到 17 世纪形成习惯法。到了盈格鲁·撒克逊时代的君主制前期，普通法逐渐深入人心，被看成超越政治为公民提供权利的法律武器，兰德尔恰好生活在普通法在美国发展最盛的时候。从法律角度讲，普通法特别容易适用于普世价值体系里，在这个体系里横贯联纵，游刃有余。从政治角度讲，民主政治的分权理念，恰好适合法官只扮演解释法律、无权订立法律的角色。从哲学角度讲，普通法与兰德尔所信奉的逻辑归纳法、苏格拉底式诘问法以及案例教学法特别合拍。以上这些，或许可以解释为什么兰德尔选择普通法作为基础课，并由此创造出兰德尔式普通法教学的神话。事实上在美国，普通法并不比宪法重要，例如 1866 年的《民权法案》（*Civil Rights Act of 1866*）和 1965 年的《选举权法案》（*Voting Rights Act of 1965*），都是美国政治生活的支柱。宪法、成文法和普通法同样重要，都需要学习。

（二）法学与自然科学和社会科学的关系

1. 与自然科学的关系

兰德尔和埃利奥特校长都主张把自然科学纳入法律科学，把自然科学的方法论和法律教育的方法论结合起来，用于普通法教学。兰德尔认为，法律学说的内容其实比人们通常想象的要少很多很多，法学教育可以采用和自然科学教育相似的方法。兰德尔曾说，图书馆的作用对教授和学生是一样的，大学的实验室对于化学家、物理学家和动物学家来说，就是一座自然博物馆，对于植物学家来说，就是一座植物园，关键看站在什么角度使用图书馆和实验室，法学讲堂也可以看成一座实验室，通过它来试验法律调查，起诉和庭辩，练习写判决书。在自然科学领域，兰德尔受路易斯·阿加西（Louis Agassiz）（1807—1873）的影响多于受达尔文的影响。阿加西出生于瑞士，1847 年移居美国，担任哈佛大学动物学和地质学教授，他晚年反对达尔文的进化论。阿加西是一个经验主义者，他认为，生物世界由不变的形式组成，可以通过解剖蚂蚱或太阳鱼来认识自然界。兰德尔也认为可以通过图书馆来认识整个法律体系，他用案例法解剖法律，从中找出普通法的法律原则。鲁宾的文章指出，兰德尔重申的不过是阿加西已经过时的论点，兰德尔认为法律是可变的，比阿加西虚伪。兰德尔所谓的归纳推理，仍然没有超出依据经验观察已知原理的过时理论，培根创立了近代归纳法，兰德尔是"新教徒式的培根主义者"，同样过时了。

2. 与社会科学的关系

鲁宾认为，法律是文化的产物，它从特定社会和在其扮演的角色中汲取价值，法学具有社会科学的共性，在对人类的研究方面，法学带有复杂性、规范性和主观性的特点。20 世纪以来社会科学的各个门类迅猛发展，经济学、政治学、社会学、人类学、心理学等学科为法律的学术研究提供了最有用的参照，这些领域的见解可直接应用于法律领域。

19 世纪 70—80 年代，兰德尔设计法学课程时，美国的社会科学十分薄弱，兰德尔囿于对社会科学有限的认识，没有过多地考虑与社会科学对接，更偏向与自然科学的联系。当时的经济学和政治经济学还被当成道德哲学的分支。在经济学方面，1869 年埃利奥特校长任命了美国现代意义上第一位经济学家查尔斯·邓巴（Charles Dunbar）（1830—1900）担任哈佛大学政治经济学教授。直到 19 世纪 80—90 年代，经济学在美国才发展成一门真正的学科，但当时仅限于宏观经济的研究，比如贸易政策、储蓄率、资本和工资、劳工人口的可持续性，微观经济学在随后几十年逐步发展起来，后来又派生出制度经济学，分析商业和法律的关系。在社会学方面，兰德尔设计课程时，美国的社会学也不发达，直到英国社会理论家赫伯特·斯宾塞（Herbert Spencer）（1820—1903）的学说席卷美国时，社会学在美国开始流行起来，他当数美国政治学和社会学的鼻祖。塔尔科特·帕森斯（Talcott Parsons）（1902—1979）所著《社会行动的结构》（*The Structure of Social Action*）可能是美国社会学的开山之作，1880 年至 1890 年社会学在美国快速发展，当时特别流行研究人的行为与结构的关系。1891 年哈佛大学首次开设社会学课程，当时社会学课被放在经济学科里面。政治学的起步与社会学类似，1880 年至 1890 年现代意义上的政治学相当活跃，约翰·伯吉斯（John Burgess）（1844—1931）主张通过搜集人类实际行为的数据来研究政治，他不拘泥于道德主义的说教，他长年在哥伦比亚大学开设宪法政治学课，被认为是当时最有影响力的政治学家。詹姆斯·布莱斯爵士（Lord Bryce）（1838—1922）担任过英国驻美国大使，对美国的政治制度颇有研究，他的著作《美国联邦》（*The American Commonwealth*）（1888 年出版）广为人知，在这部著作里，他的法律专业素质、渊博的历史知识加上在美国生活的第一手资料得以充分发挥，对美国政府运作进行了深入的分析。接任埃利奥特校长职务的劳伦斯·罗威尔（Lawrence Lowell）（1856—1943）毕业于哈佛法学院，他主张政治学研究走出图书馆，走进公众生活里。

3. 兰德尔法律课程的效果

兰德尔将法律视为规则体系，而非社会惯例。兰氏法律由一系列权威观点组成，这些观点来自权威机构，这在宪法、法规和司法裁决方面特别突出，兰德尔通过案例寻找法律原则及其连贯性，他赞成法学和自然科学进行类比。相反，兰德尔对社会科学重视不够。社会科学教会我们将法律视为社会实践来训练法律专业人员，使其拥有独特的概念框架、话语系统、用权威观点的方式表达、通过实践观察并修改法律，除了需要了解判例法外，也要知道法官和律师如何解释法律，法律如何影响企业、个人和社会。

遗憾的是，兰德尔开发法学院的课程时，社会科学的这一套研究方法还不存在。兰德尔缺乏社会科学研究方法导致了一系列后果，他的课程里缺乏交易法，法学院一年级课程里，学生不阅读、草拟和谈判单一合同，甚至到毕业也不接触交易法这个重要的领域，原因在于兰德尔只注重权威规则，看不到交易法的具体实践，没有把交易法列入法学院的主课里，尽管兰德尔的课程表里有普通法和合同法，交易法被放在适用规则的次要位置上了。兰德尔没有认识到交易法可以用经济学和社会学方法去研究。兰德尔课程缺乏法律实践，比如在律师事务所、公司法律顾问处或政府律师办公室实习，因而在学习权威规则和法律实践方面有些脱钩，忽视了经济学、政治学和社会学在法学教育里的作用。

（三）教育学与法学教育的关系

兰德尔的教学方法强调推理能力、意志力、记忆力和想象力，他认为这些均属于"理性的仆人""大脑是思考的肌肉"，锻炼大脑肌肉的目的为训练头脑理性思考，其作用类似学习拉丁文、希腊文和数学。兰德尔教学生"像律师一样思考"，通过案例教学法对学生进行心理训练，依靠案例寻找法律法规，不必阅读原著，也不需要跟踪不断更新的法律规定，循环往复地教过时的课程。从教育学的角度，兰德尔教学法属于"精神学科运动"学派，也称"精神纪律学说"，与之相反的是"儿童发展运动"学说。

美国心理学创始人斯坦利·霍尔（G. Stanley Hall）（1845—1924）反对在中学教拉丁文、数学、科学和历史，主张中学应该更关注青春期教育，大学更不应根据教授想传达的信息设计教育，例如培养推理能力。美国著名哲学家、教育家和心理学家约翰·杜威（John Dewey）（1859—1952）支持霍尔的观点，杜威倡导的实用主义哲学闻名于世。杜威和霍尔均认为，教育是一个发展的过程，与每个人的能力有关，教育需要随着学生的能力不断扩展而加码，需要考虑特定的情况变化和每个学生入学之前的经历，杜威重视学生与教育主体之间的互动，反对填鸭式教学方法，他的教育理论构成 20 世纪教育学理论的核心。

鲁宾认为，兰德尔1870年设计的法学教育方法，缺乏现代心理学考量，忽视了教育是一个发展过程的重要思想，并出现下述后果。第一，兰德尔的法学教育方法没有设计成一个发展的过程，每一门课各有其独立的主题定义，比如侵权、民事诉讼程序、公司或破产，相互之间缺乏关联性，造成一年级学生害怕学习、二年级学生有兴趣学习、三年级学生很无聊的不平衡状态，课程设计没有从智力发展的过程考虑，缺乏法律学习阶梯式整体规划。第二，兰德尔式教育先设定主题，并将其视为独立的规则和方法，让学生在抽象中寻找抽象，依靠推理寻找法律原则，这样的教育理念与现实严重脱节。法学院主要应该教人类的产品，讲社会已经构建的东西，学习过程应以体验为主，对法律理论和实际经验的真正理解，只能在具体办理法律业务并观察法律行为中实现，如果学生在学校从未起草一份合同，从未参与合同谈判，他再推理归纳也无法理解合同的含义。对于司法裁决推理的深入诘问，兰德尔仅仅采用他当时所掌握的法律经验、技能方法和临场经验，如果现在仍然沿袭兰德尔当时运用的方法，将难以适应现实丰富的法律洞察力训练。第三，在激励学生学习动力方面，兰德尔教学法也没有完全解决好这个问题。他用"像律师一样思考"，毕业后当律师待遇丰厚激发学生的学习热情，结果一年级学生学习特别努力，一旦自认为学到本领或者确信能找到好工作后，学习动力大减，只想混一个文凭。怎样调动学生对学习法律保持持之以恒着迷的态度，而不是浪得虚名，这个问题兰德尔没有解决好，现在所有的法学院也没有解决好。

二、鲁宾关于 21 世纪法学课程改革的建议

可以保留兰德尔改革的部分：

1. 学制 3 年不变，不建议学制 2 年或 4 年。

2. 法学院现行课程的结构不变，即一年级以基础课为主，二、三年级选修课的制度。

3. 现存师生比例不需要调整。

需要改革的方面：

1. 一年级课程应包括现代法律制度，除学习普通法外，增加现行法律法规、国际法、交易法、监管法、司法裁决等课程。从现有毕业生的就业方向看，1/3 从事诉讼业务，1/3 从事交易行为的公司法律业务，1/3 从事法律监管工作。兰德尔所推崇的苏格拉底式教学法比较适合普通法教学，对于交易法和监管法等法律是否有效，需要经过教学实践的验证。法学院一年级学生应该重点学会阅读案件卷宗、法令、法规、合同、租约、投诉、询问和条约。

2. 主课和副课应该更合理的配置。兰德尔关于可用法律原则解释一切法律问题的教学方法不适应现代社会。随着全球化衍生复杂的商业惯例，催生出繁杂细化的法律规则，无法用一种模式破解，因此，学生学习基础课以后，应该给他们深入到某个法律领域的机会，以便把所学课程综合贯穿起来，便于毕业后尽快适应角色。在法律主课之外，可以适当嵌入经济学、政治学、社会学、人类学和心理学等辅助教材，跨学科学习有助于从宏观上了解法学在社会科学里的位置，有利于法学和兄弟学科之间的融会贯通。

3. 加强三年级课程的分量，现在三年级没什么实质性课程，有些荒废学业，一年级课程负担太重，可考虑在三年级深度学习一年级的课，或增开新课。

4. 提倡体验式学习，了解各个课程之间的有机联系。三年级可以安排实验室课、专职临床课和法律实践课。比如讲交易法时，让学生自己阅读合同，起草和谈判交易事项。讲法规时，让学生练习法规语言和增添细节，练习起草实施细则。讲民事诉讼法时，让学生起草申诉书、质疑或诘问提纲。

最终目的是把一年级到三年级的课程设计成流水线作业，成为由低到高由浅入深的系统工程。

第十一章

兰德尔的继任者

（1895—1909）

一 忠实的传承人

毫无疑问，兰德尔实施的法学教育革命给哈佛法学院带来质的飞跃，他奠定的哈佛法学院在全美法学教育界的龙头老大的地位，至今难以撼动。由于本书只写到 1917 年，尽管兰德尔离任后，法学院经历了 3 任院长，即詹姆斯·巴尔·埃姆斯院长（1895—1909 年任职）、埃兹拉·里普利·塞耶院长（Ezra Ripley Thayer）（1910—1915 年任职）和罗斯科·庞德院长（Roscoe Pound）（1916—1936 年任职），鉴于后两位院长在本书时间段任职时间有限，本章重点介绍和分析埃姆斯主政时期。在埃姆斯和塞耶两位院长任职交接期间，塞缪尔·威利斯顿（Samuel Williston）教授曾经代理 1910 年下学期的院长职务。

埃姆斯不愧为兰德尔改革的执行者和守护者，而且还非常有效地扩大了战果。到 1904 至 1905 学年，哈佛法学院新生人数达 766 人，他们分别来自全美 100 多所大学的本科毕业生，此时法学院有 70 名毕业生应聘到外校教书。尽管哈佛法学院的招生门槛不断升高，报考的学生反而越来越多，入校学生所代表的地域越来越宽泛。从 1905 年美国各顶尖法学院大学本科毕业生所占比例中，可以看出招生标准的差异，哈佛法学院占99%（100 名学生中 99 人是大学本科毕业生），哥伦比亚大学法学院占82%，芝加哥大学法学院占 60%，耶鲁大学法学院占 35%，宾州大学法学院占 35%，西北大学法学院占 31%，密歇根大学法学院占 13%，康奈尔大学法学院占 10%，伊利诺伊大学法学院占 7%。

从 1895 年到 1901 年，哈佛法学院教员的人数赶不上学生增长的速度，教授进进出出共 11 人。1901 年前后，先后任命 3 位助理教授。其中有 1899 年获任助教的詹斯·韦斯滕加德（Jens Westengard）（1871—1918），他 1903 赴泰国担任顾问，1915 年返回哈佛法学院就任国际法教授。布鲁斯·怀曼（Bruce Wyman）（1876—1926）于 1903 年担任助教，1908 年升任教授。爱德华·沃伦（Edward H. Warren）（1873—1945）于 1904 年担任助教，1908 年升任教授。法学院这一段时间有些青黄不接，资历深一些的教授走的走，退休的退休，其中包括约瑟夫·比尔教授 1902 年至 1904 年离职创办芝加哥大学法学院，爱德华·斯特罗贝尔教授（Edward Strobel）（1855—1908）于 1906 年辞职赴曼谷担任顾问。这时候哈佛法学院校外并不知道其内部的变化；相反，兰德尔开创的以案例教学法为主要特征的"新教育体系"，正在一步步攻占反对者的校园，归纳法成为教育领域现代化的重要标志和一流大学的特有符号，各个大学争相效仿哈佛法学院引领的这股潮流，千方百计和哈佛法学院攀上联系以提升本校的学术地位。那些不相信哈佛式教育革命的教授继续顽强地保卫照本宣科背诵讲义的传统教学法，尽管他们千方百计地阻挡这股潮流，"哈佛化"（Harvardization）仍然势不可挡地占据美国法学教育的主流地位。

到 1915 年美国所有法学院里 40% 采用案例教学法，24% 的法学院部分采用兰德尔的方法，抵制案例教学法的占 36%。持抵制态度的法学院很快被边缘化，逐渐丧失影响力，持反对态度的学校在随后几十年里大部分改为案例教学法。哈佛法学院创立的案例教学法和崭新财务模式迅速被移植到美国顶尖的医学院和商学院，这并非照猫画虎地讲各自的案例，他们把兰德尔式归纳法灵活地运用到各自的教学实践中。"哈佛化"在 20 世纪初期变得势不可挡，其延伸至美国高等教育同质性的榜样力量贯穿于整个 20 世纪，以至于哈佛法学院几乎没有碰到敌手。1898 年牛津大学法学教授艾伯特·迪西（也译戴雪）（Albert Dicey）判断，"哈佛领先于美国所有的大学，而哈佛法学院又是其中的佼佼者"，他建议英国引进哈佛法学院的教学方法。哈佛大学监事会 1903 年的工作报告写道，"哈佛法学院的教学法在英国和美国都位居第一，堪称美国所有法学院的范例"。1904 年，未来的美国总统和美国联邦法院首席大法官威廉·塔夫脱（William H. Taft）（1857—1930）在一次演讲中表示，"哈佛法学院是世界上最好的法学院"。

考虑到哈佛法学院如日中天的威望和影响力，埃姆斯院长丝毫不敢背离兰德尔的教学框架，在他 9 年院长任期里，严格地按照教学时间表运作兰德尔的各项内容。埃姆斯不愧为兰德尔的忠实信徒和学生，他对兰德尔的远见和判断力深信不疑，他在法学院扮演了兰德尔替身的角色，并成功地说服全校教职员工继承兰德尔的衣钵。对此，每次院务会议上大家都心领神会，埃姆斯怎么说，大家就怎么办，几乎没有发生什么争议。对于是非对错而言，成功最具有说服力，埃姆斯领导法学院按照兰德尔开创的轨迹一路顺风地推进着。1907 年，哈佛法学院参照奥斯汀楼的建筑风格开始修建一座新教学楼，该楼的设计有几间大教室，没有小教室和会议室，图书馆设在二层，教授们的办公室被堆积如山的书本掩埋着，楼内没有供学生社交活动的设施。这座于 1929 年完工的教学楼被命名为"兰德尔楼"。

教学方向的成功带来法学院的繁荣。入校新生逐年增多，1892—1893 年度新生超过 400 人，1897—1898 年度超过 500 人，1899—1900 年度超过 600 人，1903—1904 年度超过 700 人，1911—1912 年度超过 800 人。1895 年法学院拥有 112004 美金现金储备，1906 年累积的现金储备高达 498000 美金，是当年学院开支预算的 5 倍，学院累积捐赠基金总额 395000 美金，低于现金储备。截至 1906 年 7 月 31 日，哈佛法学院拥有现金储备 347742 美金，用于图书馆建设的预备金 100000 美金，本年度学院开支结余 50000 美金，当年接受捐款 116250 美金。1906 年的 50 万美金相当于 2010 年的 5000 万美金。相比之下，同期全美排名第二的哥伦比亚大学法学院因缺少资金而无法盖一座新楼。耶鲁大学法学院刚刚从亏损中解脱出来，正通过捐赠基金方式筹措资金准备盖一座简朴的教学楼，耶鲁大学不像哈佛和哥伦比亚大学那样，在纽约和波士顿的金融界拥有一批口袋鼓囊囊的校友。其他大学的法学院，如斯坦福、芝加哥、密歇根等在捐赠基金运作方面，更被哈佛法学院远远地甩在后面。20 世纪初，哈佛法学院在教学水平、财务实力和口碑声望方面已经稳居第一。

二 喜悦中的烦恼

1883 年完工的奥斯汀楼原本设计使用年限为 50 年，不料到 1891 年已经不够用了。1895 年 9 月的入校新生为了确保课堂座位，不得不提前站在外面排队几个小时，埃利奥特校长闻讯下令采取一系列措施，不让这种令人尴尬的场面重演。到 1897 年当新生人数超过 209 人时，埃利奥特校长、埃姆斯院长和哈佛大学监事会一致认为，必须尽快解决"新生潮"的问题。并为此采取两项齐头并进的措施，一是增盖教学楼，二是把新生分成两个大班。尽管法学院用提升入学标准限制新生数量，仍然阻止不住符合录取条件的考生持续增长的势头，埃姆斯意识到图书馆、教室和教授办公室的短缺将会影响教学质量。对于如何实施扩建工程，1898 年至 1901 年争论了 3 年，哈佛法学院主张扩建奥斯汀楼，哈佛大学董事会坚持盖新楼。1902 年入学新生人数比较稳定后，法学院院方和哈佛大学董事会决定搁置扩建工程，此举遭到哈佛大学监事会的抗议。不料 1903 年秋季新生人数再度攀升，法学院院方终于让步同意修建一座新楼。盖楼的设计方案和资金安排于 1905 年 6 月准备完毕，1906 年春季正式启动施工工程。新教学楼首次以法学院尚健在教授的名字兰德尔命名，可惜兰德尔没有看到新楼建成便于 1906 年 7 月离世。修建兰德尔楼拖延了十几年，引起很多人的不满。埃姆斯认为，反反复复讨论盖楼计划有好处，这样可以避免决策失误。从美学观点看，很多人觉着兰德尔楼就像一个灰色水泥巨无霸耸立在红色砖瓦传统建筑群里，与周围的楼房很不协调。在盖楼的过程中，因为资金周转不开，兰德尔楼一期于 1907 年 10 月完工时只修好了五分之三，其建筑面积比奥斯汀楼大两倍。埃利奥特校长原本邀请牛津大学艾伯特·迪西教授参加落成典礼并发表演讲，迪西教授拒绝出席。考虑到兰德尔楼既没有捐赠人，兰德尔本人业已离世，庆祝仪式向谁致敬呢？于是，法学院取消了原计划的落成庆典。直到 1929 年剩余的五分之二完工，才举行正式的落成典礼，在典礼致敬环节勉强提到兰德尔的名字。

兰德尔楼总造价 40 万美金，而哈佛法学院当时的现有资金足够支付全楼的价款，为什么讨论来讨论去拖延十几年，盖楼时又分为一期二期工程，前后用了 30 多年才竣工？埃利奥特校长和埃姆斯院长一再宣布盖楼计划，又一再拖延开工日期，哈佛大学监事会的工作组对此十分不满，他们公开表示，既然手里有钱，为什么不赶快盖楼解决法学院的燃眉之急？原因何在呢？因为哈佛法学院院方有难言之隐。第一，如果一次性把现有资金全部出手，法学院就没有储备金了，如何应对突发财务困难？而且这样做对学费收入会带来压力，不利于法学院的全盘工作。第二，1904—1905 学年开始，哈佛大学和其他大学的本科毕业生逐步对新成立的商学院感兴趣，哈佛大学商学院成立于 1908 年。1914 年至 1918 年第一次世界大战的爆发，也影响了法学院的入学人数。第三，逐年抽取现金储备对法学院的年收入带来不利影响，1914 年 3 月 28 日，埃姆斯的继任院长埃兹拉·塞耶不无感叹地写道，"今年的收入减少 15000 美金，占年度行政开支的 10%，皆因把现金储备投入到兰德尔楼的修建所致"。第四，兰德尔楼建成后的维修费用逐年上升，建楼前法学院每年一般性开支为 11752 美金，建楼后涨到 25633 美金。同一时期，哈佛大学向各个单位新收取一笔

"间接费用"，为此，法学院于 1907—1908 学年缴纳 7165 美金，1908—1909 学年缴纳 9148 美金。基于上述原因，法学院 1905—1906 学年尚有年度盈余 41351 美金，1908—1909 学年下降到 11452 美金，1911—1912 学年变成亏损 16262 美金。

正当人们热衷于赞颂哈佛法学院如何兴旺发达时，修建兰德尔楼几乎掏空了法学院所有的积蓄，埃兹拉·塞耶接任院长后很快就意识到这个问题，只不过羞于开口，他不愿意让外界知道，此时的哈佛法学院已经一贫如洗了。埃利奥特校长 40 年任职期间，为哈佛大学制定了确保财政健康的若干规定，令人遗憾的是，他本人和法学院院方都在实践中违反了这些规定。其中最核心的一条规定列明，"尽可能把本年度的收入花完，不要结转上一年的盈余"。埃利奥特认为，偶尔出现亏损并不奇怪，为了避免亏损有意多存一些钱，对于具有慈善性质的高等学院来说，并非最佳选择，因为这样做损害着继续寻求捐赠的正当性。埃利奥特还制定了一条基本财务原则，他反对依靠学费收入办学，主张建立一个规模巨大的捐赠基金，用免费接收到捐赠的钱物以设立基金的形式投资市场，通过不设限制的大规模的反反复复的投资获利。早在 1869 年就职典礼上，埃利奥特校长就语出惊人地说："投入与产出法则不适合高等教育，尤其不适用于哈佛大学文理学院。对于职业性的研究生院，也不适用于它的高年级阶段。只有法学院的低年级阶段，如果学生人数庞大，有可能实现依靠学费独自生存。"埃利奥特意识到，捐赠人总喜欢一笔一笔地赠予，而且喜欢提出附加条件，这样就给大学如何使用捐赠收入界定出明确的方向和使用范围。据此，他给出第三条财务原则，"捐赠基金的最佳方式是设立教授基金"。因为这样做最方便解决教授的工资问题，过去依靠学费赚到的钱很大一部分用于支付教员的工资。第四条，埃利奥特校长不主张借校外的钱盖楼。这一方面因为不少捐款人愿意以冠名盖楼的方式出钱，哈佛大学免费盖楼的机会很多，应尽量避免贷款或借钱盖楼，另一方面应该考虑到每建成一座楼，需要花费人力和资金对新楼进行维修、保护甚至扩建，这将产生不菲的费用。

既然不靠学费，不借钱并鼓励每年把钱花光，那么钱从哪里来呢？埃利奥特校长把财务管理重点指向捐赠基金。为此他身体力行，不惜放下身段，坚持不懈地带头推动募捐工作。看到一笔笔大额捐赠到账，埃利奥特从不满足，他知道办大学必须有钱，学校每年的行政开支可以花光，也应该花光，可是，捐赠基金的盘子必须越做越大，利滚利，钱生钱，以捐养校。遗憾的是，埃利奥特校长自始至终在哈佛大学其他学院坚持的这些原则，唯独没有在法学院坚持下去。不仅如此，他在法学院往背道而驰的方向越走越远。19 世纪 70 年代和 80 年代初期，埃利奥特也曾鼓励哈佛法学院脱离依靠学费办学的老路，把精力转到募捐上。在此政策下，法学院确实收到不少捐资，并用于设立韦德教席，修建奥斯汀楼。然而，到了 19 世纪 80 年代后期，当法学院积攒了雄厚的收入后，此时，捐赠基金的规模并不很大，埃利奥特却放弃法学院的募捐活动，转而依靠不菲的学费收入，开始对法学院采取违背他自己的财务政策的做法。他断言，哈佛法学院依靠往年学费盈余，足以应对任何短时经济危机。在 1904—1905 年度报告中，埃利奥特前面刚说希望哈佛大学逐步摆脱依靠学费收入办学的局面，后面马上赞扬法学院办得如此有声有色，吸引着大批新生入学，完全可以依靠学费收入生存下去。此时，法学院院长、法学院教授们和哈佛监事会派驻法学院工作组都不同意埃利奥特的判断。塞耶教授在 1895 年美国律师协会的主旨演讲中表示，"所有的法学院都应该走依靠捐赠基金办学的道路，不这样做的法学院的管理者们，需要立即关注教育市场的行情，不仅仅把精力用在教学成绩上，还要留心学生数量与市场需求之间恰当的比例"。当 1897 至 1898 学年法学院变得拥挤不堪时，埃姆斯院长和监事会工作组均对用全部积蓄修建兰德尔楼的决策表示"遗憾"。

　　1898 年，埃姆斯和监事会工作组曾经建议从法学院盈余里拿出一部分设立一个兰德尔教席基金，这样做一方面可以防止现金流失，另一方面有助于吸引校友捐资奥斯汀楼的扩建工程，因为捐资人总愿意对账面空空急需用钱的学院解囊相助。按道理这个建议与埃利奥特校长一贯主张的财务原则一致，却遭到校方拒绝，埃利奥特解释说，向兰德尔表示敬意最好请校友捐款，用这笔钱单独设立一个兰德尔冠名讲席，这样更加名正言顺。因此，埃利奥特反对从可支配盈余现金里拨出款项设立兰德尔讲席，埃利奥特想用这笔盈余获得利息，逐年翻滚，以学费养学校。很显然，埃利奥特自己违反了自己制定的四项原则，即避免盈余，增加捐款，用捐款基金设立冠名教席，用接受捐赠的钱盖楼。1898 年 3 月，哈佛法学院被要求从盈余里拨出 10 万美金设立教授基金，或者用于修建图书馆。监事会工作组赞同这一提议，表示鉴于哈佛法学院现有的捐赠基金有限，应该从现有盈余里拨出一笔钱设立教授讲席基金。1898 年 5 月，哈佛大学董事会决定从哈佛法学院现有盈余里提取 10 万美金，放到修建法学院新图书馆的基金里，还特别注明这笔钱用于图书馆的管理开支。难道哈佛董事会不知道捐款人对资助管理费用较少有兴趣，他们更愿意帮助盖楼或设立讲席基金吗？这笔图书馆专项基金仍然属于现金储备，与捐赠人向往的捐赠基金不相干。这不等于堵住捐赠人给钱的财路吗？埃利奥特校长在 1898 年的年度报告里没有提到法学院盖新楼这件事，他于 1903 年公开表示，哈佛法学院完全有能力用本院的盈余解决修建兰德尔楼的资金需要。简言之，埃利奥特校长把法学院当成他制定的财务原则唯一的例外，可以用学费收入建造新楼，而不必花费精力募集捐赠。

　　于是就出现了奇怪的现象，哈佛法学院建造兰德尔楼急需资金，法学院的累积学费收入盈余逐年减少，却没有人往捐赠基金这条路上走。1897

年，埃姆斯曾经开会讨论采用募资方式支付奥斯汀楼的扩建，却没有看到他们后续行动的记录。法学院院方仅仅对没有捐赠方出资建造新楼感到惊讶，同时也对校方没有伸出援手提供资金支持表示失望。在错误的财务方向下，法学院校友会也没有在募资方面采取行动，从校友会成立到1910年这段时间里，法学院校友会共支出17375美金用于内部会议和出版物等费用，仅向法学院捐出7231美金用于肖像制作和奖励金发放，还向《哈佛法律评论》捐出1649美金，没有把精力用在募资支持兰德尔楼的建造上。法学院校友会在此阶段有12000美金的结余，除了1905年拿出一点钱支付法学院资深教授的肖像画外，没有用这笔钱支援兰德尔楼的资金需求。法学院校友会沉浸在母校获得巨大成功的自我陶醉中，根本没有意识到危机的存在。正当哈佛其他院系按照埃利奥特校长的指示，全力以赴开展各项募捐活动时，哈佛法学院的院长、教授们和校友会却错失了募资的大好时机。例如哈佛大学哲学系于1900年需要建造自己的楼房，经报请校方，哲学系规划出楼房的设计方案并将其刊登在哈佛的出版物上，成功地获得资金支持，该楼房于1906年顺利完工。一时间募资活动在哈佛大学此起彼伏，捐资捐物蔚然成风，与哈佛法学院对募资活动犹豫不决的态度形成鲜明的对照。

这一时期，法学院校友会每年平均筹集360美金捐款，哈佛本科生学院从1904年开始，每年收到10万美金捐款。与哈佛法学院形成反差的是，耶鲁法学院弗朗西斯·韦兰院长（Francis Wayland）（1826—1904）在任期间筹集到15万美金捐款，他还募资38000美金完成对亨德利楼（Hendrie Hall）的修缮。1905年至1910年，哥伦比亚校方向该校法学院注资50万美金建造一座新楼。相比之下，哈佛法学院既不募资，也不向校方求助，仅仅依靠储备的现金建造兰德尔楼，40万美金很快就花光了。1895年哈佛医学院的财务状况不如哈佛法学院，到1905年哈佛法学院就显得黯然失色了。埃利奥特校长特别关注并一再警告哈佛医学院不可依靠学费，必须尽最大努力募集资金，他本人也不厌其烦地鼓励哈佛医学院设立捐赠基金教席，呼吁向哈佛医学院捐款。1895 年哈佛医学院仅有 318000 美金捐赠基金，6 年后就达到 500 万美金，依靠雄厚的资金，医学院盖了 5 座楼，设立了冠名教授席位，修缮并更新了学院的设施。埃利奥特校长不无自豪地说："30 年前，哈佛医学院与其他院系相比财力最弱，现在已经跃升为哈佛所有院系里捐赠基金实力最强的。"欣喜之余，埃利奥特仍不满足，在他眼里，哈佛医学院虽然富足，仍然不够，他认为，医学院永远需要钱，永远存在缺钱的危险。他同时认为，法学院不缺钱，也不需要钱。

从新楼落成庆典也能看出两家学院的不同。1906 年哈佛医学院的 5 座新楼完工，医学院组织两天盛大的庆祝活动。1907 年兰德尔楼的五分之三部分完工后，法学院取消了庆典活动。到 1917 年法学院成立 100 年时，哈佛医学院的捐赠基金早已把法学院远远甩在后面，如果按照学生人均捐赠基金份额计算，法学院均低于神学院、商学院和哈佛文理学院。埃姆斯时期法学院出现反常的贫困化状况，很难说清其中人为因素起了多大的作用。埃利奥特校长为什么一反常态不积极支持法学院募集捐赠基金呢？这里只能凭猜测。也许埃利奥特觉得法学院吸收学费的能力特别高，并不像医学院那样花巨资购买医学教学设备，也不像神学院那样花费教员大量的时间对学生一对一的辅导，法学院唯一在图书馆建设方面需要花钱。或许埃利奥特听取了反对者的意见，他们一直批评埃利奥特重职业教育，轻本科教育。随着医学院 20 世纪初不断获得巨额捐款，埃利奥特校长开始担心哈佛的捐款大部分流向各个研究生职业培训学院，应该把捐款基金向本科生学院和非职业教育学院转移，哈佛法学院也名列受到捐赠限制的名单里。此外，伴随着巨大的成功，哈佛法学院的教学和管理都出现停滞不前的倾向。1900 年，法学院院方不顾埃利奥特反对，投票通过继续执行兰德尔以教授普通法为主的教学课目，不开设历史、政府、政治、管理、自然、市、镇和殖民地等相关课程，法学院关闭了通识教育的大门，专注于狭窄的法学专业教育。埃利奥特担心，照这样走下去，会让哈佛法学院的教学水平下降。

三 教学生活素描

埃姆斯院长的教学风格带有高深莫测的味道，他忠实地秉承英国教育传统，并试图用这一套方法应对复杂的现实问题。就拿他最擅长的票据法来说，当 19 世纪 90 年代美国"统一票据法"起草时，根本就没有征求过他的意见，直到有 4 个州已经实施这个法案，埃姆斯教授才知道有这么一部法律，这说明他的教学研究和当时法律的运行多么脱节。他于 1900 年发表文章反对这部法律，没有得到多少社会响应。正如亚瑟·尤金·萨瑟兰（Arthur E. Sutherland）（1902—1973）评价的那样，"埃姆斯的反对意见，只能表明他在这个领域的立法实践少之又少，并且缺乏国际法律实际运作的经验"。埃姆斯从法律专业的技术性角度对"统一票据法"的批评，没有起到任何效果，这部法律的施行过程中，也没有发生埃姆斯指出的那些弊端。

在行政管理方面，尽管埃姆斯的声望很高，但他并不是一个高效率的管理者。对于学院过分拥挤和财务状况下滑，他缺乏通盘考虑和及时应对的措施，依然用兰德尔时期的方法处理兰德尔没有遇到的问题。对此，哈佛监事会工作组对他 1898 年所做的敷衍了事的年度报告和他面对危机的不作为表示不满，并且评价他的报告只关注细节问题，却对学院急需解决的重大问题轻描淡写。埃姆斯平时包揽一切行政事务，不让秘书经手，就连所有的信件他都亲自书写，然后交付打印。埃姆斯于 1910 年死于老年痴呆，不清楚他的行为能力从什么时候开始恶化的。1907 年，埃姆斯有意获得一个新设的特许法学教授职位，埃利奥特校长问他："您是否还愿意继续当院长？"埃利奥特解释说："要知道，我改变主意后才决定征求您的意见的。"众所周知，当哈佛法学院的教授改换冠名名称时，他们的职责和教学内容没有变化。如果埃利奥特校长对埃姆斯院长的工作满意的话，他绝不会问他愿不愿意继续当院长。于是，埃姆斯放弃当新设立的法学教授的想法，继续当他的院长。也许埃利奥特校长对埃姆斯院长的领导能力有所保留，法学院的同学们却不这么认为他们对埃姆斯的领导能力还是满意的。尽管教室拥挤，财务状况吃紧， 教学要求一再提高，法学院学生们依然呈现出一派积极乐观的景象，埃姆斯院长任期结束阶段，学院里没有发生恶性竞争和学生焦虑过度的情况，对此，埃姆斯极力营造缓解学生的紧张情绪的氛围，他提倡的轻松向上的校园文化，肯定发挥着正面的作用。 而焦躁感和压力感在 20 世纪后半期，一直笼罩着哈佛法学院和其他美国顶尖的法学院。遗憾的是，埃姆斯的继任者们采取了新的教规，改变了埃姆斯营造的这些有益的元素，并在 20 世纪 20—30 年代，奠定了哈佛法学院追逐繁重的文案工作的风气。

兰德尔和埃姆斯时期，法学院的学生很少产生羞耻感和焦躁感，也鲜有发生恶性竞争的事件。尽管兰德尔十分推崇学业精英主义，并且设立荣誉学位鼓励学生更加刻苦学习，提高对学习预期的上进心，但真正的竞争局面，19 世纪 80 年代末期才在哈佛法学院形成，90 年代才在哈佛大学形成，20 世纪 20 年代才在美国法学教育界形成。埃姆斯执掌法学院时，并没有减缓学习竞争的节奏；相反，他不断提升学习的最低标准。比如 1897年，埃姆斯要求"特殊学生"（非学位申请学生）每年与学位在读学生学习相同的课程，并且把考试及格线从 50 分提高到 55 分。这些措施并没有招致学生们的怨恨、焦虑、羞辱感和精神压抑，学生们对在校学习生活反映良好，对院方评价很高。一位来自纽约的哈佛法学院 1902 届毕业生回忆道："我每晚学习到很晚，半夜在煤气灯下沏一杯茶，这样又可以再坚持学下去。"1900 年 3 月，法学院一位三年级学生写道："外面的天真蓝，可是我没办法欣赏，临近毕业和律师资格考试，这里没有华丽的乐章，只有埋头学习。"1909 年 10 月，一位来自北达科他州的学生写道："哈佛法学院里只有学习的氛围，没有任何别的东西可以吸引我的注意。"然而，正当哈佛法学院学生们乐此不疲地奋力读书时，校外却传来不同的声音。1900 年 6 月《波士顿日报》刊文称，"哈佛法学院每学期考 5 门功课，这让一些学生精神上承受不了，严重影响他们的健康"。该报还于 6 月 8 日以"学习负担过重致使一位学生死亡"为题写道："哈佛法学院三年级学生威廉·派克（William T. Parker Jr.）因过度学习，脑部脓肿，死于剑桥医院。去世前他正在努力准备期末考试。派克先生于 1897 年以全优成绩毕业于麻省理工学院，考入哈佛法学院后，他日以继夜刻苦读书，导致精神崩溃。期末考试是哈佛法学院的至暗时刻，以前早有人提醒，如果哈佛法学院不减轻学生负担，将有人患脑炎。派克死亡事故证明了这一点。"

尽管《波士顿日报》可能夸大了这一未经校方证实，也没有任何个人证词的消息，不少哈佛法学院学生确实说过类似的话："进入哈佛法学院意味着刻苦读书，在这种情况下，焦躁和精神压力在所难免。"尼古拉斯·凯利（Nicholas Kelley）上过埃姆斯院长的课，成绩全优，编辑过《哈佛法律评论》，毕业后在纽约从事法律和金融业，事业辉煌。他这样回忆哈佛法学院的生活："我是一个小个子，通常不引起别人的注意。到法学院时一片空白，激烈的学习竞争场面天天发生在我身边，我必须挺身面对，采用比较巧妙的方法参加这场学习决斗。"另一位来自纽约的同学写道："竞争无处不在，我把它当成动力。通过竞争，周围比我学习优秀的同学把我也带优秀了。"法学院教授们也鼓励说："律师是商人的仆人。要想毕业后在纽约出人头地，必须在法学院时就名列前茅。顶尖的律师事务所和著名的大公司，到法学院先挑学习竞争的优胜者。"残酷的竞争导致无情的淘汰，就在埃姆斯试行期中考试的那一年，有的学生熬不到期末考试就辍学了。报纸上更添油加醋地反复宣传，哈佛法学院如何如何难上，考试多少多少学生不及格。一位普林斯顿大学的本科生进入哈佛法学院，考试时他上厕所也有监考人跟着，令他极其不适应那里的考试方法。然而，如果想迈上精英的行列，那就必须经受地狱般的煎熬。

著名的《哈佛法律评论》正是在紧张的学习氛围中应运而生的。1887年，经埃姆斯教授指导、校友路易斯·布兰代斯资助，哈佛法学院的 8 名学生创办了这份学生期刊，并于当年 4 月 14 日出版了第一期。到 1902 年，尽管刊登文章的质量参差不齐，刊物的学术知名度已经打开了。之后，该杂志专注于提升发表文章的学术信誉，实行主编向编委会提交年度报告制度，采用更加严格的标准挑选编辑，编辑队伍从 15 人扩大到 30 人，其中有二年级学生 12 人，三年级学生 8 人。久而久之，媒体和公众逐渐形成一个共识：凡担任过《哈佛法律评论》编辑的学生，一定学业优异，前途不可限量。自 20 世纪 70 年代以来，该杂志编辑从一年级学习成绩优异和这一学年结束时写作比赛胜出者中产生。该杂志每年出版 8 期，在刊物上发表的作品被称为"笔记"。

从埃姆斯时期到 20 世纪末，哈佛法学院的教学氛围一直在紧张和舒缓中寻求平衡点。一方面，不严厉就不成其为全球最顶尖的法学教育学府，另一方面，还要考虑到年轻学子身心发育的承受能力。尽管埃姆斯时期学院经费紧张，教学环境拥挤，学生们通过组织各种学习小组开展活动，把注意力吸引到热烈的学习讨论上，学院里呈现出一派比学赶帮的风气，同学与同学的关系十分融洽。为什么在如此严酷的环境里，法学院学生能够保持从容淡定呢？哈佛法学院 1903 年至 1906 年优等生菲利克斯·法兰克福特（Felix frankfurter）（1882—1965）回忆说："我处于一种公平竞争的学习环境，在这里评判学习好坏的标准客观公正，当时有一句流行语叫'哈佛法学院不宠爱任何人'（no kissage by favors），学院里形成一种只尊重学业优秀者的风气。"哈佛法学院教授沃伦·西维（Warren Seavey）（1880—1966）1904 年获得本校法学学士学位后留校任教，他上学期间的室友惊奇地发现，沃伦能一边弹奏曼陀铃，嘴里叼着烟斗，一边做作业。他非凡的专注能力和清晰的思维能力，使他在 1 小时办别人 2 小时办的事。哈佛法学院坚持高标准严要求的做法，得到多数在校学生的称赞和认可。有的学生回忆说："我一生从来没有像在哈佛法学院学习时那样刻苦。"对于曾经转学在两所法学院上过学的学生来说，一经比较，便知区别，他们意识到，哈佛法学院的课，在严格纪律和严酷竞争的约束下，能够激发学生产生投身法律事业的使命感。

四 减压方式

哈佛法学院如何缓解激烈的学习竞争给学生带来的焦虑感和无名火？这与其独特的校园文化有关。这一时期哈佛法学院近乎实行家长式管理，像埃姆斯、格雷、史密斯和塞耶这样的资深教授均属于"老式绅士"，他们温文尔雅，通晓世事，遇事冷静，慈爱如父。特别是埃姆斯，他性格温和，脸上总带着微笑，在任何挑战和困难面前，他都能从容应对，驾驭自如，极具感染力。即使当院长后，他仍然把自己的办公桌摆在拥挤的图书馆里，无论在学校还是在家里，他随时欢迎任何学生咨询提问，极具亲和力，人称"好院长"。这种家庭式管理并不意味着家长式作风，埃姆斯一直提倡在课堂上采取苏格拉底式诘问，不鼓励学生一味奉承教授。教授们各个谦谦有礼，从不大声训斥学生，他们最厌恶思维偷懒的学生，他们最欣赏拿出最佳学习或研究成果的学生。一位来自俄亥俄州的一年级学生于 1906 年写道："哈佛法学院的教授，都具备野心勃勃的学术追求，目光敏锐的判断能力，他们常常用正话反说，反话正说的方法，把学生的思路打乱，反驳学生的观点，用这种方法反复检查学生是否深入理解一个法律概念。当你说什么都遭到反驳的时候，你会感到特别尴尬。而这正好是苏格拉底的诘问想要达到的目的。"另一位来自肯塔基州的学生回忆道："毫无疑问，教授们采取'课堂审问'方法时并不带恶意和恐吓，他们微笑着把我带入荒唐无稽的沟里，然后总结说，500 年以前，你的看法肯定得到大部分律师的支持。惹得教室里哄堂大笑。"一位学生这样描述埃姆斯讲课的场景："我特别喜欢上埃姆斯教授的信托法课。一次，他在课堂上向我连珠炮式地提出很多问题，我一一回答。听完我的话，埃姆斯没有作声，脸上堆满笑容，起初我以为他很满意我的回答，谁知我一样也没答对！这种捉摸不透的感觉真让我气都不打一处来。事后我细细品味，他想让我自己找出错在哪里，且不在课堂上当众丢脸。"埃姆斯用沉默传递否定意见，用微笑表达否决态度。他用启发的方式来缓解学生的压力，而不是用"错错错"的粗暴回答增加学生的压力。他让学生感到尴尬，但不感觉被羞辱。他宁可数落别的法律专家，也不愿嘲笑自己的学生。

　　除了以慈父般态度对待学生外，哈佛法学院还有第二个减压办法。尽管哈佛法学院的招生标准高、录取比例低，每年还从 150 所大学本科生中招收"准备不足的"学生进入法学院。"准备不足"在 20 世纪初被称作"绅士 C"，指许多富家子弟仰慕法学院的名声，他们的智力水平并不高超，平均学习成绩处于 C 等级，他们想方设法先进入哈佛法学院名单中的大学，从这些大学混个文凭就很容易被哈佛法学院录取。哈佛和耶鲁的本科生约占据每年哈佛法学院录取学生的一半，其中有许多"绅士 C"。自兰德尔以来，哈佛法学院一直用衡量哈佛本科生录取数量的方法，判断哈佛法学院学生的素质，这就助长更多录取哈佛本科生的风气。埃利奥特校长于 1909 年注意到这一点，他在年度报告中写道："现在我们实行的学习标准太低，考试标准线低到让那些懒惰又没有雄心的学生轻而易举通过考试获取文凭的地步，这不利于激发学生勤奋读书的热情。"一些从非一流大学考入哈佛法学院的学生也认同这种看法。一位来自罗格斯大学（Rutgers University）的一年级学生于 1906 年写道："我可以一边辅导哈佛本科生作业，一边跟上哈佛法学院的课。由此我看出，哈佛本科生学到的东西不比罗格斯大学强多少，哈佛法学院凭什么拒绝那些不在名单里的所谓'二流大学'的考生？我看到过一封肯塔基大学校长的信，他对哈佛法学院拒收一位肯塔基大学考生的决定感到愤怒。"这一时期，凡从美国西部或南部，或者更远，如北达科他州、太平洋沿岸各州考上哈佛法学院的学生，一定都很拔尖，因为他们百里挑一，千里挑一，甚至万里挑一，来自这部分地区的录取比例太低了，他们特别珍惜进入哈佛的机会，刻苦读书，成绩斐然。哈佛法学院里来自西部的学生成绩比较好已经成为一种共识。

法学院里经常出现这样的教学场景，课堂上总有固定的 15 名到 20 名学生和教授对答互动，如同希腊合唱队一样，教授和学习成绩好的学生展开苏格拉底式的诘问，学习成绩差的在一边唱副歌，或者干脆观摩。因为成绩出色的学生领悟力强、思路快，老师可以问一些比较深的问题，这部分学生提出的问题不肤浅、不愚蠢，节省了老师大量的时间，便于用较轻松的节奏带着全班走。学习能力较差的学生混在较高水平的教学环境里，他们躲避出面露头，减轻了这部分学生的精神压力。哈佛法学院录取落后生的做法导致 1898 年院方考虑采取进一步的限制措施，对于哈佛外的其他大学考生，只招收学习成绩处于所在毕业班前四分之三或前二分之一位置的学生。对此，一部分教授质疑说，这样做可能排除那些暂时处于落后状态，但具备潜在素质和后发优势的学生。这一限制措施最终未获通过。于是，哈佛法学院继续录取"落后生"，一年级学生的平均损耗率达17%。在埃姆斯时期，尽管入校新生从 475 人跃升到 719 人，损耗率却高达 20%，越来越多的学生上完一年级后就辍学了。从另一方面看，录取一定比例的"落后生"，在客观上限制了竞争的强度，减缓了焦虑情绪的蔓延。除了那些原本就没有打算读完学位的辍学生外，班级里保留"落后生"，给"先进生"得到高分数提供了保障，也给那些处于 C 等级学生的分数不垫底保留了颜面。这一措施最大的好处在于减缓了学校里焦躁、怨恨和抑郁的氛围。

辍学生里有的因为学习底子差，对上哈佛法学院的困难准备不足，跟不上进度不得不选择退学。还有一些人天资聪颖，学习潜力无穷，但不喜欢学习法律，他们为了遵从父命或取悦父母不得不报考法学院。听了父母说，"你将来适合当律师"，他们想也没想就冲着哈佛的名气来了。入校后才发现，他们的心并不随着法律走，他们的成绩也不理想，当意识到选错学校和专业后，便主动辍学另寻出路。这部分不认真学习法律的学生也冲淡了法学院残酷的竞争。这部分并不立志于学习法律的学生多数来自哈佛学院的本科生，其次来自耶鲁大学和普林斯顿大学。对于哈佛学院的本科毕业生来说，被哈佛法学院录取并非难事，只要把学士学位证书拿给哈佛法学院招生办看看，基本可以保证注册入读。有的学生选择哈佛法学院纯粹出自舍不得那些在读的本科生同学，上法学院后还可以继续与他们交往，真可谓为了哥们儿才读哈佛法学院的。这部分学生入读法学院后，有的继续参加哈佛本科生杂志《哈佛讽刺》（*Harvard Lampoon*）或《哈佛月刊》的活动，有的在本科生时期住过的学生宿舍里兼职当宿舍管理员，负责联系宿舍紧急维修和维持宿舍秩序等工作。哈佛本科生的联系网一直延伸到哈佛法学院的学生组织，以至于操控着法学院的学习生活和课外活动，影响力不可谓不大。此外，当地报纸偏向只报道那些与哈佛直接相关的事件，很少刊登非哈佛校友被任命为法学院职员的消息，即使就职人员毕业于耶鲁大学也不报道。这种家族宗亲观念，形成哈佛、耶鲁和普林斯顿大学各自的小圈圈，也是一个值得注意的现象。

还有一个变化，在客观上减缓了哈佛法学院的竞争压力。鉴于哈佛法学院允许哈佛高年级本科生选修法学院一年级课程，把本科和法学院连读学生的在学时间从 7 年缩短到 6 年，埃利奥特校长支持这样做。埃姆斯反对，他认为这样做不但将拉低这些本科高年级学生的水平，也将影响法学院的教学质量，因为这些本科生的法学基础知识太差。尽管这样，本科生在法学院交叉上课的现象依然风行一时。根据一位哈佛本科高年级学生的记述，1899 至 1900 学年，先后有 14 位本科生选修哈佛法学院的财产法课、19 人选修合同法、10 人选修侵权法、12 人选修衡平法、15 人选修刑法。一位叫罗斯科·沃尔斯沃斯（Roscoe Walsworth）的本科高年级学生同时读本科和法学院课程，太过劳累生病未能通过法学院的期末考试，法学院允许他补考一次，他于次年通过了补考，并以"特殊学生"身份入读哈佛法学院，入校后几经周折再转换成学位学生，终于如愿获得法学院授予的法学学士学位，前后为时 8 年，加上本科 3 年，本硕连读耗时 11 年。埃姆斯院长意识到同意本科生提前选读法学院一年级课程，将严重影响法学院的教学质量，他极力设法取消这一规定，可能因为埃利奥特校长的支持，本科生选读法学院课的势头一直无法阻挡。弄得法学院院务会讨论这个问题超过讨论修建兰德尔楼的问题，令埃姆斯十分头疼。本科生进入法学院，不仅带来本科生自身的文化和习惯，严重干扰着研究生中尖子生的学习专注度，而且扰乱法学院整体的教学计划，甚至把那些原本立志当律师的学生带偏了方向。说到"校园文化"，这一时期哈佛法学院的文化氛围和哈佛本科生学院的传统习惯有所不同，法学院的院风不如哈佛学院的那么强烈，法学院不太盛行体育活动，四分之三以上的法学院学生专注于学业，法学院更偏重学术文化，同时也有少部分学生仍然保留从本科生带来的校园文化。这少部分学生所秉持的玩耍文化，有利于平衡残酷竞争的学术文化，减缓焦躁、怨恨和抑郁情绪的冲击。

说到体育活动，哈佛法学院学生不仅仅每天下午打打网球，划船溜冰，它的重要性在于通过体育锻炼融入哈佛大学的体育精神。19世纪末至20世纪初，哈佛法学院学生约翰·克拉克（John Clark）将篮球运动带入哈佛大学，哈佛法学院学生马尔科姆·惠特曼（Malcolm Whitman）成为全美草地网球赛冠军，哈佛法学院冰球队曾击败过哈佛大学校队。法学院学生比较喜欢的体育运动有橄榄球、棒球、划船和赛跑，当时哈佛大学的田径运动场离法学院很近，法学院学生充分利用了这一便利条件。耶鲁大学学生弗兰克·尼尔森（Frank Nelson）在1912年瑞典斯德哥尔摩夏季奥运会上夺得撑竿跳高比赛银牌。1904年，哈佛法学院邀请全美前划船冠军、康奈尔大学划船队队长到剑桥镇传授划船技巧，此时这位队长担任康奈尔法学院讲师，他借此机会学习哈佛法学院的案例教学法。1895年，哈佛法学院学生威廉姆·亨利·路易斯（William Henry Lewis）（1868—1949）当选哈佛大学橄榄球队队长，成为全美大学橄榄球队的第一位非洲裔队长，一时间橄榄球赛成为哈佛法学院最时髦的运动，就连远在外州的法学院校友也赶来充当"啦啦队"队员（Rah Rah Haarvards）。1905年，伴随着全美各个大学校队橄榄球比赛相继出现受伤、死亡和丑闻，哈佛法学院向校方建议禁止法学院学生参加哈佛校队，哈佛大学批准了这一建议。法学院学生立即想出对策，他们自己组织棒球赛，并且辅导哈佛大学校队的冰球、击剑和橄榄球。哈佛法学院还组建了自己的棒球队和田径队，与其他大学法学院举行对抗赛，法学院的橄榄球队在哈佛大学运动场与全美著名的球队举行过比赛，这个运动场是当年美国最大的橄榄球比赛场地。哈佛法学院橄榄球队的成员多来自哈佛、耶鲁、普林斯顿、达特茅斯的毕业生，他们曾经到孟菲斯、纳什维尔、巴顿鲁日等地参加巡回比赛，这些都反映出大学本科生的"校园文化"继续在哈佛法学院流行。

除了体育活动外，法学院的少数学生还找到一些排解情绪的方法，与那些一心争取拿到荣誉学位称号的学生形成对照。来自哈佛学院的阿瑟·戈特霍尔德（Arthur Gotthold）（法学院1902届）和来自普林斯顿大学的亨利·布雷肯里奇（Henry Breckinridge）（法学院1910届）属于少数派。布雷肯里奇回忆道："从星期六中午到星期一早上，我从不啃书本。我相信，每周40小时法定学习时间内，我能学懂的就学懂，学不懂的就放弃。尽管我没当上全优生，但我毕业并拿到文凭了。"即使那些刻苦攻读立志拿到荣誉学位的学生，为了避开别人说闲话，避免被戴上"死读书"的帽子，也装装样子参加学生组织的社会活动。来自斯坦福大学的乔治·斯普林迈尔（George Springmeyer）后来写道："西部地区的学生带来奇怪的异国情调，他们类似外国学生的习惯，喜欢扎堆居住，经常聚在一起喝酒吃饭，就像'仓促布丁俱乐部'（Hasty Pudding Club）招待外国大使参观哈佛大学那样。"（作者注：仓促布丁俱乐部创建于1795年，是目前哈佛大学面向所有本科生的社交俱乐部）这一时期，哈佛法学院拥有30多个各色俱乐部，其中比较有名的有"Wig俱乐部""南方俱乐部"和"Phi Delta Phi俱乐部"，尽管这些俱乐部属于非正式的学生自发组织，但加入门槛很高，各方面表现优秀的学生扎堆于此，对推动案例研究和法庭辩论很有帮助。能否加入名声显赫的高级俱乐部，成为衡量法学院学生学习水平的标杆。1906年，从哈佛本科毕业进入哈佛法学院的学生艾伯特·芬弗里特（Albert Veenfliet）写道："最好的法律俱乐部不仅促进学业，而且表明一种社会地位，只有各方面都很出众的尖子学生才有此殊荣。法学院'塞耶俱乐部'里有4人来自哈佛学院，1个普林斯顿大学的，2个耶鲁的，还有1个威廉姆斯学院的。我在哈佛本科毕业后有幸进入哈佛法学院，并被挑选为'塞耶俱乐部'成员。"精英俱乐部的存在，带来哈佛、耶鲁、普林斯顿"帮"的说法，学习好的人在这个小圈子里高度竞争，他们越学越好。而大部分与"精英帮"不沾边的学生，没有那么大的压力，他们知道，好学生永远属于尖子生，他们争取也没用。想明白了，反而没有失落感，而且可以避免患高压精神综合征。

五 学习缓冲

19 世纪末 20 世纪初，凡在哈佛法学院上过学的，就业不存在任何问题。1900 年，每千名美国人里只有 3 名大学生，大部分律师没有大学文凭。1910 年新入职律师事务所的律师中，1/3 的人没有进过法学院，仅有 8% 的人拥有大学文凭。对于哈佛法学院的学生来说，只要大学本科毕业加上哈佛法学院学习一年的履历，足以在麻省、康州和纽约州之外的任何州找到待遇丰厚的工作。相较于众多没有大学学历和法学院经历的竞争者，法学院学生具有绝对优势。律师就业市场十分青睐法学院学生，这在客观上鼓励一些人不认真攻读法学学位，退学提前就业。这样做的结果，从一定程度上缓冲了哈佛法学院里的学习竞争气氛。一些没有获得法学学士学位的人，不少人后来成为成功的记者、政治家、社会改革家和商人。例如沃尔特·萨克斯（Walter Sachs）（1884—1980）他在哈佛大学本科毕业后，仅仅在哈佛法学院学习一年，便加入高盛家族企业，成为美国著名的投资银行家。斯坦利·金（Stanley King）（1883—1951）在哈佛法学院学习两年后投身制鞋业，后来成为阿默斯特学院院长。1909 年暑期，克劳福德·格林（Crawford Greene）在哈佛法学院读二年级时，回加州探亲，他在家乡遇到一位知名律师，这位律师听说他仍然在读，马上邀请他加入律师事务

所工作，格林担心自己法学院尚未毕业，通不过律师资格考试，这位律师
笑答道："只要你上了哈佛法学院，有没有学位一个样。我和我的同事推
荐你，保证你通过律师资格考试。"格林当即决定退学接受这份工作，他
后来在律师行业里成绩斐然。

据统计到 1922 年的数字，哈佛法学院 1906 届在法律行业工作的毕业
生占 74%，其中辍学生占 66%，这说明毕业不毕业，就业差别不大。法学
院院方意识到这一问题，于 1898 年 2 月 24 日形成决议，鼓励学生完成学
业，争取拿到学位。对于胸怀野心立志出人头地的尖子生来说，学习竞争
早已融化在他们的血液里，他们天生具备极强的抗压能力，潇洒自如地游
走于高压环境里。对于大部分中游学生来说，只要坚持学习到最后即便平
均分数为 C，只要拿到法学学士学位，也能在华尔街的律师事务所找到好
差事。据 1914 年公布的调查数据，在 1902 年至 1912 年这 10 年间，哈佛
法学院毕业生平均就业起薪为 664 美金，10 年后可达 5300 美金。与此相比，
1910 年全美从业人员的平均年薪为 574 美金，全美律师平均年薪 2000 美
金至 3000 美金。而在 1900 年，美国农业雇员平均年薪 247 美金，工厂工
人和煤炭工人平均工资 435 美金，高级技术工种年薪 800 美金至 1000 美金，
办公室职员平均年薪 1011 美金。没有资料显示哈佛法学院毕业和非毕业
生在各自就业前 10 年时间里，工薪收入存在明显的差别。相反，由于美
国新英格兰地区法律学生过剩，把他们就业的起薪压低了，这就造成一些
法学院的辍学生在新英格兰以外地区就业，和拿到哈佛法学院学位在新英
格兰地区就业的毕业生的起薪一样。

还有一个有趣的现象，到 1922 年为止，哈佛法学院 1906 级学生中有
22% 的人从事银行业、房地产等非法律行业。从 1904 学年开始，哈佛法
学院入学人数开始轻微下滑，这与埃姆斯院长和埃利奥特校长呼吁哈佛大
学本科生向商业领域发展有关，这一不可阻挡的趋势最终导致 1908 年哈

佛商学院的成立，因此分流出一批法学院的生源。这一时期毕业与不毕业差别不大的就业市场，从一定程度上减缓了法学院学生的竞争压力。学习潜力深厚抗压力强的，继续奋力争当尖子生；学习能力相对差一些不愿继续砥砺前行的，选择退学或放弃学位。哈佛法学院校友会对于只要在法学院学习过一年以上的学生均视为校友，克劳福德·格林还被选为哈佛监事会派驻法学院工作小组的成员，负责评估法学院的教学工作。

"特殊学生"制度的本意并不为了减低竞争压力。1893 年，哈佛法学院从划定名单大学的本科生中录取的新生可以读学位，这部分人也称为"学位学生"，也叫"正常学生"，他们占据法学院学生的大多数。对于不在法学院挑选名单的大学毕业的本科生，如果他们符合法学院的招生标准，录取后与正常学生一样上课考试，但不授予学位，这少部分人被称为"特殊学生"。招收"特殊学生"一可以增加学费收入，二可以平息不在法学院名单的大学的不平衡心理。谁也没有料到，原本把"特殊学生"当作临时"收容所"，却引来越来越多的人争当"特殊学生"。其中原因前面已经分析过，哈佛法学院的名气和当时就业市场的氛围决定着只要在哈佛法学院学过一年以上，毕业不毕业，有没有学位，关系都不大。甚至那些原本符合当"学位学生"的考生也退而求其次，报考当"特殊学生"，借此取得进退有据的有利地位，如果学的顺利就改读学位，如果碰到好的就业机会就退学。克瑞顿大学 1900 级的保罗·马丁（Paul Martin）、艾奥瓦大学 1902 级的塞缪尔·布莱克特（Samuel Brackett）和鲍登学院 1903级的约瑟夫·莱姆森（Joseph Lamson），他们都以"特殊学生"身份入学，中途申请改为"学位学生"，并于 1905 年或 1906 年获得法学学士学位。埃利奥特校长观察到这一现象，称这部分学生特别精明，他们先把自己降低到"特殊学生"，然后以这样的身份申请读学位，即便读学位失败，他们也没有颜面丢失的顾虑。而那些一上来就亮明"学位学生"身份的人，万一失手通不过学位，心理压力可想而知。

　　哈佛法学院给学生提供转学和转换学生身份的机会。获得斯坦福大学本科学位的查尔斯·埃尔克斯（Charles Elkus）读了一年斯坦福法学院后，于1902年秋季转学到哈佛法学院当"学位学生"，为了保险起见他自降成"特殊学生"，却选学高难度的课，待熟悉了哈佛课程难易程度后，又转成"学位学生"并于三年后拿下法学学士学位。英国剑桥大学国王学院的塞勒斯·茵奇茨（Syrus Inches）于1902年秋季以"特殊学生"身份入读哈佛法学院，在此后三年时间里，他坚持选修高难度课程，最后获得法学院法学学士学位。同样道理，"学位学生"如果通不过年度考试，也可自降为"特殊学生"，待补考及格后，再转为"学位学生"。补考期间他们可以继续新学年的学业，来年年度考试时除了考新学年的课程外，还要考上学年不及格的那门课，法学院的其他人并不嘲笑这些学生。在个别情况下，也有院方不批准考试不及格的"学位学生"转成"特殊学生"的。一般来说，法学院对哈佛本科四年级学生、哈佛本科毕业生和耶鲁本科毕业生网开一面，这个群体可以轻而易举转成"特殊学生"，但对其他大学考进法学院的学生就没有这么宽容了。事实上，很多学习成绩很好的学生在法学院期间，自己要求转成"特殊学生"，这是因为"特殊学生"所学的功课较少，学习压力不大，有些尖子生想借此休息一下大脑，养精蓄锐后再向"学位学生"冲刺。所以不能把"特殊学生"都当成落后学生。

　　后来，当哈佛法学院设立法学硕士学位的时候，哈佛法学院允许在校学习两年并且考试及格的"特殊学生"获得法学硕士学位，不过这要有法学院教授的推荐，学习成绩达到哈佛大学同类硕士学位的水平。上述种种措施为哈佛法学院学生提供了更加宽松自由的学习空间，使得他们可以在读学位和不读学位、继续上学和中途退学、当律师还是不当律师的选择中拥有更多自主权，也使得学习好的和学习差的学生各自找到适合自己的位置。1902 年，哈佛法学院入校生平均每班 233 人，其中 52 人没有坚持到毕业，36 人直接从哈佛本科高年级选修法学院的课，剩余的 145 人在法学院各自发挥自己的长项，一些体育特长生的学习成绩只达到 B 甚至 C，很多人对入选不入选《哈佛法律评论》不感兴趣，甚至有个别学生拒绝《哈佛法律评论》的邀请。即便如此，当时获得优秀生的概率仍然达到 12%，而到了 20 世纪末，仅有 5% 的人有机会获得优等生称号，才够资格被挑选参加《哈佛法律评论》的编辑工作，这说明埃姆斯时期的学习氛围比较宽松，竞争不十分激烈。正如埃利奥特校长评价的那样，"这一时期哈佛法学院没有过度竞争的情形"，它也反映出绅士般优雅的传统风气在法学院仍然很流行。

第十二章

百年尾声

（1909—1917）

一 埃兹拉·塞耶院长

1900 年，兰德尔教授从哈佛法学院退休。1902 年，詹姆斯·塞耶教授在办公室里去世。1909 年，杰里米·史密斯教授宣布退休。面对日益繁重的教学任务和哈佛法学院拥挤不堪的教学环境，埃姆斯院长选择专注教学，较少关注学院管理方面的事情。1908 至 1909 学年，63 岁的埃姆斯仍然承担 5 门课的教学工作，为了赶时间，他每天在教学楼里一路小跑，他的教学量超过法学院任何一位教授。1909 年 11 月，埃姆斯发现自己不能清晰地思考法律教学问题，无法参与法学院的管理事务和正常的工作，于是，他利用例行的教员工作午餐会，坐在他的座椅上平静地宣布："很遗憾，我将不得不离开法学院了。我也许离开的时间很短，明年 6 月回来，也许永远也回不来了。我得了一种奇怪的病，3 位医生会诊后找不到病因。我记不住人名字，费好大力量才辨认出在座的各位教授。正常情况下我只需半个小时备的课，现在要用 3 个小时。我必须尽快离开岗位，以免引起大家的不快。我对自己的一生很满足。如果这就是终点，我毫无怨言。我本应在法学院比在座的多数人服务更长时间，但是，我现在要把法学院的未来交给你们了。"埃姆斯被确诊为一种叫失语症的病，属于老年性痴呆。他于 1910 年 1 月 8 日逝世于新罕布什尔州威尔顿市家中，终年 64 岁。1913 年，兰德尔时代最后一名资深教授约翰·格雷退休。曾经把哈佛法学院推向巅峰的老人们先后退出了历史舞台，他们给哈佛大学增添了无限的光环和荣耀，培养了一批又一批的法律精英，他们探索并营造出激烈竞争与舒缓压力并存的难得的校风。一时间，一种莫名的自我陶醉的成就感，蔓延在哈佛大学董事会、监事会、校友会和法学院里，成功的背后掩藏着一些隐患。

詹姆斯·塞耶教授的儿子埃兹拉·塞耶律师于 1910 年接任哈佛法学院院长一职，他最早发现法学院潜在的危险，并且发出预警的声音。在他没有正式就职前，他在哈佛法学院校友会演讲时表示："我们不可以躺在过去的成绩上欣喜若狂，花费过多的精力互相祝贺，享受陶醉胜利的感觉，这样的局面不会持续很长时间。"他在公开场合坦诚，埃利奥特校长和埃姆斯院长给哈佛法学院留下的财务困境，已经到了捉襟见肘勉强糊口的地步，哈佛法学院没有财政积蓄，完全依靠过度膨胀的入学人数收取学费，而学院缺乏足够的硬件设备安排这么多学生，致使哈佛法学院不得不面对很不稳定的现实问题。

与埃兹拉·塞耶接任院长几乎同时，哈佛法学院 1880 级毕业生阿伯特·劳伦斯·罗威尔（Abbott Lawrence Lowell）（1856—1943）于 1909 年接任哈佛大学校长。他在位 24 年，其间经历两任法学院院长，这点与埃利奥特校长有相似之处，两位校长任职时间都比较长，而且都坚定地支持哈佛法学院的发展，甚至到了对法学院有些偏爱的程度。

自美国工业革命大发展以来，越来越多的农业手工劳动被机械化作业替代，越来越多的大城市拔地而起，福特汽车把新式交通工具带进美国千家万户，汽车工业需要雇用大批工人，增加了就业，也平衡了产业工人工资高低不均的趋势。美国人逐渐习惯每天额外支出几美金购买"自由债券"（Liberty Bonds），用以支持第一次世界大战前线的盟军部队。1918 年实施的《统一条件销售法》被及时地编入哈佛法学院的教材里。1912 年伍德罗·威尔逊（Woodrow Wilson）（1856—1924）当选美国总统后，积极推动通过了一系列法案，其中有《联邦储备法案》《克莱顿反托拉斯法案》《联邦农田贷款法案》和《联邦贸易委员会法案》，上述法案适度照顾到劳工阶层的利益，也被编入哈佛法学院教材里。1913 年通过的美国宪法第 16 修正案，规定"国会有权对任何来源的收入课征所得税，所得税的收入不必分配于各个州，也无须考虑普查和统计的因素"。美国联邦所得税起初税赋不重，后来越加越重，并且引起联邦部门和各个州群起效仿，纷纷制定针对公司的税收和个人的遗产税，弄得怨声一片。美国税务的推广实行，刺激了哈佛法学院开设税收课，并且逐渐变成哈佛法学院的品牌课之一。

1898 年前后，孤立主义倾向主导着美国国内的政治氛围，第一次世界大战转变了这一局面。1916 年，美国开始对德国的侵略行为感到不满，并于 1917 年对德国宣战，渐渐引起国际社会对美国的关注，也引发东海岸美国各个大学学生们对同盟国的同情。早在一战初期，哈佛大学的一些学生已经投身英国皇家飞行队，他们在法国前线开军用救护车。到 1916 年，德国海军潜艇咄咄逼人的攻势和陆军在法国北部节节胜利，引起美国全国的愤慨，成为美国战争总动员的催化剂。顷刻间哈佛大学校园里变成一座座军营。斯科特教授（Prof. Scott）成为哈佛大学预备役军官训练营的少校军官，他原本申请奔赴欧洲战场，因为眼疾不合格被拒绝，不得已才留在后方。这一年哈佛法学院的注册人数迅即下降了 90%，一些教授也离职参军或承担军务工作。第一次世界大战结束后的 1919 年，欧洲虽无战事，美国却起波澜，社会出现动荡和恐惧，有些人把这归咎于苏维埃俄国的崛起，史称美国的第一次红色恐慌。米切尔·帕尔默（Mitchell Palmer）（1872—1936）于 1919 年就任美国司法部长后，为了应对国内局势，他在司法部辖下建立美国情报总署，并且招募 24 岁的埃德加·胡佛（J. Edgar Hoover）（1895—1972）领导该组织。帕尔默发动了一系列针对激进分子的突袭活动，逮捕并驱逐了一些人。"帕尔默突袭"引起美国各个大学内外自由派人士的一致谴责，美国政府对大学教授同情自由派思潮的打压和追究，也引起各个大学校友会强烈的不满。埃兹拉·塞耶就任哈佛法学院院长的时候，恰逢美国社会大变革和第一次世界大战爆发，这为他主政的法学院打下深深的烙印。

埃兹拉·塞耶于 1891 年获得哈佛法学院法学学士学位，1892 年曾任美国联邦最高法院法官秘书，随后从 1893 年至 1910 年在波士顿担任执业律师。埃兹拉曾于 1891 年和 1902 年两次拒绝哈佛法学院的邀请，1902 年他的父亲去世，埃兹拉谢绝了法学院的好意。当埃姆斯院长突然离世时，哈佛法学院再次邀请他出山，埃兹拉感受到这次非同以往，如果说前两次算锦上添花，那么，这一次就是临危受命了。他辞掉律师事务所所有的工作，全副身心地投入哈佛法学院的教学和管理工作。担任院长期间，他于 1913 年拒绝了被任命为马萨诸塞州最高法院大法官的提议，这可是他当律师时梦寐以求的职位。

埃兹拉·塞耶院长是一位完美主义者。他经常拷问自己："我究竟是否适合当哈佛法学院院长？"当他神情沮丧时，他多次问周围的人："法学院还需要我吗？"每次下课后，他总指示秘书回述他在课上与学生交流的情形，整理他和学生在办公室交谈的小结、他的谈话记录以及对他今后改进教学的建议，为了回答学生在课堂提过的棘手的问题，他花费大量时间写长信耐心地解释。由于他在教学环节过度追求细节和自我审视，因而耽搁了他的学术研究，很少发表学术著作。对此，他曾经自我调侃道："法学院不会因为我的学术著作少而受到什么影响。"他突然去世后，《哈佛法律评论》发表了他的 4 篇论文，并附上他的生平介绍，以此纪念他对哈佛法学院的贡献。这 4 篇论文展示出他对细节的清晰度和关注度。庞德教授也为 1915 年 11 月的《哈佛法律评论》发文怀念塞耶院长，并表达了他的观点："塞耶院长并不像留给人们印象的那样，过于注重细节，精于审视自己。他也有优雅与调皮的一面，那就是对希腊语的热爱。他一生喜欢阅读并用希腊文教课，他似乎生来就具有一个使命，那就是把苏格拉底的辩证思维传播给世人，他愿意为与希腊语有关的任何事情乐此不疲地忙碌着。"埃兹拉·塞耶上大学之前，曾赴雅典学习一年希腊语，从此对希腊语爱好终生。有人夸张地形容，如果没有塞耶院长，在人类的禀赋日渐式微的情况下，哈佛大学就不那么优雅了。

埃兹拉·塞耶当院长的几年时间里，哈佛法学院的入学人数变化不大，1910 至 1911 学年注册新生 790 人，1914 至 1915 学年 730 人。他的管理特色表现在两个方面，一是建立学制 4 年的法学博士学位，二是任命一批出色的教授。关于法学博士学位，哈佛法学院于 1909 年曾经研究并准备上报哈佛大学董事会，因为埃姆斯院长突然患病并且去世，推迟了这一计划的实施。塞耶接任院长后，立即于 1910 年首次公布哈佛法学院招收法学博士学位的消息，读博的条件十分严格，凡在哈佛法学院和"美国法学院协会"[作者注：成立于 1900 年，现有 179 所美国法学院加盟，1971 年注册为 501【C】（3）非营利教育机构，总部位于美国首都华盛顿] 的院校获得法学学士学位，经考核录取在哈佛法学院住校研读一年，通过罗马法、民法通则和第四年的其他必修课，毕业考试成绩优异，有可能获得法学博士学位。1912 年 6 月 20 日，哈佛法学院迎来建校史上第一位法学博士获得者，来自辛辛那提大学法学院的埃尔顿·詹姆斯（Eldon James）（1875—1949）荣获法律科学博士学位（Doctor of Judicial Science，缩写为 S.J.D. 或 J.S.D.）。1923 年 9 月 1 日，哈佛大学任命他为哈佛法学院法学教授兼职图书馆馆长，他在法学教授和法学院图书馆馆长的岗位上一直服务到 1942 年。

哈佛法学院自 1910 年实行"法学博士"制度，一直到 1923—1924 学年为止。从 1924—1925 学年开始提供两种研究生学位。一种仍然叫法学博士（Doctor of Judicial Science，缩写为 J.S.D），另一种叫法学硕士（Master of Law，缩写为 LL.M.）。对于法学博士，招生简章规定，申请人必须获得 3 年制法学学士后，从事 3 年法律实践或法律教学工作，读完法学博士学位后从事高等院校法律教学。法学硕士的学习时间和课程与法学博士基本相同，区别在于法学博士在学期间，可以担任教授的助教或助研，法学博士的毕业考试必须特优等级，法学硕士只要优良考试成绩即可通过，法学硕士毕业后职业不限。单从考试成绩很难说清哪位学生属于优良还是最优秀，从天资、潜力和考试成绩等综合因素考量，有的硕士可能优于博士。于是，从 1928 年开始，法学院提出博士学位学生需要提交一篇法律专业研究的毕业论文（thesis），以此拔高对博士学位要求的难度。从 1935 年开始再度拔高，要求博士生提交一篇法学院研究生委员会通过并公开发表的、对法学教育具有参考价值的专业论文（dissertation），这样就把法学博士和法学硕士的距离完全拉开了。

J.D.（Juris Doctor）和 S.J.D. 翻译成中文特别容易混淆。两者都有个博士头衔，J.D. 通常翻译成法律博士，其培养方向为律师、检察官、法官等从事法律实践的专业人士。S.J.D. 通常翻译成法学博士，其培养方向为教学和法律研究领域。哈佛法学院 J.D. 的前身是 LL.B.（Bachelor of Law），即法学学士，两者都是 3 年学制。LL.B. 起源于 19 世纪兰德尔时期的法律科学研究运动。芝加哥大学法学院于 1902 年最早提供 J.D. 学位，30 年代以后，LL.B. 和 J.D. 并存于美国的一些大学，哈佛大学和哥伦比亚大学迟至 1969 年才采用 J.D.，同时废除了 LL.B. 学位。哈佛法学院为什么迟迟不实行 J.D. 学位制呢？因为，LL.B. 和 J.D. 在哈佛法学院基本是一回事，都是学制 3 年的研究生课程，而且课程内容基本相同，学完以后都有资格考取律师资格。由于历史的原因，哈佛法学院授予的 LL.B. 名为法学学士，实际是一门研究生课程，具备大学本科文学士学位才有资格申请，法学院的 LL.B. 学位和本科生读的 LL.B. 学位名字一样，档次不一样，教学内容也不一样。

埃兹拉·塞耶就任院长时连同他哈佛法学院共有 9 名教授，外加奥斯汀·斯科特（Austin Scott）（1884—1981）助理教授，还有 4 位法律讲师。

到他在任的最后一年，共有 10 位教授，3 位讲师。在此期间，法学院先后有 3 位资深教授淡出教学一线。1910 年 6 月，退休后的杰里米·史密斯以 73 岁高龄获得斯托里荣誉教授称号。1913 年 1 月 13 日，约翰·格雷获任罗亚尔荣誉教授。1913 年 12 月 22 日，布鲁斯·怀曼（Bruce Wyman）（1876—1926）教授辞职。据《纽约时报》1913 年 12 月 21 日报道："怀曼教授担任咨询顾问期间，帮助州长制定了《公用事业法案》，他每月从铁路公司领取 883 美金报酬。"怀曼教授的辞职可能与因上述事件遭到的负面批评有关。为了填补空缺，哈佛法学院于 1910 年任命罗斯科·庞德担任斯托里冠名教授。这一年，哈佛法学院同时迎来塞耶就任院长和戴恩冠名教授，庞德就任斯托里冠名教授和斯科特被提升为助理教授。1913 年，法学院将约瑟夫·沃伦（Joseph Warren）（1876—1942）从教师直接提升为教授，他在教授的位置上一直服务到 1942 年，并于 1928 年至 1929 年担任哈佛法学院副院长，1929 年担任哈佛法学院代理院长。沃伦在哈佛法学院工作了 33 年，他对遗产未来利益的法律问题有预见性的研究。他经常在位于米尔顿镇的家里热情地接待学生，大家亲切地称他为"乔绅士"。他于 1942 年被授予韦德荣誉教授并且于当年去世。法学院于 1914 年 9 月 1 日任命费利克斯·弗兰克福特（Felix Frankfurter）（1882—1965）为法学院教授，弗兰克福特出生于奥地利，以研究劳动法著称，他支持司法克制，认为只要立法和行政措施不震撼良知，就不算违反宪法。接受哈佛法学院教职前，他于 1906 年在西奥多·罗斯福总统政府担任地方助理检察官，年薪 750 美金。他于 1910 年在威廉·塔夫脱总统政府的军事部岛屿事务局担任法律事务官员。他于 1913 年在伍德罗·威尔逊总统手下继续担任岛屿事务局的职务，属于在官场和学界转换很成功的例子。他在法学院教授位置上服务到 1939 年，他还担任富兰克林·罗斯福（Franklin D. Roosevelt）（1882—1945）总统新政措施的非正式顾问，并于 1939 年就任美国联邦最高法院大法官。

斯科特教授迄今保持着哈佛大学任教时间最长的纪录，1909 年毕业于哈佛法学院后留校担任讲师，1910 年破格提拔为助理教授，1914 年升任教授，1915 年至 1916 年担任哈佛法学院代理院长。他于 1961 年退休后一直在法学院保留一间办公室，继续从事学术研究，直到他去世两周前，他一直忙着哈佛法学院图书馆的事，修改更新他过去的论文。斯科特教授对法学研究的主要贡献体现在《信托法》这部著作里，该书于 1939 年以 4 卷版的形式首次出版。斯科特于 1962 年致信友人回忆他最初接受法学院教职的感受：“我 1909 年从哈佛法学院毕业后，刚在纽约一家律师事务所当职员，12 月的一天，尤金·沃姆博（Eugene Wambaugh）（1856—1940）到我的办公室说，哈佛法学院希望我接替埃姆斯教授的辩护课和衡平法课，以填补埃姆斯突然去世留下的空白。我感受到这不是个人愿不愿意的问题，而是个责任问题，便接受了。为了兼顾纽约的工作和在哈佛的教课，我经常乘坐往返于纽约和波士顿的火车，并在火车上备课。圣诞节期间，我工作的律师所其他员工每周薪水从 10 美金涨到 15 美金，因为我每周请假 2 天去哈佛教书，没有给我涨工资。法学院照顾我，按照助理教授的标准发放给当时还是讲师的我，即按照助理教授年薪九分之四的比例。扣除掉火车票和在剑桥的食宿费，我算不上富翁。”1910 年春季，哈佛法学院邀请他全职担任助理教授，接受这份教职意味着断了回纽约的退路，斯科特权衡再三，遵循自己内心的呼唤，于同年 5 月 9 日任职哈佛法学院助理教授。塞耶院长时常用“年轻人出力，老年人得誉”这样的格言激励青年教师，给斯科特分派很多活儿，有时需要同时面对十几项教学内容。有一次，斯科特向沃伦·西维（Warren Seavey）（1880—1966）教授吹嘘，西维教授回敬说，他教过 20 多门专题课。多教几门课，给了斯科特比较各门课优劣的机会，起初斯科特教信托法和诉讼程序，后来才专注于信托法。

　　1915 年初，塞耶院长因患严重的抑郁症在家休养，进入春季病情稍有好转，他挣扎着教完课并指导完学期考试，病情随之全面复发，此后，塞耶院长完全脱离了哈佛法学院的工作。当年 9 月 14 日中午，在他离家出走 2 天后，人们在查尔斯河发现他的尸体，死因不详。

二　罗斯科·庞德院长

　　埃兹拉·塞耶院长突然离世，哈佛法学院临时任命 31 岁的斯科特教授代理院长职务，并于 1916 年 1 月 10 日挑选罗斯科·庞德教授担任院长，庞德于当年 2 月 14 日到职。罗斯科·庞德（Roscoe Pound）（1870—1964）早年在哈佛法学院学习未获学位，中途转学美国西北大学修完法律课程，之后返回家乡内布拉斯加州开业当律师，并于 1898 年获得内布拉斯加大学植物学博士学位。1903 年，庞德成为内布拉斯加大学法学院院长，他大刀阔斧地引进兰德尔教学改革，把 2 年学制改为 3 年，丰富法律课程，用案例法教材讲课。庞德主张法学院应该向更广泛的学生群体开放，法学院考生需要具备完整的高中学习履历，法学院的课程应该更加具有国际视野，广泛比较各个国家优秀法学家和思想家的理论。法学院学生需要通过了解查尔斯－路易·德·孟德斯鸠（Charles-Louse de Montesquieu）（1689—1755）（作者注：法国人，国家三权分立理论提出者）、托马斯·霍布斯（Thomas Hobbes）（1588—1679）（英国人，机械唯物主义的创立者）、让·雅克·布拉马基（Jean-Jacques Burlamaqui）（1694—1748）（瑞士人，法学家和政治理论家）、让·雅克·卢梭（Jean-Jacques Rousseau）（1712—1778）（出生于瑞士，法国哲学家、政治理论家、文学家和音乐家）、弗里德里希·萨维尼（Friedrich Savigny）（1779—1861）（德国法学家和历史学家）、卡斯帕·鲁道夫·耶林（Caspar Rudolph Jhering）（1818—1892）（德国法学家，新功利主义法学派创始人）等人的学说，完成从雨果·格劳修斯（Hugo Grotius）（1583—1645）（荷兰人，国际法和海洋法鼻祖）到詹姆斯·肯特的认识过程。

　　庞德不仅投身于教学改革，还积极参加社会活动，他呼吁改革地方政府的司法管理制度，因而引起西北大学法学院院长约翰·亨利·威格莫尔（John Henry Wigmore）（1863—1943）的注意。威格莫尔于1887年获得哈佛法学院法学学士，是第一届《哈佛法律评论》编辑委员会成员。在威格莫尔的盛情邀请下，庞德赴西北大学任职两年后，又接受芝加哥大学法学院邀请任职一年。1909年，庞德在《耶鲁法律评论》发表"合同自由"一文，对美国最高法院有关"洛克纳诉纽约案"（Lochner v. New York）的裁决提出批评。庞德的观点与詹姆斯·塞耶教授关于"宪法必须容忍经济改革"的理念不谋而合，引起塞耶的儿子埃兹拉的注意。1910年3月28日，埃兹拉·塞耶就任哈佛法学院院长，当年5月9日，庞德被聘担任哈佛法学院斯托里冠名教授。因此有传言说，庞德的"合同自由"一文敲开了他进入哈佛法学院的大门。

　　庞德就任院长后，面临的挑战来自两个方面。一方面，他需要不断保持、充实并且提升自身的学术研究水平，在教学上能镇得住台面。另一方面，身为哈佛法学院的行政首脑，他需要像植物地理学那样实行精细化的管理，设法把最优秀的学者和教师请到哈佛法学院，并通过各位教授的名望和造诣吸引更多的学生。到1916年，哈佛法学院已经从通过精英化教学培养高素质的法律职业人，变成美国政府制定政策的人才基地，哈佛法学院的院长分担着美国公共生活巨大的责任，管理着一个昂贵并且复杂的公共设施实体。哈佛法学院就像一个学术储存库一样，向社会上的法律机构和政府部门提供产品，为此，他必须用"庄严的方式"培养学生，用优雅的方式管理学院。而且，庞德院长周围的工作人员很少，只有 2 名塞耶院长留下的人。一位名叫梅·麦卡锡（May McCarthy）的院长秘书，她负责打印庞德用铅笔写的手稿、整理文档并且接待参观的访客，她为庞德教授服务了 48 年。法学院的另一名秘书叫理查德·埃姆斯（Ricard Ames），他是埃姆斯院长的儿子，负责招生和档案管理，他那灿烂的笑容，总是给入校新生留下深刻的印象。

庞德上任以后，面对如同组合拳一般压过来的教学和行政事务，他用充沛的精力一一应对。他每天早上 7 点准时到达位于兰德尔楼的办公室，马上开始读读写写处理公务，上午，他随时准备作为临时替补为生病请假的教授代课。他还代为管理一个学生贷款基金。有时，某个学生被剑桥镇警察局扣留，他飞速赶去以监护人的身份替学生解围。下午课后，他不知疲倦地参加学生组织的各种活动。晚上，他拖着疲惫的身体一脸严肃地主持法学院学生模拟法庭的庭审，或者出席同学们组织的晚餐会。他喜欢唱歌，往往经不住鼓动高歌一曲。他喜欢唱这首曲子，歌曲描述一位富翁向魔鬼要一瓶白兰地和盐，却被告知：

"正如把你置于耶路撒冷的证券交易所，你根本用不着想能否管理这家古老的机构。"

唱完这句主歌后，同学们紧随其后唱起副歌：

"呵，阿祖拉姆，

呵，阿祖拉姆，

哈勒 – 嗨耶 – 哦呀，

呵，阿祖拉姆。"

1917 年 4 月美国国会对德国宣战，打乱了哈佛法学院的宁静。哈佛法学院时年 63 岁的尤金·沃姆博教授（Eugene Wambaugh）（1856—1940）应召赴美国陆军军务署任职。美国军事部长纽顿·贝克（Newton

Baker）（1871—1937）急电菲利克斯·弗兰克福特速到华盛顿，弗兰克福特教授迅即收拾行囊乘坐前往首都的火车，原本以为仅仅几天的旅行，直到 1919 年秋季才结束。在华盛顿期间，他先后担任贝克部长特别助理、美国总统调节委员会顾问、美国劳工部助理部长和军事劳工委员会主席。一战期间，亚瑟·希尔（Arthur Hill）（1869—1947）教授也应召以少校军衔在美军驻法国部队服役，后升任中校。一战后，沃姆博和弗兰克福特返回哈佛继续任教，希尔没有回到学术界。第一次世界大战打通了哈佛法学院与美国政府直接联系的渠道，从此，无论和平还是战争时期，美国政府均可视需要雇用哈佛法学院的教授。第一次世界大战时期教授的突然离开，肯定对法学院的教学带来负面影响，可是，从另一方面讲，经历过政府工作的教授们再次返回法学院教学，会与学生分享不同的观察视角和个人经历。

第一次世界大战对法学院同学们的冲击远远大于老师。1916 年 9 月全校共有在册学生 850 人，1918 年 9 月仅剩下 70 人，而且这些人还是因为身体不合格无法服役。1918 年 11 月 11 日停战后，出现退伍军人潮，哈佛法学院为照顾这部分人，特意延长入学报到至当年 12 月 1 日，在延长时间段里，又有 58 人入学。鉴于仍然有符合标准的退伍军人断断续续到校，法学院为这部分学生从 1919 年 2 月至 8 月特别开了一个班，并且允许最晚当年 3 月 1 日入学。对于特别班里的退伍军人，哈佛法学院专门规定，"凡在哈佛法学院修满 3 年课程，成绩优异，并且提供在学的书面证书，因为参加美国陆海军或盟军而中断学业，能够提供退伍军人证或服役证明者，均可列入哈佛法学院法学学士学位候选人之列"。此外，法学院向 1919 至 1920 学年凡在军队服役 6 个月以上者提供非学位课程。入学政策的调整，使得 1919 年 3 月 1 日前的入学人数达 307 人，加上春季特别班的学生共有 435 人。1919 年 9 月 22 日，哈佛法学院恢复正常时间表，1919 至 1920

学年在册学生达 883 人，1920 至 1921 学年达 946 人，1924 至 1925 学年达 1201 人。此为后话，不在本书范围。

三 遗留问题与挑战

哈佛法学院成立的前 100 年时间，历经斯特恩斯、阿什蒙、斯托里、格林利夫、"三驾马车"、兰德尔、埃姆斯、塞耶和庞德的管理，发展到引领美国法学教育潮流的程度。这 100 年里，哈佛法学院历经磨难和考验，有合众国初创的激情时刻，有美国内战的洗礼，有 19 世纪 70—80 年代美国工业资本主义的兴起，还有 19 世纪末日渐高涨的大男子主义、白人至上论和排外主义倾向。用美国法律史专家罗伯特·博金·史蒂文斯（Robert Bocking Stevens）（1933—2021）的话说，哈佛法学院"确立了美国法学教育的框架和内容""为美国大学法学院的教育定了调子"。哈佛法学院 1892 届学生查尔斯·沃伦（Charles Warren）（1868—1954）于 1908 年出版他的著作《哈佛法学院和美国早期法律史》，他在书中对斯托里、格林利夫和兰德尔大加赞扬，并且描绘了一幅美国法律精英的"胜利圈"图案，赞扬哈佛大学优越的传奇精神和它在教育界的统领地位。相比之下，什么杰克逊民主式的平等主义以及犹太人、意大利人、爱尔兰人、亚洲人和黑人，统统不在话下，属于粗俗等级。

1895 年，沃伦和几位观点相同的"波士顿婆罗门"成员（Boston Brahmins）成立了"限制移民联盟"，他们认为，不加限制的移民潮已经威胁到美国人的生活方式，为此，必须对所有移民采取更加严格的管制措施。"波士顿婆罗门"是对一个松散的社交团体的称呼，它代表着波士顿的上流阶层，与哈佛大学有着密不可分的联系。该社团的成员多系早期英国殖民者的后裔，深受圣公会教的影响，他们保持着英美传统的习俗和服饰，属于美国白人盎格鲁·撒克逊新教徒精英中的顶尖阶层，他们往往以俱乐部的形式出现，在波士顿有萨默塞特俱乐部，纽约有尼克博克俱乐部，首都华盛顿有大都会俱乐部，旧金山有太平洋联盟俱乐部。华盛顿大都会俱乐部又与世界各国贵族俱乐部签订互惠协议，比如比利时布鲁塞尔的色格拉 Du Parc 酒店俱乐部、意大利罗马的狩猎俱乐部、英国伦敦的布鲁克斯俱乐部、日本的东京俱乐部、阿根廷布宜诺斯艾利斯的击剑俱乐部等等，形成一幅世界富人俱乐部的特殊圈子。可想而知，由这样一位持偏狭态度的作者编写哈佛法学院的历史，肯定与 20 世纪的现实脱离太远。同样道理，沃伦极力赞扬哈佛法学院一部分校友对南方重建的立场，贬抑废奴主义者萨姆纳，歌颂蓄奴派的爱德华·洛林对押解安东尼·伯恩斯重新回到奴隶地位的做法。沃伦不惜篇幅地描写兰德尔的精英教学法，却对他以女性智力低男人一等为由拒绝女性进入哈佛法学院的劣迹视而不见。沃伦对埃姆斯把天主教大学视为低等教育的做法也未加谴责。1909 年，当埃姆斯辞去哈佛法学院院长职位时，法学院已经处于十分脆弱的境地。除了财务紧张外，受到路易斯·布兰代斯和奥利弗·W.福尔摩斯教授的鼓舞，一批新生代法律学者在纽约市和纽黑文市迅速涌现出来，向兰德尔创建的法律教育领地发起挑战。在美国 20 世纪法律改革的进程中，法律现实主义、社会学法学、比较法学和社会科学的融入，在哈佛法学院痛苦地经历着，日益移民化的纽约大都市使得白人精英化的波士顿婆罗门相形见绌，兰德尔为美国白人男子量身定做的学术优越地位开始瓦解。

哈佛法学院的另一个弱点表现在落后且不公平的招生政策上。直到 1932 年，哈佛法学院才正式招收亚裔美国学生。直到 1933 年，哈佛法学院才废除限制犹太学生入学名额的规定。直到 20 世纪 50 年代，哈佛法学院才招收女生。与此相比，早在 1869 年位于圣路易斯市的华盛顿大学法学院已经招收女生莱玛·巴卡鲁（Lemma Barkaloo）（1840—1870）入校，此前哥伦比亚大学法学院和哈佛大学法学院均拒收她入校，巴卡鲁在华盛顿大学法学院只学习一年便退学参加律师资格考试，于 1870 年 3 月 25 日通过律师考试，并成为第一位在美国法院审理案件的女性，她于 1870 年 9 月 11 日不幸死于伤寒病。1870 年，艾达·凯普利（Ada Kepley）（1847—1925）毕业于联合法学院（现名西北大学法学院），成为美国第一个获得毕业文凭的女性法学院毕业生。1871 年菲比·考辛斯（Phoebe Cousins）毕业于华盛顿大学法学院，成为全美第一位女性律师和联邦法警。也有资料显示，1869 年阿拉贝拉·曼斯菲尔德（Arabella Mansfield）（1846—1911）被艾奥瓦州律师协会录取，成为美国第一位女律师，但她并没有从事法律工作。密执安大学于 1870 年招收女生，波士顿大学法学院自 1872 年开始招收女生入校。依时间顺序招收女生的还有宾夕法尼亚大学（1881 年）、斯坦福大学（1893 年）、加州大学伯克利分校（1894 年）、耶鲁大学（1919 年）、纽约大学（1920 年）、哥伦比亚大学（1927 年）等等。哈佛医学院于 1945 年 9 月首批招收 11 名女生入校，哈佛商学院于 1963 年 9 月首次招收女性工商管理硕士学生。

哈佛法学院一手打造的学术辉煌并没有延伸到社会正义方面。斯托里教授以其远见和激进手段把哈佛法学院推到全美法律职业培训的最高端，但他在审理普里格诉宾夕法尼亚案中仍然向奴隶制妥协。兰德尔尽管十分激进地挑战婆罗门上流社会的行为规范，并且一直被拒之门外，但他对待教学所采取大男子主义的做法，以及对法律所做的狭义定义，都拖累着哈佛法学院迈向 20 世纪的步伐。然而，时代在前进，美国的大学教育也在突飞猛进。20 世纪初，美国一些医学院改革招生措施，开始对招生人数实行封顶或者削减人数的办法，美国著名的教育家亚伯拉罕·弗莱克斯纳（Abraham Flexner）（1866—1959）对此采取支持态度。一些医学院实行新的招生制度，这些学院提高学费标准的同时，增加奖学金用以资助那些符合入学条件却又经济困难的学生，耶鲁大学法学院也跟进这种做法。此时，哈佛法学院的招生制度已经不再独领风骚了。

1908 年，哈佛大学商业管理学院成立，它是美国第一家在大学辖下的提供研究生课程的商学院，并且取了"商业"这个比较俗气的院名。在即将接任哈佛大学校长雅培·劳伦斯·罗威尔（Abbott Lawrence Lowell）（1856—1943）和企业家式的组织理论家华莱士·多纳姆（Wallace Donham）（1877—1954）院长的强力主导下，他们把竞争目标锁定在哈佛法学院身上。没有成立哈佛商学院之前，哈佛法学院既向社会提供优秀的法律人才，也向各大公司输送高级管理人才。成立商学院的目的之一，就是要分流这两部分人才，这不能不说让哈佛法学院遭受背后一击。一场哈佛大学校内和校外的竞争战已经打响了，可是，哈佛法学院反应比较迟钝，他们沉浸在兰德尔辉煌的日子里，专注法学院内部事务，没有警惕多年形成的行之有效的教育方法，是否适应新的世纪。也许查尔斯·沃伦觉得，这些内外变化并不影响哈佛法学院的主流趋势，它仍然主导着美国法学教育的灵魂，精英教学法培养的法学院高才生仍然是每家大公司的热门人选，这话虽然不假，然而，另一方面的事实业已严酷地摆在面前：财务紧张所带来的压力，教学理念的固化和社会道德观念的缺失，也在悄悄地损害哈佛法学院的声誉。加上在兰德尔与庞德之间的几任院长的身体接连出现状况，法学院募捐活动连遭失败，哈佛大学校方没有持续支持法学院，法学院没有及时调整办学思路，这些因素都增加了不确定性。正是在这一背景下，哈佛法学院背负着光环和危机，迈入剧烈变化和充满挑战的 20 世纪。

致　谢

　　苏珊·韦尔斯女士（Susan Wells），美国马萨诸塞州北安普敦法律图书馆图书管理员，热心帮助我查找英文原著并复印资料。

　　以下作家或作者的著作或文章：

　　丹尼尔·柯奎莱特（Daniel R. Coquillette）教授，布鲁斯·金博尔（Bruce A. Kimball）教授，亚瑟·尤金·萨瑟兰（Arthur E. Sutherland）教授，查尔斯·沃伦（Charles Warren）律师，埃默里·沃士本（Emory Washburn）教授，塞缪尔·巴奇尔德（Samuel F. Batchelder）先生，爱德华·怀特（G. Edward White）教授，琳达·格兰特（Linda Grant）女士，爱德华·鲁宾（Edward L. Rubin）教授，克莱尔·派克（Claire E. Parker）女士，富兰克林·费森登（Franklin G. Fessenden）先生，约翰·阿诺德（John Himes Arnold）先生。

　　王连清律师对本书不辞辛苦的义务法律顾问工作。

参考资料来源

一、参考书目

（一）英文书籍

1. Lectures on the Study and Practice of the Law, by Emory Washburn, Little Brown and Company, 1876.

《法律研究与实践讲义》，埃默里·沃士本，利特尔＆布朗出版公司，1876 年。

2. The Centennial History of the Harvard Law School（1817-1917），by the Harvard Law School Association, Cambridge, 1918.

《哈佛法学院世纪史》，哈佛法学院协会编著出版，1918 年。

3. History of the Harvard Law School and of Early Legal Conditions in America, by Charles Warren, New York, Lewis Publishing Company, 1908.

《哈佛法学院和美国早期法律条件的历史》，查尔斯·沃伦，路易斯出版公司，1908 年。

4. On the Battlefield of Merit: Harvard Law School, The First Century, by Daniel R. Coquillette , Bruce A. Kimball, Harvard University Press, 2015.

《功勋战场：第一个世纪的哈佛法学院》，丹尼尔·R. 科奎莱特、布鲁斯· A. 金博尔，哈佛大学出版社，2015 年。

5. Bits of Harvard History, by Samuel F. Batchelder, Harvard University Press, 1924.

《哈佛历史的点点滴滴》，塞缪尔·F. 巴奇尔德，哈佛大学出版社，1924 年。

6. Law in American History, Volume 2： From Reconstruction Through the 1920s, by G. Edward White, Oxford University Press, 2016.

《美国历史上的法律 第二卷： 从重建到 1920 年代》，G. 爱德华·怀特，牛津大学出版社，2016 年。

7. The Law at Harvard: A History of Ideas and Men 1817–1967, by Arthur E. Sutherland, Harvard University Press, 1967.

《哈佛的法律：思想与人的历史》，亚瑟·尤金·萨瑟兰，哈佛大学出版社，1967 年。

（二）中文书籍

1. 《毁约：哈佛法学院回忆录》，林婷、李玉琴译，商周出版社，1999 年。

Broken Contract: A Memoir of Harvard Law School, by Richard D. Kahlenberg, 1999.

2. 《哈佛新鲜人：我在法学院的故事》，博士哲译，法律出版社，2012 年。

One L: The Turbulent True Story of a First Year at Harvard Law School, by Scott Turow, 1977.

3. 《哈佛：名校是怎样炼成的》，利安，新华出版社，2014 年。

二、参考文章

（一）英文文章

1. Two Professors, Six Students, Three Rooms: A Look back at the Beginnings of HLS，by Linda Grant, Harvard Law Bulletin, June 15, 2017.

2. Law School Committee Recommends Seal Change，by Claire E. Parker, The

Harvard Crimson, March 4, 2016.

3. Nathaniel Eaton, the Sadistic Puritan Who Made Harvard Disappear for a Year，by New England Historical Society Website, 2021 .

4. Harvard University and the US Military: Shaping An Effective Future Relationship，by Paul E. Mawn, SLDinfo.com, June 1, 2014.

5. The Rebirth of the Harvard Law School，by Franklin G. Fessenden, Harvard Law Review Vol. 33, No.4, February 1920.

6. What's Wrong with Langdell's method, and What to Do About It,by Edward L. Rubin, Vanderbilt Law Review, Vol 60, Iss.2, March 2007.

7. The Harvard Law Library and Some Account of His Growth，by John H. Arnold, Law Library Journal, Vol. V, 1912.

8. Rare Books and Early Manuscripts，by Harvard Law School Website.

9. Harvardization: Then and Now，by Dartmouth Review, November 17, 2014.

（二）中文文章

1.《"利奇菲尔德"模式：美国早期私立法律学校极其影响》，郝倩，《中国法学教育研究》，2012 年第一期。

2.《从学徒制向学院制过渡——亨利·塔克与温切斯特法律学校》，胡晓进，《中国法学教育研究》， 2014 年第一期。

3.《独领风骚两百年：记哈佛法学院》，郭锐，《中国社会科学报》，2009 年 9 月 8 日。

4.《关于法学教育和法学论文规范的个案考察:〈哈佛法律评论〉》，方流芳，《比较法研究》，1997 年第二期。

5.《那所法学院：是纪念，也是体认》，李秀清，《外国法制史研究》，2007 年（000）001。

6.《凝视历史的深渊—哈佛法学院院徽事件的转型正义启示》，叶浩，《报道者》

电子报，2016 年 3 月 8 日。

7.《被大一新生更改的哈佛法学院院徽》，任天军，《参考网》，2016 年 7 月 1 日。

8.《牛津大学的法学教育与法学研究：牛津大学法学院院长恩蒂科特教授访谈》，程朝阳，《中国法学教育研究》，2011 年第三期。

9.《哈佛之道》，杨玉林，《北大商业评论》，2010 年第七期。

三、其他来源

哈佛大学校方网站、哈佛大学法学院网站、百度网站、维基百科网站、哈佛大学校友会网站、利安事务所网站、《哈佛杂志》《哈佛大学报》《哈佛深红报》《纽约时报》。